广东省优秀社会科学家文库（系列一）

张磊自选集

张 磊 ◎ 著

·广州·

版权所有　翻印必究

图书在版编目（CIP）数据

张磊自选集/张磊著．—广州：中山大学出版社，2015.11
［广东省优秀社会科学家文库（系列一）］
ISBN 978-7-306-05453-1

Ⅰ.①张…　Ⅱ.①张…　Ⅲ.①中国历史—现代—文集
Ⅳ.①K25-33

中国版本图书馆 CIP 数据核字（2015）第 224713 号

出 版 人：徐　劲
策划编辑：嵇春霞
责任编辑：陈　霞
封面设计：曾　斌
版式设计：曾　斌
责任校对：翁慧怡
责任技编：何雅涛
出版发行：中山大学出版社
电　　话：编辑部 020-84111996，84113349，84111997，84110779
　　　　　发行部 020-84111998，84111981，84111160
地　　址：广州市新港西路 135 号
邮　　编：510275　　　　传　真：020-84036565
网　　址：http://www.zsup.com.cn　　E-mail:zdcbs@mail.sysu.edu.cn
印 刷 者：广州家联印刷有限公司
规　　格：787mm×1092mm　1/16　17.5 印张　296 千字
版次印次：2015 年 11 月第 1 版　2015 年 11 月第 1 次印刷
定　　价：60.00 元

如发现本书因印装质量影响阅读，请与出版社发行部联系调换

张 磊

  1933年生于天津。1958年毕业于北京大学研究生院历史专业。历任广东省社会科学院院长、广东省社会科学界联合会主席、中国历史学会副会长、广东孙中山研究会会长、广东省台湾研究会会长等。兼任中山大学、南京大学等高校研究员、教授。50余年来一直致力于中国近代史、社会思想史研究，撰写专著及编纂文集、志书、辞书、年谱、图录和图说（包括合作完成项目）约50部，并撰写论文百篇左右。主要成果有《孙中山思想研究》《孙中山论》《孙中山评传》《孙中山传》《孙文学说：构建中国的理论先导》《孙中山年谱》《孙中山全集》《孙中山文萃》等。另有史学与影视结合的成果，如《伤逝》《孙中山》及纪实性电视系列片剧本《辛亥革命》《回首辛亥》等，主持《档案解密》《数字解码》等专栏近300辑。获得国家荣誉图书奖、中国图书奖、中国辞书奖、广东科学特别学术成就奖与金鸡奖、百花奖等。策划组织多次大型国际学术研讨会，与台、港、澳及海外学术交流协作密切。被评为广东省劳动模范、全国先进工作者、广东省首届优秀社会科学家，享受国务院政府特殊津贴。曾任广东省政协委员、第八届全国人大代表。

"广东省优秀社会科学家文库"（系列一）

主　任　慎海雄

副主任　蒋　斌　王　晓　李　萍

委　员　林有能　丁晋清　徐　劲

　　　　魏安雄　姜　波　嵇春霞

"广东省优秀社会科学家文库"（系列一）

出版说明

哲学社会科学是人们认识和改造世界、推动社会进步的强大思想武器，哲学社会科学的研究能力是文化软实力和综合国力的重要组成部分。广东改革开放 30 多年所取得的巨大成绩离不开广大哲学社会科学工作者的辛勤劳动和聪明才智，广东要实现"三个定位、两个率先"的目标更需要充分调动和发挥广大哲学社会科学工作者的积极性、主动性和创造性。省委、省政府高度重视哲学社会科学，始终把哲学社会科学作为推动经济社会发展的重要力量。省委明确提出，要打造"理论粤军"、建设学术强省，提升广东哲学社会科学的学术形象和影响力。2015 年 11 月，中共中央政治局委员、广东省委书记胡春华在广东省社会科学界联合会、广东省社会科学院调研时强调："要努力占领哲学社会科学研究的学术高地，扎扎实实抓学术、做学问，坚持独立思考、求真务实、开拓创新，提升研究质量，形成高水平的科研成果、优势学科、学术权威、领军人物和研究团队。"这次出版的"广东省优秀社会科学家文库"，就是广东打造"理论粤军"、建设学术强省的一项重要工程，是广东社科界领军人物代表性成果的集中展现。

这次入选"广东省优秀社会科学家文库"的作者，均为广东省首届优秀社会科学家。2011 年 3 月，中共广东省委宣传部和广东省社会科学界联合会启动"广东省首届优秀社会科学家"

评选活动。经过严格的评审，于当年7月评选出广东省首届优秀社会科学家16人。他们分别是（以姓氏笔画为序）：李锦全（中山大学）、陈金龙（华南师范大学）、陈鸿宇（中共广东省委党校）、张磊（广东省社会科学院）、罗必良（华南农业大学）、饶芃子（暨南大学）、姜伯勤（中山大学）、桂诗春（广东外语外贸大学）、莫雷（华南师范大学）、夏书章（中山大学）、黄天骥（中山大学）、黄淑娉（中山大学）、梁桂全（广东省社会科学院）、蓝海林（华南理工大学）、詹伯慧（暨南大学）、蔡鸿生（中山大学）。这些优秀社会科学家，在评选当年最年长的已92岁、最年轻的只有48岁，可谓三代同堂、师生同榜。他们是我省哲学社会科学工作者的杰出代表，是体现广东文化软实力的学术标杆。为进一步宣传、推介我省优秀社会科学家，充分发挥他们的示范引领作用，推动我省哲学社会科学繁荣发展，根据省委宣传部打造"理论粤军"系列工程的工作安排，我们决定编选16位优秀社会科学家的自选集，这便是出版"广东省优秀社会科学家文库"的缘起。

本文库自选集编选的原则是：（1）尽量收集作者最具代表性的学术论文和调研报告，专著中的章节尽量少收。（2）书前有作者的"学术自传"或者"个人小传"，叙述学术经历，分享治学经验；书末附"作者主要著述目录"或者"作者主要著述索引"。（3）为尊重历史，所收文章原则上不做修改，尽量保持原貌。（4）每本自选集控制在30万字左右。我们希望，本文库能够让读者比较方便地进入这些岭南大家的思想世界，领略其学术精华，了解其治学方法，感受其思想魅力。

16位优秀社会科学家中，有的年事已高，有的身体欠佳，有的工作繁忙，但他们对编选工作都非常重视。大部分专家亲自编选，亲自校对；有些即使不能亲自编选的，也对全书做最后的审订。他们认真严谨、精益求精的精神和学风，令人肃然起敬。

在编辑出版过程中，除了16位优秀社会科学家外，我们还得到中山大学、华南理工大学、暨南大学、华南师范大学、华南农业大学、广东外语外贸大学、广东省社会科学院、中共广东省委党校等有关单位的大力支持，在此一并致以衷心的感谢。

广东省优秀社会科学家每三年评选一次。"广东省优秀社会科学家文库"将按照"统一封面、统一版式、统一标准"的要求，陆续推出每一届优秀社会科学家的自选集，把这些珍贵的思想精华结集出版，使广东哲学社会科学学术之薪火燃烧得更旺、烛照得更远。我们希望，本文库的出版能为打造"理论粤军"、建设学术强省做出积极的贡献。

"广东省优秀社会科学家文库"编委会
2015年11月

目录

学术自传 / 1

伟大的民主革命先行者与近代化前驱
　　——孙中山 / 1
科学地评价孙中山与革命民主派 / 26
孙文学说：构建近代中国的理论先导 / 37
孙中山与辛亥革命 / 45
孙中山与捍卫共和国的斗争 / 75
孙中山与第一次国共合作 / 93
三民主义新阶段与三大政策 / 107
孙中山与1924年广州商团叛乱 / 135
孙中山与宋庆龄 / 153
论朱执信的民主革命思想 / 170
为中国民主革命献身的伟大革命家
　　——廖仲恺 / 188
论刘思复 / 192
魏源思想刍论 / 209
洪仁玕简论 / 219
枷锁与觉醒
　　——从《马关条约》签订百周年谈起 / 229

爱国主义：中华民族团结奋进的精神力量
  ——纪念鸦片战争 150 周年 / 231
戊戌维新百年祭 / 235
划时代的伟大启蒙运动
  ——纪念五四运动 90 周年 / 238
抗日民族解放战争与中华民族的爱国主义 / 246
应当编著一部《中国近代全史》/ 254

附录　张磊主要著述目录 / 257

学术自传

◎ 张磊

一

我非常赞同和经常援引马克思、恩格斯的一段论述:"我们仅仅知道一门唯一的科学,即历史科学。历史可以从两方面来考察,可以把它划分为自然史和人类史……我们所需要研究的是人类史,因为几乎整个意识形态不是曲解人类史,就是完全撇开人类史。"这是我从事学习和研究历史——主要是中国近代史以来,逾六十余年岁月而不渝的信念。

这种对专业的抉择和热爱,是完全可以理解的。一方面,显然与家庭的文化氛围有关。我的父亲曾经长期从事新闻工作,同时在大学里讲授中国报业史等课程。兄姐则酷爱文史,涉猎范围广泛。我从少年时代便阅读了不少书籍,尤其是鲁迅的著述对我产生了深刻的影响。"我翻开历史一查,这历史没有年代,歪歪斜斜的每页上都写着'仁义道德'几个字。我横竖睡不着,仔细看了半夜,才从字缝里看出字来,满本都写着两个字是'吃人'!"——《狂人日记》中对封建旧制度的本质的犀利剖析,使我稚嫩的心灵受到巨大的震撼,不仅引发了我读史的热望,也启示与促成我立志掀翻那血腥的"人肉宴席"。对我而言,学习和研究历史一开始就是与揭露和消灭"吃人"的制度密切相关的。迄今,我的这种初衷并未改变。另一方面,数、理、化课程的荒疏也是不容忽视的客观原因。我的中学时代正值中华人民共和国诞生的前夜,少年生活中充满着激情、战斗和憧憬。而我于1948年春在燕京大学附属中学参加了中国共产党地下组织的外围"民主青年联盟"后,更成为一名"职业学生"。同年夏天,反动统治者进行着垂死的挣扎,白色恐怖使我被迫暂时避往天津,旋于岁末按组织指示潜赴解放区,翌年初随人民解放军重返天津并在市军管会参与接管工作。稍后,组织在干部"南下"的大潮中安排我复学,因为我时年仅16岁,即将大规模开展的建设祖国事业,必然需要大量专业人才。

我接受了组织的建议，决心重新返校学习。由于对理科课程的搁置，我别无考虑地选取了历史专业。虽然，对未来的经济建设心向往之：梦想成为一个水利工程师，奔波在江河山谷之间。

1950年，我考入了北京大学历史系，开始了长达八年的学习生活——先是本科生，后是中国近代史专业的研究生。尽管运动频繁，但在北京大学的学习终究是极为难得的。在诸多名师的指导下，我从史学的学徒起步，逐渐入门，成为一名史学工作者。时光流逝，匆匆过去了一个甲子。已逝的翦伯赞、向达、杨人楩、齐思和、邵循正、周一良、邓广铭和任继愈诸师音容宛在，风范长存。健在的田余庆等先生依然奋战于史学战线，继续给我以教诲和激励。特别是导师邵循正教授的严谨学风，给我留下了极其深刻的印象。当时毕业不授学位，我毫不感到欠缺，遗憾的是自己仅从诸师的道德文章中学得十之一二，确是愧对母校和有负师教。

1958年秋，我毕业后分配到中国科学院广州哲学社会科学研究所（今广东省社会科学院前身）。当时的所长是中国科学院哲学社会科学部学部委员杜国庠前辈，他在各个方面都是我的楷模。我在所内从事中国近代史——特别是孙中山与辛亥革命史的研究，虽有干扰和冲击，但在领导的支持下，总算不绝如缕，并在师长和同事的指导、促进下得以初窥堂奥。在回溯五十余年的研究工作历程时，我必须提到中山大学的陈锡祺和金应熙教授，后者在20世纪80年代初更成为我的同事，他们对我的长期谆谆教诲，使我作为私淑弟子受益匪浅。

忆昔二十初度，今已年逾八旬，反思学习和研究历史的过程不禁十分愧怍，虽然这种状况有其客观原因——在"十年内乱"及此前的年代中，宝贵的时间和精力泰半为各种"运动"所消耗；而社会科学的春天随着社会主义现代化建设新阶段到来后，却又忙于不可推卸的事务与活动。但是，个人的责任也是不容推卸的。时至今日，思之犹令人痛惜！

值得告慰于师友和社会的是：我十分热爱自己的专业，它不仅是我的职业，更是我的事业。无论历史科学的遭际如何，我始终确认它在社会文明演进中具有重大的、不可替代的地位和作用。把自己的主要精力奉献给历史科学，了无遗憾。如果能有第二次生命，我仍将选择这门科学作为终身的事业。

二

毫无疑问，历史科学无疑承担着重任。

许多哲人曾经就此作过论述。培根的阐释十分中肯：读史使人明智。历史科学的终极任务，正是在于从复杂纷纭的社会现象中揭示出其实质和不同领域、层次的客观规律（不仅是关于历史时间和人物的知识），使人们得以了然于过去，从而更为自觉地把握现在和展望未来。历史是人们创造的，但其主观能动性并非随心所欲，只有立足和凭借于客观条件和现实因素，人们才得以在历史舞台上演出各式各样的戏剧。因之，历史创造者就必须力求避免盲目性和提高自觉性，以便充分发挥其社会活动的效能，并使社会发展较为顺畅和健康。对于社会历史规律的认识和理解，正是赋予人们活动以理性的主要内涵。随着人类社会的高度发展，人们对社会历史规律的认识和理解愈益深刻、全面。特别是19世纪中叶以来，马克思主义的唯物史观使得史学成为严格意义的科学，令其摆脱了片面性、表面性和主观主义的局限，不愧为人类认识、变革与改造社会的强大的思想武器。正是在这种意义上，历史研究不仅是发思古之幽情，或只是满足于烦琐的考据，甚至尊为名山事业。而必须站在现实的土壤上，充分为社会的发展服务。对于我们说来，就是要为统一祖国、振兴中华大业提供正能量。这是历史科学的题中应有之意，即其义务与权利。

历史科学与民族的传统文化密不可分，甚至成为它的主要载体。任何一个健康发展的民族，都不可能抛却自己的传统文化。民族虚无主义是有害的偏见，"全盘西化"的侈谈无异于痴人说梦。当然，民族传统文化的继承和发扬，必须有赖于对它进行科学的理解、辨识和取舍，取其精华，并使之具有时代价值的新内涵。在这种意义上，全盘肯定同样是有害的偏见。历史科学在继承和发扬民族传统文化方面具有特殊的意义，显然是不可或缺的。它的认识功能是广泛的：既综观了人类社会历史的进程，又横览了社会生活的断面（包括经济、政治和文化诸领域），阐明了事物的本质，确认了它们存在的依据和作用，从而为民族传统文化的正确认知、辨识、取舍乃至推陈出新提供了科学的基础。

此外，历史科学还是弘扬爱国主义和革命传统的主要手段之一。中华民族具有悠久历史和灿烂文化，历数千年而未中绝，从来就不屈服于外来的侵凌和内在的压榨，因之反侵略、反压迫的斗争绵延不断。这个伟大的、生生不息的民族不仅敢于直面自己的命运，并且决心改变屈辱惨淡的处境。长期以来，积淀深厚的崇高道德准则和价值取向，附丽于重大历史事件，展现为杰出人物的思想与实践。经由史学（它的各种形式的著述）的传播，后人得以认识、传承与发扬光辉的传统，不仅在思想上予以认同，并在情感上蒙受感化。不言而喻，领悟优秀的传统文化，熟知持续不断的、波澜壮阔的正义斗争史迹，读过《正气歌》、林觉民等烈士的遗书、孙中山的演说、鲁迅的杂文……必然丰富了人们的内心世界，提高了民族的综合素质。至于当代众多的共产主义者的高大形象与光辉业绩，更是振聋发聩、发人深省和令人奋起。

以上所述，只是荦荦大端。历史科学的作用和意义，当然尚不止此。随着史学研究的改革创新，它的多元的社会功能必将强化和发展。

三

我们正处在深化改革的时代，社会主义必须在自我完善中发展。作为社会科学的重要组成部分，史学研究也要与时俱进地不断变革创新，以适应社会的潮流，发挥更大的积极作用。"历史教育"被人们所重视，即是从一个方面充分表明历史科学在社会主义现代化事业——物质文明、精神文明、政治文明、社会文明建设以及生态文明建设领域中的难以代替的地位。

史学研究的改革创新，无疑具有丰富的内涵，从史学理论、方法论到具体形式，无不涵盖。但是，中心课题还是理论、方法论以及与之相关的学风与文风，因为这些课题关乎历史科学的存废兴衰。其余问题当然也很重要，不能掉以轻心。

科学的理论和方法论，堪称历史科学的灵魂。史料的收集、整理和审查，史实的辨识、考订和确认，自然是史学研究的前提和依据，因为论断只能产生于研究过程的终端。把握了准确的、典型的充分史实，才能引出科学的结论。但是，历史科学绝非局限于史料的排比和史实的判明，它的根本任务在于阐明社会历史各个领域和不同层次的规律性，这就要求揭示现象的本质及其必然联系。因之，理论、方法论不可低估。当研究过程进入分析判断阶段，既有赖于世界观的理论指导，又离不开方法论的实际运用，简单的初级逻辑思维在这里往往显得无济于事。对于历史科学来说，理性是绝对不可须臾背离的。

在史学研究的改革创新中，应当坚持马克思主义——历史唯物主义作为理论基础和指导思想的原则。史学之所以成为科学，关键在于它拥有科学的理论、方法论。马克思主义的唯物史观，迄今仍是研究历史的正确指南和科学方法。它阐明了生产力与生产关系、经济基础与上层建筑之间的关系，解释了历史发展的多元动力，指出了群众、阶级、政党与个人的相互作用，判明了历史必然性与偶然性……因而，对历史研究具有根本性、普遍性的指导意义。以马克思主义的唯物史观作为研究工作的理论、方法论，正是我们的历史科学的优势所在。当然，学习和运用马克思主义，必须彻底摈弃僵化、教条主义和实用主义，因为这种态度和方法是反马克思主义或假马克思主义。所以，它也必然地戕害了历史科学。唯一正确的态度和方法是：把握马克思主义的精髓，即学习和运用它的立场、观点和方法，坚持它的基本原理，加以创造性地运用。因为马克思主义本身就是开放的、发展的科学体系，必须充分吸取先前的和当代的一切科学成果，才能不断完善和丰富，长葆其生命力和活力。至于它的某些具体论断，或是已经不适合新的实际，或是在当时已不尽然，则应加以补充和更替。坚持和发展，乃是对待马克思主义的唯一科学态度和正确方法。

信守马克思主义唯物史观的指导作用，并不意味着拒斥古今中外其他具有科学成分的史学理论、方法论。对于中国传统和近代的历史哲学与不同时期的西方历史哲学，均应持科学的态度。对西方的历史哲学一味膜拜是盲目性的表现，因为引进过程中缺少辨识。但是，不分青红皂白地加以否定，同样是缺乏分析的非科学态度。高墙深壑，拒斥一切，有悖于改革开放的准则，只会使自己的思想封闭和僵化。事实上，当代科学的发展，形成了一些具有科学成分的史学理论和方法论，值得吸收和借鉴，尽管其中包含着杂质和水分。正确的态度和方法应当是有所分析和选择的"拿来主义"，只要这种理论、方法论裨益于历史研究。况且，日趋复杂和多变的世界对历史科学提出了更为严格的要求，理论、方法论的更新和多元化，也就成为亟待解决的课题。为了有助于更为深刻和全面地认识和反映历史，必须不拘一格，吸取具有科学因素的理论、方法论的优长，为我所用。史学从封闭僵化走向改革开放，着重体现在理论、方法论的发展。近年来的一些优秀史学著作就是实例，由于它们采取了社会学的、心理学等诸多视角和比较、计量等各种方法，在内容和形式上都显得丰富而新颖，获得各方面的好评。毫无疑问，学术民主与"双百"方针是包括史学在内的文化发展的必由之路。

对于史学工作者来说，解放思想、实事求是和改革创新的进程不能中止。僵化、教条主义和实用主义必须彻底清除，沿袭已久的陈旧观念应当继续打破。但是，思想解放与实事求是不可背反，更不能有悖于科学，挣脱教条主义和陈陈相因积习的桎梏，才是实质所在。不加分析地标榜"反迷信"，笼统地要求"总体反思"，甚至主张"彻底抛弃过去的研究方法和理论"，显然不是实事求是的态度。这种论调的错误在于混淆了真假马克思主义，以致把教条主义等同于马克思主义，因之，在反对僵化和教条主义、实用主义的同时否定了马克思主义。与此相关，也就一笔抹杀了新中国成立以来历史研究的重大成绩。需要着重指出的是：理论、方法论的正确与否，绝不在于时序意义上的"新"与"旧"，而取决于它的科学性，并需由实践加以检验。刻意求"新"地构筑起来的理论体系可能产生暂时的轰动效应，却与科学风马牛不相及。正确的理论、方法论也绝不会因其"旧"，以致变成谬误。当然，应当重申的是科学的理论、方法论的把握及其运用绝非易事，必须在马克思主义的基础上，广泛吸取——不是生搬硬套与囫囵吞枣——一切有益于历史研究的理论、方法论的积极成果。这种过程难以一蹴而就，既需要坚持马克思主义，又必须对众多的史学理论、方法论加以分析、辨识和选择。此外，史学研究的改革创新自然还包括选题、体裁诸问题。

应当大力倡导科学的、先进的学风和文风，反对赶时髦，逐热点，生吞活剥"新思潮"，滥造乱用怪名词，动辄声称"重写历史"，撷拾几条史料便营造"体系"，热衷于"翻案"文章，片面追求轰动效应……这些表现都是不足取的，因为这不是严肃认真的探索，与史学研究的革新无关，甚至带来消极的后果。必须反对过度的商业化、娱乐化的冲击，坚持史学的科学性、严肃性。当然，对于一些拓展性的尝试，必须给予鼓励和支持，允许走弯路乃至失误。"双百"方针与学术自由，当是包括史学在内的文化发展的必由之路。

这就是我从事历史研究所遵循的基本准则。至于我的学术观点，大都体现于本书和相关著述中，不再赘言。

回顾60年的学习、研究历程，深感成果的粗浅，亟待自我完善，与时俱进！

　　岁月流逝，来日已非方长。如何正确对待不可避免的衰老、疾患和终结？我的答案是恪守信念，持续工作，服务社会，为实现"中国梦"而尽力奉献！只有这样，才能摆脱难以避免的失落、消沉乃至忧惧，获致心灵的充实和慰藉，常葆生命的活力，无愧于时代和个人的晚年。犹忆少年时常去清华园的朱自清先生家，十分关注他亲书的近人诗句——"但得夕阳无限好，何须惆怅近黄昏"。先生对我笑着说道：我是自勉，你是"少年不识愁滋味"。于今，我已能领悟诗句的意蕴和先生的教诲。之所以不揣谫陋，把这部自选集呈献给大家，因为我还要勉力前行，故特恳请教正并予策励。

2014 年夏·广州

伟大的民主革命先行者与近代化前驱
——孙中山

孙中山诞生于暴风骤雨席卷神州大地的峥嵘岁月,曲折剧变的近代中国历史进程把他铸造成为一代巨人。

任何杰出人物作用于历史并非随心所欲,他们的眼界、观念和理想总为时代所制约,而其活动只能凭借现实的舞台,是以堪称"时势造英雄"。但是,历史又是人们创造的,出类拔萃者应是倡导了一定的社会思潮和运动,他们的作为产生的重大能动作用当是毋庸置疑的。因之,"英雄造时势"也反映了这个课题的又一侧面。

正是在这种意义上,孙中山——伟大的民主革命先行者与近代化前驱的历史地位和作用必须充分肯定。他以近四十年的艰苦卓绝的革命活动,在广阔的时空舞台上演出了多幕悲壮史剧。他的政治生涯延伸过两个世纪和贯串于中国民主革命的前后阶段。他的足迹和活动涵盖了亚洲、欧洲和美洲的许多国家。他力图使自己的祖国挣脱殖民主义和封建主义的双重枷锁,从中世纪迅速入于近代。他始终站在历史潮流的前面,给时代留下了鲜明的印记。

孙中山无愧为一个巨人,他的思想和实践是多方面的、内涵丰富的。他几次环行世界,能操数种语言;他求索于古今中外的思想宝藏以熔铸救国拯民的真理,并在难得的间歇中思考宇宙和人生的真谛;他毕生从事革命的"战争事业",甚至身兼统帅与"排长"①;他始终与时俱进,从不在奔腾的"世界潮流"前固步自封;他感受过胜利的欢欣,目睹共和制诞生于封建君主制的废墟;他经历了更多的顿挫乃至幻灭,迭遭通缉和绑架;他曾有过"槁木死灰"的心境,却又能"愈挫愈奋"……当然,他的形象并非完满无缺,他不是光环笼罩的神祇,只是一位"大写的人"。

在近代中国的历史舞台上,孙中山扮演了民族英雄、革命领袖和思想

---

① 广东省社会科学院历史研究所、中国社会科学院近代史研究所中华民国史研究室、中山大学历史系孙中山研究所编:《孙中山全集》(第8卷),中华书局1986年版,第190页。

家的重要角色。他必须在两个世纪的交接时刻担负起开拓的重任，因为严峻的现实是：无论波澜壮阔的农民战争，抑或资本主义化维新运动，都不能拯救和发展中国，而难免以悲剧告终。他积极响应了时代的召唤，勇敢地超越了先行者——制定比较完全意义的民主革命政纲，建立资产阶级革命政党，开展反清武装斗争，从而使近代中国民主革命运动由准备阶段入于正规阶段。当革命新时期——新民主主义革命到来后，他积极地迎接了急湍的时代大潮，让自己的思想和实践经由检验和扬弃达到前所未有的高度：把旧三民主义发展为新三民主义，确立了"联俄、联共、扶助农工"的三大政策；由是，"另为彻底之革命运动"。孙中山的一生宛如上升的阶梯，始终奋进攀登不已，无论是声望、威信或年龄的增长都未曾导致思想僵化和盲目。他从爱国和热衷于社会变革的青年，成长为民族英雄和民主革命领袖，又从旧三民主义发展为新三民主义，总是时代潮流的指导者。

孙中山建树了不朽的丰功伟绩：高举民主革命的旗帜，领导了推翻帝制、建立共和制度的辛亥革命；实行了第一次国共合作，推动了国民革命的发展。他的全部政治生涯形象地呈现为一个加以半个的"弧形"。第一个"弧形"是他在旧民主主义革命时期活动的写照，从兴中会到同盟会构成升弧，辛亥革命为其顶点，二次革命、中华革命党反袁斗争和护法运动则显示为降弧。第二个"半弧形"反映了他在新民主主义革命时期的业绩，其顶点为中国国民党第一次全国代表大会的召开、弭平广州商团叛乱和北上。他的非时的逝世，中断了"弧形"的高扬。

为了拯救和发展祖国，孙中山奉献了自己的一生。在为新世界诞生的艰苦卓绝的战斗历程中，他的精神状态一直保持在"悲剧的高度"——为崇高的理想而献身，虽然事业未能及身而成。在这种意义上，他无愧为中华民族伟大的儿子。同时，他的思想和实践体现了人类进步的必然趋向，"天下为公""世界大同"作为他的终极奋斗目标，因之获得了不同社会制度、发展层次和文化内涵的国家、地区的认同和人民的敬仰。所以，他也理所当然地属于世界。

一

孙中山的故乡在濒临南海的广东省香山县。为纪念孙中山的丰功伟绩，香山于1925年改名中山。

唐宋以来，特别是明清时期，岭南珠江三角洲以"富而通"著称。但他于1866年冬诞生于斯的翠亨却不富饶："负山濒海，地多砂碛，土质硗劣，不宜于耕。"① 仅有七十余户的村庄的大部分农民生计艰难，他出世时家境也是非常困苦的。父亲曾在澳门当鞋匠，后返乡租下两亩半田耕作并兼更夫。他从6岁起就参加农家的辅助性劳动，年龄稍长便下田操作。番薯成为经常的主食。小孩子很少有鞋穿。困苦生活无疑在他童稚的心灵中留下了深刻的烙印，他后来曾自称"我是苦力，同时也是苦力的儿子，我生于穷人家庭，我自己仍然是穷人"②。在他看来，"农民的生活不该长此这样困苦下去，中国的儿童应该有鞋穿，有米饭吃"③。幼年和少年的遭际使他"早知稼穑之艰难"，他后来倡导民生主义显然与"境遇之刺激"有关。④

香山，蕴含着可歌可泣的爱国的、革命的传统。鸦片战争时期，民族英雄林则徐曾经驻节县城，壮烈捐躯的水师提督关天培在磨刀洋海面上迎击过英国侵略军，民众保家卫国的英勇事迹更是广泛流传。刚刚失败的太平天国农民战争所产生的影响，更给少年孙中山以深刻的印象，他从返乡的太平军战士的口中了解到天国英烈的壮举，热望"洪秀全灭了清朝"并为这出史剧的悲惨结局而惋叹。深植于群众中间的反侵略、反压迫的奋斗精神哺育了孙中山，使他衷心地赞扬故乡"不在地形之便利，而在人民进取性之坚强；不在物质之进步，而在人民爱国心之勇猛"。⑤ 当然，比邻澳门、香港和侨乡的地缘、人缘因素对他走向世界颇有影响。

生活的困苦没有压倒这个聪明活泼的少年，他沉浸于自己的多种意趣：游水、捉鱼、放风筝、踢毽子；到附近武馆看三合会员练武；与小伙伴在山野间模拟太平军与清军作战。直到10岁，方才入塾读书。他曾为节约灯油而在月光下阅读，但对不求甚解地背诵儒家经籍颇为不满。周围

---

① 广东省社会科学院历史研究所、中国社会科学院近代史研究中华民国史研究室、中山大学历史系孙中山研究所编：《孙中山全集》（第1卷），中华书局1986年版，第17页。
② L. Sharman：*Sun Yat-sen*：*His Life and Its Meaning*. New York，1934. p. 4.
③ 宋庆龄：《为新中国奋斗》，人民出版社1952年版，第5页。
④ 宫崎滔天：《孙逸仙传》，载《建国月刊》第5卷第4期。
⑤ 广东省社会科学院历史研究所、中国社会科学院近代史研究中华民国史研究室、中山大学历史系孙中山研究所编：《孙中山全集》（第4卷），中华书局1986年版，第478页。

的封建陋习开始引起他的反感，他厌恶赌博、蓄婢、纳妾，反对家人给姐姐缠足，并因诘责专横的胥吏险被刺伤。愚昧、苦难和窒闷的社会氛围，使这个喜欢思索的少年常常感到困惑和痛苦。

孙中山愈益强烈地憧憬和企慕着新世界，甚至甘愿背井离乡——虽然水碧沙明的兰溪和草木苍翠的金槟榔山长系心头，并在辗转流亡异域时化为浓郁的乡愁。他虽终未一睹镇上牧师保有的世界地图，但外部的信息不断传到素以"侨乡"见称的香山。而他的长兄孙眉在19世纪70年代初就远航到万里之外的夏威夷（檀香山）去做劳工，并逐渐拥有了商店和牧场。他对太平洋中那个"草经冬而不枯，花非春而亦放"的群岛心向往之，终究在12岁时跟随母亲踏上泊在澳门码头的英轮，经历了二十余个昼夜的航行，抵达万顷碧波环抱的檀香山。澳门是他走向世界的起点，远行扩大了他的视野和增加了新的感受："始见轮舟之奇、沧海之阔，自是有慕西学之心，穷天地之想。"① 而在夏威夷居留的五年中，他在美、英教会开办的学校里接受了"欧洲式的教育"，开始学习英文。夏威夷人民的反侵略斗争，显然给他以很大的激励："而改良祖国，拯救同群之愿，于是乎生。"②

他于1883年夏辍学回国。开阔的眼界，新的知识和感悟，变革的热忱，"神圣的权力不是永恒的"观念……使青年孙中山对故土感到陌生、忧虑和愤懑。他从香港换乘的沙船初入境门便受到清吏的勒索，令他疾呼："中国在这些腐败万恶的官吏掌握中，你们还能坐视不救吗？"为遵从亲人们的意愿，他在翠亨参加耕作和继续自修。同村的青年陆皓东、杨鹤龄等与他过从甚密，常在一起议论时政，抨击官府的弊端，提出改良乡政的各种措施。然而，乡居生活并未长久。他们反对封建迷信的活动引起轩然大波：他在檀香山时就不以崇奉关（羽）帝为然，于今乡民膜拜北帝庙中的木雕泥塑益发使他反感。"劝勿妄信"没有效果，他与陆皓东进入庙中折断北帝直竖的中指，又将金花娘娘的脸蛋用指甲搔成花面，还对北帝大加申斥。笃信神灵的乡民非常惊恐和愤怒，把亵渎神像者视为

---

① 广东省社会科学院历史研究所、中国社会科学院近代史研究所中华民国史研究室、中山大学历史系孙中山研究所编：《孙中山全集》（第1卷），中华书局1986年版，第47页。
② 广东省社会科学院历史研究所、中国社会科学院近代史研究所中华民国史研究室、中山大学历史系孙中山研究所编：《孙中山全集》（第2卷），中华书局1986年版，第359页。

"疯孩子"。他的父亲只得应允修复神像,而他则被迫前往香港。在进入英国基督教圣公会主办的拔萃书室后,他与陆皓东受洗为基督教徒。教义在他的思想和实践中曾留下了痕迹,科学则又使他逐渐摒除宗教观念——"余于耶稣教之信心,随研究科学而薄弱……颇感耶稣教之不合论理,因不安于心",结果"大倾向于进化论"。① 他后来绝少参加宗教活动,甚至他的战友们也几乎"永不见其至教堂一步"。

就在他赴港求学的那一年,爆发了中法战争。从英国于1840年挑起鸦片战争以来,资本—帝国主义采用包括暴力在内的各种手段推行殖民掠夺政策,并同封建统治者相互勾结,使封建的中国逐步沦为半殖民地半封建的中国。为了挣破殖民主义与封建主义双重枷锁,中国得以臻于独立、民主和富强,群众的反侵略、反压迫斗争此起彼伏,太平天国农民战争则是汹涌浪潮的高峰。随着19世纪70年代资本主义的萌发,加以强有力的外铄作用,剧变的社会政治、思想领域中出现了新的因素,新的社会思潮和运动进入历史舞台。法国发动的这场侵略战争深化了民族危机,进一步暴露了清朝政府的腐败,激励了爱国主义的高昂斗志,推动了维新思潮的发展。爱国与变革双重奏的强音给予青年孙中山以希望和勇气,香港工人拒修法舰和停卸法货使他确信"中国人已有相当觉悟",所以"战胜法国并非难事,只靠民众力量"。自然还"应当造钢铁的船",依靠"木头船是没用的"。② 他愈益密切地关注政局,否定现存政权的观念潜滋暗长,曾向檀香山的朋友表示:学有所成后"就要准备推翻满清"。后来,他强调了这场结局屈辱的战争给他的激励:"余自乙酉中法战后,始有志于革命。"③

1884—1886年间,孙中山就读于港英当局所办的中央书院。由于阅读汉文书报存在困难,他在课外努力补习国学。当他修毕书院的中学课程后,他面临着生活的抉择。军事和法律曾是他的学习取向,但他却选择了医学。"以医亦救人之术也",况且中国的医疗卫生状况十分落后,中法战争期间暴露出的救护工作的严重缺陷,更为引起了他的关注。

---

① 参见宫崎滔天《孙逸仙传》,载《建国月刊》第5卷第4期。
② 参见林百克《孙逸仙传记》中文版,上海三民公司1928年版,第157~161页。
③ 广东省社会科学院历史研究所、中国社会科学院近代史研究所中华民国史研究室、中山大学历史系孙中山研究所编:《孙中山全集》(第7卷),中华书局1986年版,第59页。

1885年夏，他与同邑外垦村人卢慕贞结缡。

孙中山的习医生涯，始自广州博济医院附设的南华医学校。在校期间不过年余，留给周围人们以深刻印象的是他对教学中"不合理制度"的改革主张。他要求男生参加产科实习，并使校方采纳了这个合理建议。他还结识了同学郑士良和算学馆的学员尤列，他们经常议论"维新兴国"的有关问题。郑士良与会党关系密切，他正是通过这位同窗的中介接触了秘密会社。1887年年初，孙中山转入香港伦敦传道会和议政局议员何启创办的西医书院，因为那里"学课较优，而地较自由，可以鼓吹革命"[①]。在五个学年中，他研读了物理、化学、植物、解剖和药物等学科，取得了优异成绩，但他并不满足于专业知识。达尔文——其时刚逝世不久——的进化论令他心折。法国18世纪资产阶级革命使他昂奋。他研究国际法、军事学、海军建设、各种财政学、国政、各种派别的政治学，并把"通晓舆图"作为实学要旨。他学习国学的热情依然饱满，认真探讨"历朝制度之沿革"和"古今治乱之道"。孙中山在大学阶段基本完成了"欧洲式的教育"，这种机遇在同代人中是罕见的。

孙中山更为热切地关注国事，经常同郑士良、尤列及稍后结识的同学陈少白到校舍附近杨鹤龄家的商店"杨耀记"聚会。他们踏着陡峭的石级，穿过狭窄阴暗的街道，"昕夕往还，所谈者莫不为革命之言论，所怀者莫不为革命之思想，所研究者莫不为革命之问题"[②]。许多"无所忌惮"的言论惊世骇俗，使他与陈少白、杨鹤龄和尤列获得了"四大寇"的绰号。与此同时，和激进的观念并存的则是温和的维新思想。他在1890年前后曾致函给退休乡居的同邑郑藻如（原任职海关道并出使过欧美），提出兴农桑、禁鸦片和普及教育的主张。他还与一些维新人士有着密切联系：同郑观应商讨"改革时政"，后者曾在风靡一时的《盛世危言》中称道过"吾邑孙翠溪西医"；他的老师何启给他以较大影响，这位留英研习医学和法律的维新人士的代表作即是流传广泛的《新政真诠》。当时，热情的青年受到维新思潮的浸润是可以理解的。仿效西方、变法改革对封建

[①] 广东省社会科学院历史研究所、中国社会科学院近代史研究所中华民国史研究室、中山大学历史系孙中山研究所编：《孙中山全集》（第6卷），中华书局1986年版，第229页。

[②] 广东省社会科学院历史研究所、中国社会科学院近代史研究所中华民国史研究室、中山大学历史系孙中山研究所编：《孙中山全集》（第6卷），中华书局1986年版，第229页。

专制主义长期君临的中国社会无疑是一种冲击,含有民主主义的内容和启蒙意义。

1892年秋,孙中山以优异的成绩毕业。教务长康德黎向他颁发的医学士证书执照内称:"照得孙逸仙在本院肄业五年,医学各门,历经考验,于内外妇婴诸科,俱皆通晓,确堪行世。"然而,这名合格的医生却不满足于自己的职业。他更热衷于医国的崇高事业,因为他已确认"医术救人所济有限,其他慈善事业亦然";而"若夫最大权力者,无如政治。政治之势力,可为大善,亦能为大恶,吾国人民之艰苦,皆不良之政治为之。若欲救国救人,非锄去此恶劣政府必不可"。① 他的这种"真知"把握了改造社会的关键,并成为他投身政治斗争的思想依据。在他从香港赴澳门开业时,曾在船上对陈少白"讲到将来有机会的时候,预备怎样造反"②。

作为澳门的第一位华人西医,孙中山在著名的镜湖医院悬壶。开诊是义务性质的,补偿是由院方借贷给他开设中西药局。他的医德和医术颇受赞扬,"就诊者户限为穿"。但他并未在澳门久留,主要是当地缺乏社会活动的良好条件,加以葡萄牙籍医生的排挤,致令医务"猝遭顿挫"。孙中山于翌年前往广州,在省城设立东西药局。在很短的期间,就出现"病家趋之若鹜"的现象。只是他越来越热衷于政治活动,"行医日只一两时,而从事革命者实七八时",月入近千元的收入也被大量挪用。他和许多志士经常聚会于圣教书楼后面的礼堂和广雅书局内南园抗风轩,探索救国救民的途径和方法,并积极"结纳会党,联络防营",还同水师中的青年军官们建立了联系。组建革命团体的课题已经提上日程,甚至议及"兴中会"这个名称,宗旨则为"驱除鞑虏,恢复华夏",只是由于人数过少等原因而未形成"具体的组织"。③

1894年年初,孙中山与陆皓东回到翠亨起草了《上李鸿章书》。他认为自己的主张如被采纳,当可实现自上而下的中枢变革,比较顺畅,易于奏效。是年春天,他与陆皓东携书北上,从此告别医务,开始踏上职业革命家的艰苦而又光辉的道路。他们在上海稍事逗留,会见了郑观应和另外

---

① 参见广东省社会科学院历史研究所、中国社会科学院近代史研究所中华民国史研究室、中山大学历史系孙中山研究所编《孙中山全集》(第2卷),中华书局1986年版,第359页。
② 陈少白:《兴中会革命史要》,载《建国月刊》第1卷第3期。
③ 参见冯自由《中华民国开国前革命史》,中国文化服务社1946年版,第3页。

一位维新人士王韬，请他们为介于李鸿章的幕僚，并再次修改了函稿。6月，他们抵达天津后递上信札。《上李鸿章书》指责了"滥征""多弊"的封建苛政，批判了"徒惟坚船利炮之是务"的洋务派的"舍本图末"，阐明了"欧洲富强之本，不尽在于船坚炮利、垒固兵强，而在于人能尽其才，地能尽其利，物能尽其用，货能畅其流"。他坚信"步武泰西，参行新法，其时不过二十年，必能驾欧洲而上之"。① 然而，权倾一时的直隶总督兼北洋大臣李鸿章虽以洋务闻名当世，且为西医书院的名誉赞助人，却对来自岭南的投书者未加理会。北上奔走呼吁的结果，不过领得一纸"农桑会出国筹款护照"。

《上李鸿章书》的内容全然属于维新思潮范畴，郑观应因而赞为"其说亦颇切近"。但是，孙中山不同于半封建半资本主义式的"君子"们。他的思想还蕴含另外的一个重要方面。他的童年和少年时代在贫苦农民和华侨资产者家庭中度过，所受教育和经历使他较为了解西方，沐浴了民主主义精神，传统的中世纪的意识积淀相对单薄。在他看来，古老的帝国和至尊的皇冠并不具有"永恒的"性质，否定现存社会制度的"造反"，绝非大逆不道。作为较少承受因袭重担的近代新型知识分子，当他意识到维新思潮的局限，就能够跨出关键性的步伐，以便开拓并踏上近代中国民主革命的新征程。

他此后的活动，标志着近代中国民主革命正规阶段的到来。

二

毫无疑问，上书的挫折给孙中山以很大的刺激。但此行并非是徒劳的，他得以进一步认识了清廷的腐败："则观满清政治下之龌龊，更百倍于广州。"加之中日战争爆发，民族危机日益深重。这些因素激发了他的革命意识："知和平之法无可复施。然望治之心愈坚，要求之念愈切，积渐而知和平之手段不得不稍易以强迫。"②

---

① 参见广东省社会科学院历史研究所、中国社会科学院近代史研究所中华民国史研究室、中山大学历史系孙中山研究所编《孙中山全集》（第 1 卷），中华书局 1986 年版，第 8～18 页。
② 广东省社会科学院历史研究所、中国社会科学院近代史研究所中华民国史研究室、中山大学历史系孙中山研究所编：《孙中山全集》（第 1 卷），中华书局 1986 年版，第 52 页。

孙中山的思想和活动历程达到了第一个临界点。

然而，他面临着严峻的形势。在西方，1789年的法国资产阶级革命早已过去，1848年的民主革命也带着不彻底性告一段落；而1871年异军突起的巴黎公社，只是预示了新的革命时期的到来；在东方，只有日本的明治维新较为成功。竭力维护半殖民地半封建社会秩序的清朝政府，甚至不允许温和的变革，戊戌变法仅昙花一现，就是铁证。但是，来自西方的革命影响不可抗拒地传到东方。包括中国在内的许多殖民地附属国在20世纪的曙光中觉醒，"世界风暴的新源泉"在两种革命运动交替阶段于亚洲涌现。由于"新精神"和"欧洲思潮"在中国"强有力的发展"，"中国的旧式的骚动必然会转变为自觉的民主运动"[①]。孙中山的活动体现了时代的发展趋向，使近代中国民主革命运动入于正规时期。他跨出的新的步伐，具有重大的历史意义。

孙中山没有再回广东，他在中日战争的炮声中经上海前往檀香山，在华侨中进行宣传鼓动，并于11月组建了中国资产阶级革命民主派第一个团体——兴中会。"宣言"号召拯救危亡，"振兴中华"，入会誓词则为"驱除鞑虏，恢复中国，创立合众政府"。已具雏形的民主革命纲领显然是划时代的政治方案，因为这是民主革命进程中第一次出现的关于共和制的要求，虽然魏源等先前曾经肯定地评述了美国的共和制度，但却没有任何移植于中国土壤的明确意图。与农民阶级和维新派的纲领相较，孙中山的政治构想更为圆满地回答了历史的课题：它承续了农民战争反对封建暴政的斗争精神，却摒弃了"皇权主义"的糟粕；它接受了维新志士仿效西方、重视社会变革的主张，却突破了"君主立宪"的局囿。次年，孙中山又在香港与杨衢云等建立了兴中会总机关，并立即筹划反清武装斗争，准备在广州首先发难。他和郑士良、陆皓东等先在省城建立兴中会分会，设置机关据点数十处，多方联络会党、绿林、游勇、防营和水师，以农学会作为公开活动的旗号。他还在香港进行了争取外援的活动，只是未能奏效。由于事泄，预计在重阳起义的计划流产。然而，"乙未广州之役"却以孙中山的"战争事业"的发端而载诸史册。兴中会的组建与广州起义的策划是中国走向共和的第一步，陆皓东等则成为革命民主派首批牺牲的烈士。

---

① 列宁：《列宁全集》（第15卷），人民出版社1959年版，第159页。

孙中山偕同郑士良、陈少白逃亡日本，他在横滨建立了兴中会分会，旋又断发改装，赴檀香山、美国和英国进行革命活动。1896年10月，孙中山在伦敦被清驻英使馆馆员诱骗绑架，幸得西医书院的英籍教师康德黎等的奔走营救和舆论压力，他才免于被押解回国处死的厄运。在被囚禁12天脱险后，他在康德黎的帮助下用英文写了《伦敦被难记》一书，出版后扩大了革命党人的国际影响，他本人也日益为世界所熟知。孙中山在伦敦居留到翌年夏天，勤奋地阅读、观察、思考和写作。跟踪他的侦探写下的记录大都是"毫无变更地每日赴大英博物馆"之类的词句，他确实是在皮藏丰富的图书馆中度过大部分时光。康德黎十分赞许自己的学生，指出"他不歇地工作，阅读有关政治、外交、法律、军事、海军的书籍；矿产与矿业、农业、畜牧、工程、政治经济学类，占据了他的注意，而且细心地和耐心地研究"①。同时，他认真地考察社会。"文明富庶"的资本主义导致的两极分化使他震惊，伦敦东头贫民区无疑给他留下了深刻印象。无产阶级的抗争——伦敦和英伦三岛的各行业工人举行罢工并遭到军队镇压——引起了他的深切同情。他的社会政治、经济思想获得了新内涵，正如他所忆述："两年之中，所见所闻，殊多心得。始知徒致国家富强、民权发达如欧洲列强者，犹未能登斯民于极乐之乡也；是以欧洲志士，犹有社会革命之运动也。予欲为一劳永逸之计，乃采取民生主义，以与民族、民权问题同时解决。此三民主义之主张所由完成也。"② 孙中山企图以"社会革命"消弭资本主义发展的"祸患"。三民主义体系初步形成。

为了就近策划斗争，孙中山离英赴日。他的革命活动得到了国际友人的同情和支持，特别是日本志士的赞助。他也援助了菲律宾等国家的革命运动，正如菲国志士彭西所颂扬的："孙逸仙能把出现在远东许多国家里面的问题结合起来"，他因此成了一群来自朝鲜、中国、日本、印度和菲律宾的青年学生的"热情赞助者之一"。③

在1895年即乙未广州起义"流产"后，孙中山决意再次发动规模更

---

① J. Cantlie and C. S. Jones：*Sun Yat-sen and the Awakening of China*. New York：London，1912，p. 202.
② 广东省社会科学院历史研究所、中国社会科学院近代史研究所中华民国史研究室、中山大学历史系孙中山研究所编：《孙中山全集》（第6卷），中华书局1986年版，第232页。
③ Mariano Ponce：*Sun Yat-sen：The Founder of Republic of China*. Manila，1965，p. 40.

大的斗争。他坚持武装反清，拒斥了清朝政府的软化和诱降手段，奔走于东京、横滨和长崎等地，向留学生和华侨宣传反清革命主张，派遣郑士良等返国联络南方会党。他曾希望与戊戌变法失败后逃亡国外的康有为、梁启超合作，"共同实行革命大业"。由于对方——主要是康有为顽固地坚持保皇，未能实现联合计划。但是，策划起义的工作加紧进行。他在1900年夏偕同日本友人宫崎寅藏等往来于日本、香港（限于海面而未获准登陆）、新加坡等地，布置在广东惠州再次举义。10月上旬，三州田爆发了兴中会领导的规模最大的武装反清斗争。义军东指，从六百余人发展到两万余人。只是由于"外援难期"和缺乏武器接济，指挥者郑士良被迫宣布解散队伍。这次起义虽然失败，但起了积极的政治影响。如果说5年前广州起义失败后，许多舆论视孙中山为"乱臣贼子"，那么惠州之役则"鲜闻一般人之恶声相加，而有识之士且多为吾人扼腕叹息，恨其事之不成矣"。① 这种状况甚令革命党人感到"快慰"，他们看到了"国人之迷梦已有渐醒之兆"。

孙中山并未气馁，而是准备新的战斗。美国《展望》杂志的通讯员林奇在横滨访问了甫遭挫折的革命家，发现他正在读书，案头和书架上摆满了"有关军事战术、军需弹药、历史和政治、经济的书籍"，其中包括简述布尔人抗英游击战术的著作。他检讨了惠州之役的败因，并断言中国的变革进程将是快速的："日本人用了三十年才办到的事情，我们最多用十五年就能办到。"② 他只是对林奇隐瞒了亲密战友殒身所造成的伤痛：继陆皓东在广州起义后牺牲以来，史坚如、杨衢云和郑士良陆续弃世——或血洒刑场，或被刺客暗杀和"暴卒"，而"其精灵之萦绕吾怀者，无日或间也"。

他在悲壮的心态中迎接了新世纪的到来。

三

1900年义和团反帝爱国运动失败后，半殖民地半封建社会秩序最终

---

① 参见广东省社会科学院历史研究所、中国社会科学院近代史研究所中华民国史研究室、中山大学历史系孙中山研究所编《孙中山全集》（第6卷），中华书局1986年版，第235页。
② 广东省社会科学院历史研究所、中国社会科学院近代史研究所中华民国史研究室、中山大学历史系孙中山研究所编：《孙中山全集》（第1卷），中华书局1986年版，第210页。

形成。清朝政府充当了帝国主义列强的奴隶总管，它们共同残酷镇压群众的反抗和联合抵制真正的变革。但是，民族矛盾和阶级矛盾的激化必然促进革命形势的发展：群众抗捐、抗税斗争此起彼伏；抵制美货、收回利权运动如火如荼；知识分子日趋革命化；革命团体纷纷建立……同时，兴中会的十年征程也对革命形势的逐步走向高潮起了重大积极作用。孙中山和他的战友们进行艰苦的斗争，不懈地展开宣传与组织活动，发动了两次武装起义，并在实践中形成了三民主义政纲。而他本人，则在斗争中被公认为"领袖群伦"的革命家。这些，为后来的斗争创造了必要的条件。

在新世纪的开端时刻，孙中山继续宣传革命的民主主义，批驳保皇派的谬论，使自己的动员和组织活动具有空前的广度和深度。他摒弃了先前轻视"秀才造反"的偏见，十分重视吸引知识分子"以任国事"。他深入到餐馆和洗衣店去发动侨胞，确信"在泥土下面可以找到宝贝"。对于会党工作依然紧抓不放，为洪门重订具有民主主义内涵的"新章"。运动新军的课题，亦被提上议事日程。作为突出的组织活动的成果，则是他在1905年春夏之际于欧洲建立的一系列以留学生为主体的革命社团。孙中山的这些革命活动是在"困苦殊甚"的条件下展开的，他经常住在侨胞的洗衣作坊内，饮食简陋，穿着"美国工人与学生的粗糙黄绒裤"。曾为他主持洗礼的喜嘉理牧师与他在纽约华人教堂不期而遇，颇惊讶于他的"形容枯瘁"。但他始终乐观和坚毅，不仅因为确信"革命党人必须为民众而忍受一切苦难"，还由于意识到"今日时机已熟"——当前的最为迫切的任务，就是"招集同志，合成大团，以图早日发动"。

近代中国临到了自己的1905年。孙中山在这年夏季从欧洲抵达日本，积极投入建立统一的、全国性的革命政党的活动。8月，以兴中会、华兴会和光复会等团体为基础建立了中国同盟会。同盟会以三民主义为纲领，主张"驱除鞑虏，恢复中华，创立民国，平均地权"。这是兴中会誓词的丰富和发展，堪称为具有比较完全意义的民主主义政纲。在当时的历史条件下，三民主义无疑是最先进的社会政治和经济变革方案，就解决民主革命的主要课题——独立、民主和富强——而言，较之农民阶级和维新派的纲领优越得多。同盟会是近代形态的革命政党，下层社会的秘密结社和维新派的"学会"不能望其项背。同盟会的分支机构大体遍及国内各省区和国外一些地区，在一定程度上起到了"中枢"的作用。同盟会还拥有了一个比较稳定的、有威信和能力的领导核心，承担起指挥部的效能。尽管同盟会在政治上、思想上和组织上都还存在不足和缺陷，但它的建立显然把民主革命运动推进到一个新阶段。"始信革命大业可及身而成"——这就是孙中山从中获致的信念和希望。

同保皇派进行原则性的大论战，是同盟会成立后在政治上、思想上面临的首要任务。孙中山和他领导的革命民主派积极投入战斗，以前所未有的规模和火力向保皇派进击。这场论战涉及许多方面，围绕着革命与保皇的根本课题展开。在日本出版的《民报》和《新民丛报》，则是双方的主要阵地。孙中山和他的战友们有力地批驳了保皇党人的谬论，揭穿了他们的狡诈伎俩，丰富和发展了三民主义，使之获得了比较完整的形态。民族主义具有崭新的内容和形式——承受了农民阶级和社会下层分子中间的朴素"民族"观念，淘汰了其中"笼统的排外主义"和"宗法"色彩；因袭了把民族独立与近代化联系起来的维新派主张，唾弃了其中的"满汉合作"的妥协主义；更为重要的是"竭力从欧美吸收解放思想"，把法国18世纪资产阶级民主革命的"自由"口号和林肯的"民有"观念等同于民族主义。孙中山在此期间所倡导的民族主义的基本内容为：用革命手段推翻以满洲贵族为首的清朝政府，力求避免被帝国主义"瓜分""共管"的厄运，建立独立自主的"民族的国家"。民权主义是三民主义的核心部分，堪称具有划时代意义的崭新政治思想武器——承续了农民战争对封建暴政的抗争精神，抛却了农民阶级的"皇权主义"；接受了维新派重视社会政治变革和仿效西方的观念，逾越了"君主立宪"的藩篱与"和平手段"的局囿；西方的民主主义构成民权主义的主要渊源，"平等""民治"思想和"共和制度""代议制度"则被充分摄取；古代中国的政治思想的某些因素和政治制度的个别环节，也在民权主义中留下了痕迹。民权主义的内容大致如下：以"国民革命"为手段，推翻"恶劣政治之根本"的封建专制制度，代之以"主权在民"的共和国，并在"民主立宪"的原则上构建出相应的政体。民生主义是孙中山倡导的社会经济纲领——因袭了农民阶级的素朴的经济平等观念，消除了绝对平均主义和小生产的狭隘性；承受了维新派把中国富强与资本主义化结合起来的主张，摒弃了维护封建土地制度的见解；西方社会经济思想给予民生主义以很大影响，亚当·斯密和亨利·乔治的"土地国有""单一税"成为相关方案的主要素材；"博爱""民享"的观念，也为民生主义所认同。民生主义内涵正如孙中山所自称的"不外土地与资本问题"：采取"核定地价""照价纳税""照价收买"及"涨价归公"的手段和步骤,实施"土地国有"即"平均地权"的方案,以达到预防"垄断"祸患、"解决农民自身问题"及造福社会的目标;迅速实现"实业化",使中国成为工业国,并采取"节制"私人资本和发展"国家社会主义"两种互补方式和途径,以避免"经济阶级压迫之痛苦"和提高工业化速度。孙中山没有像民粹派那类小资产阶级"社会主义者"在近代文明面前表示恐惧和伤感,而是"承认生活所强迫他承认的东西"。三民主义虽然缺乏反帝反封建的明确口号,带有局限性和某些主观色彩,但却体现了近代中国社会的发展趋向,反映出人民群众挣破双重枷锁、追求美好生活的愿望。毫无疑问,三民主义是旧民主主义思潮的高峰。因之,这场大论战理所当然地以革命民主派的胜利告终,致令——甚至保皇派也不得不承认——"其旗帜益鲜明,其壁垒益森严,其势力益磅礴而郁积"①。大论战为革命高涨创造了政治的、思想的条件,使辛亥革命成为正规的民主革命运动。在这场意识形态领域的斗争中,孙中山不愧为革命民主派的旗手。

策划、组织和发动反清武装斗争,成为孙中山和他的战友黄兴等从事的主要革命活动。从1907年到1911年,他在两广和云南地区直接或间接领导了八次武装起义——或是依靠会党、防营和新军,或是借助群众自发斗争。多次起义虽因缺乏群众基础和成熟条件而归于失败,却在政治上给予窳败透顶的清朝政府以沉重打击,促进了人民的觉醒,激起了群众的斗志。1911年的广州"三月二十九日之役",更成为辛亥革命的先导。至此,革命浪潮汹涌澎湃。不断扩大的保路运动,益发把斗争推向高潮。革命事业有赖于"战争事业",乃是近代中国民主革命的基本规律之一。旧民主主义革命的顶峰——席卷全国的辛亥革命风暴,在特定意义上就是一场空前规模的武装反清斗争。

1911年10月,武昌起义的枪声在神州大地迅速得到回响。摇摇欲坠的清朝政府土崩瓦解,终于临到了末日。革命党人的长期战斗和人民群众的英勇奋起,结出了丰硕的成果。在这关键的时刻,孙中山从美国经欧洲返回祖国。12月下旬,他抵达处于南北对峙的"前方"——上海。作为一致公认的、享有崇高威望的革命元勋,孙中山理所当然地被各省代表推举为即将诞生的共和国的首任临时大总统。长期的国外流亡生涯结束,他

---

① 与之:《论中国现在之党派及将来之政党》,载《新民丛报》第92号。

"身当其冲"地在祖国直接领导革命运动。

不同于西方许多国家的资产阶级革命进程，辛亥革命并非以共和制度的建立为其基本完成的标志——从根本意义上而言，近代中国旧民主主义革命始终未能基本完成。因之，孙中山面临着复杂、艰巨的任务：把革命推向纵深，捍卫和建设共和制度。他于1912年元旦在南京组建了临时政府，并在短短的几个月内推动临时参议院制定了"与宪法等"的具有民主精神的《中华民国临时约法》，颁发了三十九项除旧布新的法令。"临时约法"虽然缺乏实现条件，但却具有重大启蒙意义，堪称——如同孙中山所指出——"我国有史以来未有之变局，吾民破天荒之创举也。"然而，形势继续逆转，失败的阴影在不断扩展，尽管革命似乎仍在凯歌行进。越来越多的迹象表明：为帝国主义支持的地主阶级的政治代表袁世凯才是革命的真正威胁。这个集军阀、官僚和政客于一身的权术家得到了帝国主义和国内几乎一切反动势力的支持，他们急于挑选这个"强有力的人"来使不断崩毁的旧秩序在业已形成的新形式下重新稳定下来。而从革命队伍内部看来，同盟会迅速涣散瓦解。临时政府内外交困，极难有所作为。力量的对比，显然不利于孙中山和他领导的革命民主派。

中华民国刚刚诞生，就已面临着被扼杀的厄运。

四

革命运动的成败，归根结底取决于斗争双方力量的对比。袁世凯在中外反动势力的积极支持下，逐步攫取了革命的果实。孙中山则不得不于清帝溥仪宣布退位的次日辞去临时大总统职务，并荐袁世凯以自代。这场悲剧性的结局正如孙中山晚年所总结："曾几何时，已为情势所迫，不得已而与反革命的专制阶级谋妥协。此种妥协，实间接与帝国主义相调和，遂为革命第一次失败之根源……夫袁世凯者，北洋军阀之首领，时与列强相勾结，一切反革命的专制阶级如武人官僚辈，皆依附之以求生存；而革命党人乃以政权让渡于彼，其致失败，又何待言！"① 辛亥革命的伟大历史地位和作用是毋庸置疑的——摧毁了充当帝国主义走狗的清朝政府，造成

---

① 广东省社会科学院历史研究所、中国社会科学院近代史研究所中华民国史研究室、中山大学历史系孙中山研究所编：《孙中山全集》（第9卷），中华书局1986年版，第114～115页。

了一场政治上、思想上的启蒙，推进了中国近代化的历程。但是，辛亥革命在根本意义上归于失败。封建帝制的崩溃，并未标志着半殖民地半封建社会秩序的真正改变。

正是这样，孙中山和他的战友们必得进行捍卫共和制度的斗争。这个堪称"艰难顿挫"的历程长达十年，贯串于旧民主主义革命的降弧阶段和新民主主义革命的发轫时刻。事实上，他还在共和国诞生之初就充当了"守护神"。"临时约法"的制定，临时政府颁布的革故鼎新的一系列法令，要求袁世凯"宣誓服膺共和"，奠都南京……都是为了维护摇篮中的共和国。这些防范虽然未能阻止袁世凯的反噬，但有助于共和观念深入人心，并为捍卫共和制度提供了重要武器，后来的护法运动的主要依据就是恢复遭到毁弃的"临时约法"。随着民国的名存实亡，他再次举起了"武装革命"的旗帜。由是，便引发了二次革命、中华革命党反袁护国斗争和两次护法运动的开展。

孙中山在1912年4月解职后，一度耽于建设祖国的美好梦想，因为他认为民族主义、民权主义因"清帝退位而付之实现"，当前的首要任务是实现民生主义，只有"振兴实业""发展物力"方能利于"民国巩固"。他在国内各地考察，到处宣传"社会革命"，"舍弃政事，专心致力于铁道之建设"。他担任中华民国铁道协会会长和全国铁路督办，为争取短期内铺设20万里铁路而奔走呼号。但是，严酷的事实是：不摆脱殖民主义和封建主义桎梏，没有独立和民主，中国不可能臻于繁荣富强。孙中山的建设计划墨迹未干，处心积虑于集权、独裁和称帝的袁世凯就开始了窃国勾当。这个独夫民贼于1913年3月派人刺杀了热衷于责任内阁制的国民党——由同盟会和四个小党并组而成——领袖宋教仁，又通过所谓"善后大借款"从帝国主义手中乞得了镇压革命党人的军费，磨刀霍霍，反革命政治逆流迅即湍奔而来。

宋案的枪声惊醒了孙中山，使他认识了袁世凯的狰狞面目。他意识到共和国面临崩解的厄运，辛亥革命的成果可能丧失殆尽，于是立即结束了在日本的考察和筹款活动，从神户遄返上海，与黄兴等商讨对策。孙中山认为袁世凯已经实行窃国的阴谋，必须以武力给予反击，应当采取"速战"的方针，以期先发制人。然而，许多国民党领袖不赞成这种决策，而是主张"法律解决"；或是寄望于"调停"，往来斡旋不遗余力。党内的意见分歧，使得"速战"方针不得实现。只是在孙中山的极力催促促进下,李烈钧迟至7月12日才在袁军逼迫下于江西湖口发难。由此,爆发了二次革命。可是独立的省份局限于东南一隅,加以这些地区内部情况复杂,反袁斗争未能形成洪流,仅仅在三个月内就被镇压下去。短促的二次革命以失败告终,"同党人心之涣散"显然是主要的原因。

孙中山面对着极其复杂的形势,再次流亡日本。袁世凯倒行逆施,迫不及待地踏上了集权、独裁——帝制自为的路途,在国内残酷镇压革命党人和群众的反抗,对外则以出卖权益换取帝国主义助其"再高升一步"。而在日本的许多革命党人处境艰难,"几于一蹶不振"。孙中山既不曾"以失败而灰心",也没有"以困难而缩步"。他依旧"精神贯注,猛力向前",积极投入捍卫共和的斗争。重组革命党的活动在他抵达东京后就已开始,建立新党的工作随着新年度的到来而正式提上议事日程。1914年7月,中华革命党在东京宣告成立。在孙中山手订的"总章"中,党的迫切任务被规定为反对袁世凯的暴政——"扫除专制政治";"建设完全民国"。作为坚决的反袁派,中华革命党在两年多的战斗历程中展开了广泛的活动。孙中山和他的战友们以东京《民国》杂志和上海《民国日报》为主要宣传阵地,猛烈抨击袁世凯集权、独裁和帝制自为的窃国行径,倡导三次革命,呼吁民众奋起捍卫共和。同时,中华革命党坚持"武装革命"的方针,确认"武力执行"是斗争的主要途径和手段,在粤、湘、川、陕、鲁和江浙等地区不断起义。正是由于革命党人不惜牺牲,潜入内地,"遍为运动,前赴后继",才能"渐以拥护共和反对谋帝之义,灌输于各省人心中而促其实行"。① 只是由于中华革命党在政治上、组织上和思想上的局限,使其地位与作用远不能如同盟会之于辛亥革命。中华革命党党员最多不过数千,甚至黄兴等都未参加。但它终究是一面鲜明的战斗旗帜,在反袁护国运动中具有重要的历史地位和作用。

1915年10月,孙中山同他的战友、助手和学生宋庆龄在东京结婚。从此,他们并肩走过了"精诚无间"的十年风雨历程。

形势迅速发生了变化,袁世凯的倒行逆施,特别是卖国的"廿一条"的承认和帝制自为,激起了广大群众的反抗。从西南发端的护国运动,得到了广泛的响应。袁世凯处于极其孤立的境地,"洪宪新朝"被迫撤销。1916年5月,孙中山在反袁浪潮高涨的时刻回到上海,加强护国的斗争,

---

① 参见罗家伦等编《革命文献》(第5辑),台北正中书局1955—1958年版,第76页。

并表示"不徒以去袁为毕事"。这年6月，袁世凯在举国声讨中死去。鉴于"障碍既除"，孙中山理所当然地提出"规复约法，尊重民意机关"的要求。在他看来，"临时约法"和国会乃是共和国的标志和象征。但是，"重建民国"的任务绝未因"去袁"而实现。受到日本帝国主义支持——第一次世界大战使得日本乘机强化了对华侵略——的北洋军阀头子段祺瑞承袭了袁世凯的衣钵，在窃据北京政府国务总理职务的一年中，继续摒弃"临时约法"和国会，并诱发了督军团叛乱和张勋复辟等丑剧。现实使孙中山很快意识到"民国再厄于段祺瑞"，而这个皖系军阀头子竟还打着"再造共和"的幌子招摇撞骗，"以假共和之面目，行真专制之手段"。在这种情势下，孙中山不得不为捍卫共和进行新的斗争。1917年夏，他毅然率领受革命党人影响的海军第一舰队和部分议员南下，在广州建立了护法军政府，第一次护法运动由是展开。在孙中山的惨淡经营下，举行了国会非常会议，制定了《中华民国军政府组织大纲》，他就任大元帅职。孙中山殚精竭虑地策划讨伐段祺瑞的军事斗争，要求"还我约法，还我国会，还我人民主权"。护法运动取得了一定的成果，几个月内就有十多个省份卷入，致使北京政府的反革命"统一"计划，卒未得逞。然而，握有实力的西南军阀头子陆荣廷、唐继尧不过是"借护法之名，收蚕食鹰攫之效"。孙中山捍卫共和的事业，与他们的反动统治背道而驰。西南军阀头子对军政府事事掣肘，使其"命令不能出府门"，甚至悍然改组军政府，公然排斥孙中山。他在难以有所作为的情势下被迫向国会辞职，并在通电中作出了"南与北如一丘之貉"的结论。1918年5月，孙中山离粤赴沪，第一次护法运动，就此"顿挫"。

在上海的两年岁月中，孙中山不懈地探求新的道路。他以相当部分的精力从事著述，力求"以主义普及国民"，总结过去斗争的经验与教训，裨益于当前的革命事业。他在《孙文学说》的"自序"中清醒地承认多年革命活动归于失败："夫去一满洲之专制，转生出无数强盗之专制，其为毒之烈，较前尤甚。"为了消除党内"以错误之思想而懈志"的消极现象，他批判了传统的"知易行难"的学说，强调了——虽也失之偏颇——"知难行易"的哲理，肯定了实践的广泛可能性。与此同时，他继续策划川、湘、闽等地区的反对北洋军阀的武装斗争，积极培植援闽粤军，准确回师广东。孙中山处于"孑然无助"的十分窘困的境地，却始终坚持民主主义的理论和实践。

旧民主主义革命历程，临到了尾声。

五

但是，人类社会的发展是不会长久停顿的，无论对中国和世界而言，都是如此。十月社会主义革命开拓了历史的新纪元。稍后爆发的五四运动则成为近代中国民主革命的新阶段——新民主主义革命的开端。无产阶级作为自觉的政治力量登上历史舞台，它的先锋队中国共产党无愧为革命的舵手。从此，中国革命的面貌焕然一新。

孙中山和他的战友们面临着新的机遇，同时经受着严峻的考验。他们必须扬弃先前的理论和实践，使自己的活动上升到新高度，"适乎世界之潮流，合乎人群之需要"。孙中山积极迎接了"新世纪的曙光"，在历经"艰难顿挫"后继续执着于探索和追求。他赞扬十月社会主义革命，在1918年年初致电列宁，表示"十分钦佩，并愿中俄两国革命党共同战斗"①。他支持五四运动，认为以青年学生为先锋的这场兼具启蒙与反帝反封建内容的斗争定会"收绝伦之效果"。当国际无产阶级和中国共产党向他伸出热情的双手时，他就把他们引为忠诚的战友。事实上，孙中山于1921年年底就已在桂林军次会见了由共产党人李大钊介绍前来的共产国际代表——马林，讨论了有关中国革命的重大问题，其中包括了马林提出的主要建议——组织一个能够联合各个进步阶级和阶层的政党；建立真正的革命武装。

"整理党务"，显然是孙中山在上海期间的主要活动。他于1919年秋宣布将中华革命党改组为中国国民党，冠以"中国"两字以示区别于1912年成立的国民党，并制定了新的"规约"，以"巩固共和、实行三民主义"为宗旨。他在演讲和文章中反复阐明"办党比无论何事都要重要"，再次批判了辛亥革命时期一度流行的"革命军起，革命党消"的误导口号，并重申恢复三民主义的完整政纲，因为它们所规定的任务和目标均未完成。"民族主义可以不要"的论调必须纠正，因为帝国主义列强还在"压制中国人"，所以"我们还是三民主义，缺一不可"。

孙中山没有一刻间断反对军阀的斗争，特别着力于驱除据粤桂系的策

---

① 叶尔马舍夫：《孙逸仙》（中译未刊稿），1962年版，第221页。

划和准备。他要求为革命党人苦心培植的驻闽粤军早日回师广东，又联络西南地区的唐继尧、刘显世等各派反桂力量。1920年10月，粤军在广大群众的支持以及各派反桂力量的配合下攻克广州，桂系残部逃亡广西，使得孙中山有可能再次开府广东。他于这年11月由沪赴穗，重组军政府，继续行使职权，开始第二次护法运动。他已经意识到护法军政府和它的活动的严重局限，明确指出"护法不过矫正北政府之非法行为……对内仍承认北京政府为中央政府，对外亦不发生国际上地位之效力"，所以"即达目的，于中华民国亦无若何裨益"。因之，"广东此时实有建立正式政府之必要"[①]。尽管已怀异志的粤军首领陈炯明等并不赞同，孙中山的正确主张还是得到广泛支持。1921年4月，国会非常会议选举孙中山为非常大总统，通过了《中华民国政府组织大纲》，他则于5月就职并组建了民国政府。护法运动的第二阶段较前优长之处，就在于此。

统一两广，出师北伐，是孙中山面临的中心任务。这年秋天，仅仅用了两个月的时间就攻克了桂系军阀的最后据点——龙州。西征的胜利为北伐提供了一些条件，孙中山于10月出巡广西，组织大本营随行，3万名北伐军也在同日开拔。尽管陈炯明等多方干扰，他却不为所动，积极整编军队，并在翌年初大体完成组训工作。孙中山于2月颁布动员令，北伐战争的序幕拉开。然而，斗争遭到严重阻碍。湘督赵恒惕反复无常，假借民意拒绝北伐军过境。陈炯明更是公开破坏，指使爪牙暗杀了坚决支持北伐的粤军将领邓铿。粤中形势逆转，孙中山不得不于6月初返回广州，对陈炯明部加以劝诫，揭露"广东军人武武相护，反对北伐"的祸心。6月16日，陈炯明发动叛乱，突然包围和炮击总统府，企图杀害孙中山。由于双方实力过于悬殊，他只得仓促变装出走。在登上泊于省河的军舰后，他立即发出讨伐陈炯明的号召，急令北伐军回师平叛，同时亲率舰队袭击叛军。他不畏惧帝国主义的压力，拒绝了各种"调停"，在极为困难的条件下，冒着酷暑坚持战斗近两月。终因北伐军在韶关一带失利，无力回师，孙中山被迫于8月上旬经香港赴沪，途中重申"一息尚存，此志不懈"。二次护法运动以及北伐事业，又以惨痛失败告终。

这次"祸患生于肘腋"的叛乱的后果是严重的，在孙中山的"垂三

[①] 广东省社会科学院历史研究所、中国社会科学院近代史研究所中华民国史研究室、中山大学历史系孙中山研究所编：《孙中山全集》（第5卷），中华书局1986年版，第450～451页。

十年"的革命过程中,"顾失败之惨酷未有甚于此役者"。① 然而,正是在这惨淡困厄的时刻,孙中山得到了中国共产党热情的支持。初生的无产阶级先锋队在《第一次关于时局的主张》中就已指出:当前的民主革命以反帝反封建为主要内容,现存的政党中只有孙中山领导的中国国民党是"革命的民主派",并希望它能改变"动摇不定的政策"。中共中央在1922年夏举行的西湖会议,正式确定了国共合作的根本方针和具体方式。李大钊在会后从杭州前往上海,同孙中山商讨了"振兴国民党以便振兴中国"的一系列重大问题。稍后,孙中山、廖仲恺还同苏俄代表越飞进行了多次会谈,制定了"联合宣言",一致确认了两国密切合作、推动中国反帝反封建斗争的原则。

把中国国民党改组为真正的革命政党,在政治上、思想上和组织上赋予新的内涵,以便承担起历史的重任,无疑是孙中山必须解决的首要课题。他认识到了这桩任务的迫切性,还在1922年秋天召开了研究改组国民党的会议。共产党人参与了有关工作,讨论改组计划和草拟宣言、党纲及党章。遵循党内合作方式,孙中山为增加"新血液"而邀请李大钊等共产党人加入国民党。恰在此时,讨贼军和滇桂联军逐走了盘踞广州的陈炯明。孙中山于1923年2月返回广州,重建大元帅府并就大元帅职。他虽然仍希望"终成护法之全功",但在理论与实践中却改弦易辙:赋予政纲以明确的反帝反封建内容,实行"联俄、联共、扶助农工"的三大政策,改组国民党,建立以国共合作为核心的民族民主统一战线,培训革命的武装力量,巩固发展广东革命策源地,为北伐准备必需的条件——要之,"另为彻底之革命运动"。

孙中山的政治生涯进入了新阶段。

他的与时俱进是绝非偶然的。首先,是因为他无限忠诚于爱国主义和民主主义的原则。对他来说,使祖国臻于独立、民主和富强乃是神圣的职责。是否利于这桩崇高的事业,成为他反思和检验自己理论和实践的最高准绳。从组建兴中会起,无数革命党人和群众抛头颅、洒热血,然而,长达四分之一世纪的征程过去了,民国却只是一块"空招牌",在神州大地上横行霸道的依然是帝国主义及其走狗——"专制阶级"与军阀、官僚、

---

① 参见广东省社会科学院历史研究所、中国社会科学院近代史研究所中华民国史研究室、中山大学历史系孙中山研究所编《孙中山全集》(第6卷),中华书局1986年版,第555页。

政客。对祖国和人民的命运的高度责任感，使他从善如流，勇于抛却过时的观念，积极接受新鲜事物，不断探索救国救民的真理，力求使自己的活动更有成效。其次，勇于和善于在思想上除旧布新也是孙中山不断奋进的重要动因。在近代中国社会的进程中，新事物纷至沓来，变易和转换是如此迅速和激烈，以致往往令人目不暇接。他却能以强烈的敏感度和确切的识辨力对待时代的潮流，不懈地学习与探索，并把获致的新观念及时付诸实践。这种自我扬弃过程绝不是轻易的，需要勇气与卓识。而对于孙中山这样一位举世闻名、具有长期斗争历史的著名革命家来说，更是难能可贵。再次，不断总结斗争的经验教训也是孙中山的活动继续踏上新阶梯的又一因素。他十分注意总结经验，特别是从失败中引申出可资借鉴的教训。他毅然踏上民主革命的道路，就是以上书李鸿章的失败为契机。他在后期政治生涯中的飞跃，则是他对先前的斗争纲领、途径及方法检验和扬弃的结果。他决不固步自封，总是使自己的活动顺应历史的大潮。

六

1924年1月，经过较为充分准备的中国国民党第一次全国代表大会在广州隆重举行。

孙中山以总理身份担任主席。与会代表中包括共产党人李大钊、毛泽东、谭平山、瞿秋白和林祖涵等。李大钊被指定为大会主席团成员。一些共产党人参与了宣言审查委员会、党务审查委员会和章程审查委员会的工作。大会的根本任务是"要把国民党再来组织成一个有力量有具体的政党"，以便"用政党的力量去改造国家"。① 大会的主要议程为通过宣言、党章和选举中央领导机构，改组国民党以实现国共合作。大会通过的《中国国民党第一次全国代表大会宣言》，具有极其重大的意义。宣言正确判明了中国的基本国情，指出它是帝国主义侵夺的"半殖民地"；"反革命的专制阶级""国内军阀"则充当帝国主义走狗，与主子共同压榨中国人民。宣言采纳了中国共产党的反帝反封建政纲，确立了"联俄、联共、扶助农工"的三大政策，使三民主义有了更为丰富的科学内涵，并

---

① 参见广东省社会科学院历史研究所、中国社会科学院近代史研究所中华民国史研究室、中山大学历史系孙中山研究所编《孙中山全集》（第9卷），中华书局1986年版，第97页。

因增加了战略、策略部分而趋于完整。宣言还批判了立宪派、联省自治派、和平会议派和商人政府派的空谈和谬论,并制定了包括废除一切不平等条约在内的政策。宣言无疑是中国国民党与中国共产党、国际无产阶级协同努力的结果,成为国共合作的共同纲领。毋庸置疑的是:"这篇宣言,区分了三民主义的两个历史时代。在这以前,三民主义是旧范畴的三民主义,是旧的半殖民地资产阶级民主革命的三民主义";"在这以后,三民主义是新范畴的三民主义,是新的半殖民地资产阶级民主革命的三民主义,是新民主主义的三民主义,是新三民主义。只有这种三民主义,才是新时期的革命的三民主义"。① 大会在讨论《中国国民党总章》时,围绕着通过党内合作方式实现国共合作的关键问题展开了尖锐的斗争。右派分子把阻挠国共合作的破坏活动带到大会上,提出"不许党内有党,党员不许跨党"。由于共产党人和国民党左派的协同战斗,挫败了右派分子的阴谋,贯彻了孙中山的联共方针,使国民党获致了新的生命力和活力,从一个缺乏战斗力的松散组织,改组为"实行民权的权力集中,以为团体奋斗"的、"党律既严"的革命政党。国民党面貌为之一新,成为工人、农民、小资产阶级和民族资产阶级的联盟形式。大会选举了中央执行委员和中央监察委员,组成了新的中央领导机构。国民党左派廖仲恺等和共产党人李大钊、毛泽东、谭平山、瞿秋白等被选为中央执委和候补执委。中央监委的许多名额则为右派分子据有。

这次代表大会的胜利召开,不仅是国民党的划时代意义的重大事件,同时,也成为大革命走向高潮的起点。孙中山——国民党和国民革命的领袖——的活动进入新阶段,达到了前所未有的高度。呈现在人们面前的是一派蓬勃的革命生机,人民满怀希望地注视着事态的发展。

国共合作,对国民党的壮大产生了积极的影响:制定了科学的民主革命政纲,举起了鲜明的反帝反封建旗帜,团聚了爱国的、民主的力量,组成了革命统一战线。党的组织也在这个过程中有了长足的发展,党员数量增长很快,党员成分起了重大变化,农民、工人和青年学生占绝大多数。与此同时,共产党的队伍和威望也获得了极大的发展。国民革命的中坚和核心力量由此加强,成为革命浪潮汹涌澎湃的主要因素。

国共合作,有力地促进了工农运动的迅猛发展。孙中山的扶助农工的

---

① 参见毛泽东《毛泽东选集》(一卷本),人民出版社1966年版,第683页。

政策得以真正贯彻。他确信工人阶级应当"作国民的先锋";认为没有广大农民参与,"就是我们革命没有基础",因为"觉悟""联络"和武装起来的农民阶级是"中国第一等主人公"。事实正是这样。工人运动迅速从"二七惨案"后的低潮走向高潮,1925年5月1日在广州召开的第一次全国劳动大会显示了无产阶级的新阵容。旋即爆发的五卅运动和省港大罢工,大大推动了广东和全国革命形势的发展。农民运动蓬勃开展,广东农民协会于1925年年初成立后两年就已组织农民80余万人。两湖和豫、赣等地也相继建立农会,全国农会会员到1927年夏已逾千万人。与此相应,青年、妇女运动均有很大的发展。风起云涌的工农群众运动,为国民革命提供了广泛的社会基础。

国共合作,为建立革命武装创造了良好条件。孙中山的"战争事业"垂30年,但始终未能建立一支真正的"革命军"。在共产党人和国际无产阶级的支持下,孙中山认识到这桩任务的必要性和迫切性。还在中国国民党第一次全国代表大会期间,他就下令创办黄埔军校。因为,"没有革命军的奋斗……我们的革命便没有成功"。所以,国民革命有赖于"革命军"——"第一步使武力与国民相结合,第二步使武力为国民之武力。"经过紧张的筹办,实际上由国共两党协同合办的这所新型的革命军事学校于当年6月开学。孙中山亲任军校总理,廖仲恺与蒋介石分任党代表和校长。共产党人周恩来、恽代英和萧楚女等承担了政治、教育工作的重任。在两年多的时间里,军校培养了近5000名军政干部。黄埔建军,推动了革命武装的建立。

国共合作,还加强了反帝反封建的思想战线。孙中山把旧三民主义发展为新三民主义,使之成为革命统一战线的政治、思想基础。以前,旧三民主义已被视为纯粹的政治活动纲领。此后,"由于国共两党的合作,由于两党革命党员的努力,这种新三民主义便被推广到了全中国,推广到了一部分教育界、学术界和广大青年学生之中"①。在统一广东革命根据地和北伐战争中,更以反帝反封建思想武装了军队,向农民群众提出了打倒土豪劣绅和贪官污吏的口号,掀起了暴风骤雨般的农民运动。

广东革命形势的迅猛发展,引起了帝国主义和国内反动派的惊恐和仇视,他们千方百计颠覆广东政府,企图摧毁革命策源地。孙中山对帝国主

---

① 毛泽东:《毛泽东选集》(一卷本),人民出版社1966年版,第694页。

义及其在华走狗的反扑采取了坚决反击的态度,蔑视炮舰政策的恫吓。1923年年底,美、英、法、日等国就因广东政府争取粤海关"关余"和要求收回海关主权而将20艘军舰泊集珠江。孙中山谴责了侵略者的卑劣行径,并在群众支持下取得胜利。当英帝国主义分子在1924年10月悍然指使反革命武装——商团在广州叛乱时,他在共产党人和工农群众、革命武装积极支持下采取坚决镇压的方针,沉重打击了殖民主义者及其爪牙,巩固了革命根据地。应当指出,这种斗争反映在国民党内部:右派分子愈益猖獗地反对三大政策,实际上成为帝国主义和封建势力的内应;孙中山和他的左派战友对此进行了斗争,甚至将个别成员开除出党。只是对右派的回击未能进行到底,没有为后来彻底清除隐患。

  1924年10月下旬,受到革命影响的冯玉祥所部军队在直奉战争中倒戈,发动北京政变,直系把持的北京政府倒台。冯玉祥等电邀孙中山北上"讨论国事",为扩展革命事业提供了难得的机遇。中共中央立即发表了《第四次对时局的主张》,号召迅速召开国民会议。在共产党人和广大群众支持下,孙中山毅然决定北上,"拿革命主义去宣传"。他在《北上宣言》中重申了反对帝国主义和封建军阀的主张,提出召开国民会议和废除不平等条约的要求和口号。这年11月,孙中山经上海取道日本赴北京。他沿途不断揭露帝国主义的鬼蜮伎俩,抨击了为皖系军阀控制的北京政府的媚外行径,抵制段祺瑞之流炮制的"善后会议",坚持独立和民主的政治原则。

  长期的艰苦斗争使孙中山积劳成疾,1925年3月12日以肝癌不治逝世于北京。他在遗嘱中把自己革命实践的经验概括为:"必须唤起民众,及联合世界上以平等待我之民族,共同奋斗。"他念念不忘尚未完成的革命事业,殷切期望早日召开国民会议和废除不平等条约。家事遗嘱反映了他的"尽瘁国事,不治家产"的优秀品质和无私风格。正如毛泽东所指出:"他全心全意地为了改造中国而耗费了毕生的精力,真是鞠躬尽瘁,死而后已。"这种崇高的评价,显然是恰如其分的。

  他的光辉事业已为后继者所承续和发展。

  壮志未酬的伟大先行者的英名万古长存。

[选自张磊著《跨世纪的沉思——历史、文化、人物》(上卷),广州出版社2002年版,第221~251页]

科学地评价孙中山与革命民主派

实事求是地、恰如其分地评述孙中山与革命民主派的历史地位和作用，无疑仍是中国近代史研究的重大课题。

作为民主革命先行者与中国近代化前驱，孙中山的思想和纲领反映了中国社会的基本矛盾，开拓了正规民主革命的阶段，为祖国的独立、民主和富强奋斗终生。他立足于九州大地，熟察世情和历史潮流，承传了传统的文化精粹，从西方吸取了民主主义，加以个人创获的"独见"，熔铸成三民主义。他的政治理念和实践（包括他吸取的西方民主主义）既有历史的进步意义，也有普世价值——体现了人类文明发展的优秀成果和价值取向，决不仅是属于一个历史阶段或一个阶级。孙中山至今仍是振兴中华、统一祖国的旗帜，并为世界所广泛认同的根本原因就在于此。

近代中国的革命民主派在19世纪90年代登上历史舞台。在此前后，无论是农民战争，抑或是维新运动，都未能够拯救和发展中国，前者冲击了腐败的清王朝，而后者则成为思想、政治领域中的重大启蒙。革命民主派超越了先辈，以比较完整意义的民主主义武装了自己，组织了全国性的、统一的革命政党，开展了反清武装斗争，承担起把近代中国民主革命从准备阶段推进到正规阶段的历史重任。他们推翻了绵延了两千余年的封建帝制，建立了中国乃至亚洲的第一个共和国。在革命形势逆转的艰难岁月中，坚持捍卫共和的斗争。几经顿挫，回天无力。孙中山决心"另为彻底之革命运动"，他与忠实于爱国主义与民主主义的战友们积极迎接了时代的大潮，迈进民主革命的新阶段，继续完成辛亥革命的"未竟之业"，在民主革命基本胜利后，其中的先进人士又跨入了历史的新时期。

踏过数十年艰苦卓绝的战斗历程的孙中山与革命民主派，完成了历史的使命。

一

伟大的中国民主革命先行者与近代化前驱孙中山逝世，迄今已近一个世纪。从那时到现在，中国和世界都发生了巨大变化。不过，无论是风云变幻的动荡阶段，抑或以和平与发展为其主题的新时期，曲折顿挫的历史行程都未能使他的思想与实践有所淡化，却被不同社会制度和发展程度的国家、地区的越来越多的人们所认同；而且，对他的评价愈益科学。

孙中山的精神遗产不仅有着重要的历史意义，并且兼具积极的现实作用，对促进当代中国民众建设富强、民主、文明、和谐的社会主义现代化国家，大有裨益。然而，继承和弘扬这份非常切近的历史文化精粹，首要前提是以科学的理论和方法论分析、辨识、评价，作出恰如其分的论断，吸取孙文学说中含有的主导优秀成分。

长期以来，孙中山研究始终是一个重要课题，备受人们的关注。最初的传记可以上溯到20世纪之初，主要是宫崎寅藏的《三十三年落花梦》和章士钊（笔名黄中黄）据此译录的《孙逸仙》。孙中山逝世后，相关著述更是不胜枚举，既有研究性的成果，亦有政治宣传品。真正成为"显学"，则是在20世纪80年代后，成果丰硕，堪称空前。不过，因循甚久的偏颇观念迄今尚未消弭，有关总体及一些个案评价仍低。少数重评孙中山的文章，因其观点缺乏充分论据和论断有失中肯而缺失科学性质。

与此相关，革命民主派研究亦复如此。迄今为止，还没有一部科学的、完整的反映革命民主派思想与实践的力作。我们必须改变这种状况，深化和拓展孙中山与革命民主派研究。

二

关于孙中山毕生活动的概括与认定，应作补充。

长期以来，约定俗成的定性语主要为爱国者、民族英雄和民主革命先行者。这当然是颇为科学的概括，反映了孙中山的主要业绩。这三个词语还是相通的：近代中国民主革命的首要任务，就是反对资本—帝国主义的侵略。先进的近代社会思潮与运动，莫不以高扬爱国主义、挣破殖民主义枷锁以实现民族解放、国家独立为第一要义。因此，爱国者、民族英雄与民主革命先行者在"民族革命"意义上完全一致，后者实际上包括了前者，而前者突出了后者的主要内涵之一（另一主要内涵则为反对封建主义）。

但是，不能忽略孙中山还是当之无愧的中国近代化前驱。他提出了在当时比较先进的、科学的近代化方案，以便实现"振兴中华"：粉碎殖民主义和封建主义双重枷锁乃是前提；民主建政则是杠杆；"实业化"构成方案的中心；科学、教育和文化的变革与发展当是必要条件。作为宏伟社会系统工程的近代化的基本目标，即为建立独立、统一、民主和富强的新中国。可见，增加"近代化前驱"这个定语无疑是必要的——更为完整地概括与凸显了孙中山的思想与实践，表明他兼具革命者与建设者的双重身份。虽然，孙中山担任的短暂的临时或非常大总统的职务严重局限了他的作为。他的壮志未酬，关键在于建设大业的前提未能具备。

对孙中山的三民主义体系应当给以更高的评价，并且充分认识它对当前我们的物质建设、政治建设、文化建设与社会建设的重要参照和借鉴意义。显而易见，孙中山的社会、政治、经济思想体系兼具历史与现实意义。

民族主义反映了半殖民地半封建社会的主要的基本矛盾。旧中国在对外意义上是备受侵凌的半殖民地，在对内意义上则是满洲贵族或汉族统治者"宰制于上"的民族牢狱。前期民族主义中的主要口号"反满"具有广泛的动员作用，避免"瓜分"、"共管"厄运亦为题中应有之义，尽管三者均带有一定的局限性，却超越了"反清复明"之类的口号。后期民族主义则突出了反帝内容——"民族解放之斗争，对于多数之民众，其目标皆不外反帝国主义而已。"解决国内民族问题的原则，定为"民族自决"。① 这里，孙中山扬弃了先前的"五族共和""民族融合"的主张。殖民主义的变种迄今并未消逝，多民族国家内的民族关系仍待完满解决，他和他的战友首先举起的民族主义旗帜对今天反对强权政治、霸权主义依然有着现实意义，"民族自决"亦为正确解决多民族国家内部关系的合理准则。

民权主义是三民主义的核心，是正规的民主革命纲领的主要标志。半殖民地半封建的中国社会不可能及时产生完整的民主主义以及科学的社会主义，孙中山必须"竭力从欧美吸收解放思想"。正是在这种意义上，他多次申明"中国的革命思潮是发源于欧美"，"民权的学说是由欧美传进来的"。② 为了使近代中国民主革命从准备阶段进入正规阶段，他引入了"民主、共和、自由、平等、博爱"及"民有、民治、民享、法制、人权、分权主义"等民主政治观念，借鉴西方的相关社会政治制度，同时

---

① 参见孙中山《孙中山选集》（下卷），人民出版社 1981 年版，第 525 页。
② 参见广东省社会科学院历史研究所、中国社会科学院近代史研究所中华民国史研究室、中山大学历史系孙中山研究所编《孙中山全集》（第 9 卷），中华书局 1986 年版，第 277 页。

也受到了社会主义思想的影响,并结合中国实际加以演绎。中国传统的政治思想、制度,也在他的民权主义中留下了印记。在他看来,民权主义与平等、民治是相通的。民权主义不仅具有历史进步性,以国民革命为主要手段,促使共和制取代封建专制主义的君主制,显然包含划时代的意义;同时,民主共和思想也具有不可忽视的普世性。上述的政治范畴并非资本主义社会和资产阶级所专有,而无疑是人类在漫长历史进程中共同追求的价值观和共同创造的文明成果。只是在不同的历史阶段、不同的国家,它的实现形式和途径各不相同。基本国情是立足的土壤,时代精神的融入是必不可少的,不同民族和国家的社会文化的多样性,决定了不可能有"统一的模式"。孙中山在政治生涯后期就曾批评了西方民权和议会制度的弊端,并且想方设法加以补葺。但是,决不能简单地摒弃人类共同追求的价值观和共同创造的文明成果,而是赋予时代精神,从实际出发,加以承传和创新。中国特色社会主义的政治文明建设,必须走自己的路。

民生主义是孙中山的社会经济建设纲领。它不仅顺应了近代化的趋向,并且力求避免西方资本主义的弊端——"思患于预防",避免"一国之民生权遂为数托拉斯所握"。① 无论是土地纲领,或是资本方案,都体现了这种精神,"盖予欲使外国之资本主义以造成中国之社会主义"。正是在反对"资本之专制"和主张"均富"的意义上,孙中山多次自称为"完全之社会党",并把民主主义等同于社会主义,希冀实行"社会革命"。事实上,民生主义当然不能与科学社会主义等量齐观,因为它杂糅着主观社会主义因素,认为社会经济的落后使得"这个国家可以轻易地塑成任何形状"的理念,即为有悖事实的空想。但是,坚持工业化,不在资本发展面前表现伤感、抵触和抗拒,反对社会两极分化和力求大多数民众的富裕等思想,则肯定是属于科学社会主义的因素,而非民粹主义、主观社会主义的观念。民生主义表明主观社会主义与科学社会主义之间,并未存在一条非此即彼、非彼即此的不可逾越的鸿沟。

特别需要指出的是:变革与开放构成孙中山思想的主旋律。他在有关政治、经济、文化与社会发展的许多课题上的具体见解与实践,体现了这种带有规律性的重要理念。"适乎世界之潮流,合乎人群之需要",孙中山倡导的与时俱进的思想准则,显然是十分有益的精神遗产。

---

① 参见胡汉民编《总理全集》(第2卷),民智书局1930年版,第127~128页。

他在政体上尽心擘画，殚精竭虑，阐述和构建了革命程序论、政党政治论、权能区分论、全民政治论、地方自治论与五权宪法论，对于涤荡"数千年专制之毒"、实现"主权在民"有着积极意义。

他在经济建设方面的构思，亦复如此。"平均地权""土地国有"乃至"耕者有其田"，"节制资本"、发展"国家资本"的双轨制、区域经济的观念……以及具体方案如海南建省、修筑长江三峡水利枢纽、重视能源与交通的发展等，无不具有启示和参照意义。

他十分重视科学、教育和文化的革新与发展。他曾与朱执信等在1920年研究中小学教育的改进并准备编写适用的教科书。

他对建设美好的和谐社会提出了不少构想，认为"天下为公""世界大同"的理想实为"人类宝筏""政治极则"。

他坚持对世界采取开放理念，批判和反对"荒岛孤人"式的闭关自守和驻足不前。在他看来，为了拯救和发展中国，必须向西方学习，引进先进的思想，借鉴可取的制度，继承传统文化的精华，熔铸振兴中华的真理。当然，这种引进和借鉴绝非"极端的崇拜外国"和"一味的盲从附和"①，而是要分析、辨识和抉择，"照自己的社会情形，迎合世界潮流去作"——这是孙中山的主要开放原则。

三

在20世纪的开端，建立全国性的、统一的革命政党成为时代与民主革命进程的迫切需要。历史已经证明，近代中国的正规民主革命，既非农民阶级的旧式秘密结社——它们普遍带有陋习、迷信和封建宗法色彩——所能承担，亦非维新派的各种"学会"——它们大都缺乏明确的政纲以及严密的组织原则——所能肩负。逐渐形成的革命民主派必须自我组织起来，建成近代形态的政党，以发挥"革命的中枢"的作用，才能胜任具有比较完全意义的民主革命的领导重担。正是这样，辛亥革命才得以一举结束了封建帝制。清王朝的颠覆，则是"孙中山领导的党和人民一起推翻"的结果。

---

① 广东省社会科学院历史研究所、中国社会科学院近代史研究所中华民国史研究室、中山大学历史系孙中山研究所编：《孙中山全集》（第9卷），中华书局1986年版，第320页。

当孙中山走上民主革命路途时，就把建立革命团体作为当务之急。在经历了最初的政治实践磨砺后，他于1894年冬在檀香山的侨胞中组织了兴中会。这个革命团体虽然只是略具雏形，但已初步具备了民主革命政党的基本属性。兴中会的纲领开始体现较为完整的民主主义原则。它在入会誓词中规定了明确的奋斗目标："驱除鞑虏，恢复中国，创立合众政府。"①"章程"内容则洋溢着爱国主义：力求避免"蚕食鲸吞""瓜分豆剖"的厄运，"亟拯斯民于水火，切扶大厦之将倾"。在中国历史上，这是第一个要求以共和国取代封建君主制的革命纲领。兴中会在组织原则方面也摆脱了会党的陋习。领导机构由会员推举，会员之间的关系排除了封建宗法因素。地域性限制不再存在，兴中会希望广泛容纳："不论中外各国人士，倘有心益世，肯为中国尽力，皆得收入会中。"② 两湖和江浙地区的革命志士毕永年、秦力山、吴禄贞和沈翔云等后来都加入了兴中会，宫崎寅藏等外国朋友也参与了兴中会的活动。兴中会会员多为侨胞或粤籍的主要原因在于这个组织还未成为全国举足轻重的政治力量，且其领袖在初建阶段尚未被广大革命志士所公认。兴中会的建立有着重要的历史意义，既是刚刚登上政治舞台的革命民主派的最早组织形式，也是这个政治派别初始形成的标志。正规民主革命运动的上限追溯到兴中会的建立，绝非偶然。

兴中会的历史地位和作用不能低估，它在艰苦的10年战斗历程中作出了自己的贡献。兴中会在侨胞中有着相当的政治影响，在日本、南洋和欧美地区建立了分支和联络点。兴中会的国内政治影响也并不仅囿于广东，它同两湖、长江流域的反清力量——主要是会党——有着联系。香港建立的"兴汉会"，则把兴中会同广东、两湖和长江流域的秘密会社维系起来，孙中山被推举为总会长。可见，兴中会组织的影响是客观存在的。兴中会的活动主要集中在两个方面：首先，兴中会在传播民主革命思想方面起了先锋作用，促使越来越多的人们认识清朝政府的昏庸腐败，懂得"革新之机"完全"遏绝于上"，抛弃对现存政权的幻想，逐步接受民主革命思想。在1900年以后，兴中会已开始同保皇党论战，揭露他们"假革命、真保皇"的反动面目，唤醒惑于"邪说"的人们——包括部分兴中会会员。孙中山从1903年起陆续发表了《敬告同乡书》《驳保皇派》

---

① 檀山华侨编印社编：《檀山华侨》，檀山华侨编印社1929年版，第16页。
② 孙中山：《孙中山选集》（上卷），人民出版社1981年版，第19页。

等文章，以兴中会在各地控制的报刊为阵地，向保皇派大张挞伐，揭开了1905—1907年间两派大论战的序幕。革命的思想启蒙具有重大的意义，为民主革命的开展做了精神的准备。其次，兴中会还把武装斗争作为自己的主要活动。1895年的广州起义虽因事泄流产，却以革命民主派"战争事业"的发端而载入史册。1900年的惠州起义取得了很大的战果，队伍曾经发展到2万余人，虽然结局仍归失败，但其政治影响是深远的。正如孙中山后来所忆述："而有识之士，且多为吾人扼腕叹息，恨其事之不成矣！"这种意味深长的变化自然有形势的影响，但兴中会的坚持战斗也是重要原因。人们逐渐从兴中会的活动中认识了它的革命性质，确信这些"叛逆者"都是仁人志士。显而易见，兴中会是在"最艰难困苦"的条件下——民主革命思想尚未广泛传播、保皇派仍有政治蛊惑力、清朝政府的窳败未曾彻底暴露——孤军作战，作为第一个革命民主派团体的开拓意义，不应低估。

从事变进程的持续性来看，兴中会在很大程度上为同盟会的建立做了政治上、思想上、组织上和干部上的准备。孙中山在创建兴中会时提出了"驱除鞑虏，恢复中国，创立合众政府"的纲领，又在以后的实践中发展为"驱除鞑虏，恢复中华，建立民国，平均地权"的三民主义。从1903年到同盟会成立前，这个政纲先后为孙中山所联系和建立的许多革命团体所采用，陆续见之于青山军事学校誓约、中华革命军誓词、美洲致公堂新章以及更晚一些的欧洲留学生革命团体的盟书等。待到组建同盟会时，已为大多数革命党人所理解的三民主义政纲被当然接受。兴中会在组织上也为同盟会提供了条件，尽管兴中会会员估计不满500人，1900年后又没有较大发展，但它在国外各地的分支及其在国内（主要是华南地区）的影响仍然不可忽视。正是这样，兴中会成为同盟会组建的主要基础之一。兴中会还为同盟会提供了一批骨干，以创建者孙中山为例，他已经成为大多数革命党人公认的领袖，并且在国际上享有广泛的声誉。1903年出版的章士钊编译的《孙逸仙》一书序言中指出：数年前"吾人意中之孙文，不过广州湾之一海贼也"；时至今日，"孙逸仙者，近今谈革命之初祖，实行革命之北辰，此有耳目者所同认"。孙中山在当时不愧为最有威信、影响和经验的革命家，由他来"领袖群伦"是必然的。

甚至连兴中会的教训也为同盟会的建立和发展提供了有益的借鉴。一般来说，兴中会始终存在着两个弱点：第一，未能在国内各个地区立足扎根，同内地的革命力量联系较少，初创时约有 2/3 的会员为侨胞，而这种状况后来也未发生根本变化；第二，会员中的革命知识分子比重较小。两个弱点之间存在着互为因果的关系，给兴中会的活动带来了消极的影响。革命运动不能仅仅依靠以国外为基地的"输入"，革命党人必须千方百计地在国内各地立足扎根，而不能把主要的活动局限于国外。同样，广泛吸收革命知识分子更具有重大意义。作为政治、思想的代表人物，他们能够承担政治指导者的角色，加强革命组织的活动能量，提高它的斗争水平。兴中会会员中的革命知识分子比重较低，并不完全是客观条件所造成的。在 1900 年以后，孙中山才从实践中意识到吸收知识分子的重要性，抛弃了过去所持的"谓秀才不能造反"的观念，对争取更多的革命知识分子入党"深以为然"。他自己积极地结交留学生，向他们宣传革命思想，还嘱托廖仲恺、何香凝"物色有志学生，结为团体，以任国事"。从东京青山军事学校到欧洲各地留学生革命团体的建立，显示了孙中山在这方面活动的实绩。应当指出，孙中山在新世纪到来后很少发展兴中会会员。他所联系和建立的一些革命组织，也大抵不再冠以"兴中会"的名义。这种情况表明，孙中山已经意识到兴中会不能适应新的形势和斗争的发展，难以承担"革命之中枢"的大任，并开始为新的革命政党的建立创造条件。

随着民族危机的深化和国内社会矛盾的激化，革命形势的发展已把建立全国性的、统一的革命政党提上议事日程，必须将分散的革命活动汇合起来，并把参差不齐的斗争水平提到新的高度。许多革命党人亲身感受到时代的需要，深切理解这桩历史的使命。他们采取了积极的行动，促使同盟会在 1905 年夏应运而生。在组建同盟会的过程中，孙中山起了极为重要的作用，虽然有些革命党人在 1903 年后已经意识到发展革命组织的必要，主张建立"中国本部统一会"，作为"中央机关，建瓴而立，扩张其势力线，挟风雷而走之"。①

孙中山最深切地认识到建立全国性的、统一的革命政党的必要性和迫切性，兴中会成立以来的"艰难顿挫"的战斗历程使他懂得：在中国这样辽阔的土地上，单股的、分散的水流是不可能"涤荡旧污"的；只有汇成大潮，才能冲毁封建帝国的堤防。他回顾了十年来的战斗，确信"但从分道扬镳，终不如集中力量，事较易济"。所以，他决心"召集同

---

① 参见留日学生浙江同乡会编《非省界》，载《浙江潮》1903 年第 2 期。

志,结成大团,以图早日发动"①。为了推动和实现革命的联合,组织全国性的、统一的政党,孙中山反复向革命党人指出:"现今之主义,总以互相联络为必要。"同时,他还在其他革命团体的骨干中间进行广泛的联络工作。经过了相当充分的酝酿,条件终于成熟。在孙中山和黄兴等人的倡导下,1905年8月于东京建立了以兴中会、华兴会和光复会为基础的中国同盟会。

作为革命民主派的主要组织,同盟会在近代中国民主革命史上具有划时代的意义,标志着革命民主派的活动进入新阶段,开拓了辉煌的时期。从其自身的各方面来看,这个正规的革命政党远非先前的革命团体所可比拟。第一,同盟会把孙中山的三民主义确认为斗争纲领。在当时的历史条件下,"驱除鞑虏,恢复中华,建立民国,平均地权"的主张,无疑是对民主革命主要课题的科学概括,堪称为比较完整的、自觉的民主主义革命纲领,同兴中会初创时的政纲相比,有着长足的进步,主要是明确了共和国的观念和补充了社会经济方案。较之华兴会、光复会的政纲则具有更为丰富的民主主义内涵,大汉族主义——种族主义有所消弭。同盟会的纲领表明,它已在政治上、思想上趋于成熟。第二,同盟会在组织方面也大有改进。它效法西方国家的政党,组织机构采取了三权分立的原则,设立了评议、司法、执行三部,总理则由会员每四年公举一次。秘密会社的封建宗法习气彻底消除,同盟会具有了近代政党的形态。第三,同盟会会员的骨干多是革命知识分子。他们胜任政治指导者的角色。大量的革命知识分子加盟,增加了同盟会的能量和活力;同时,也密切了同盟会与国内的联系。第四,在同盟会内部形成了以孙中山为首的领导集团。孙中山被一致推举为总理,在他周围团聚了黄兴、宋教仁等一批较有威信和有经验的领导人。这个领导集团保持了相对的稳定,基本上承担起领导的重任。事实表明,近代政治运动要求领导核心是群体而非个人。第五,同盟会制定了比较完整的方针和政策。1906年秋冬,孙中山与黄兴、章太炎等起草了同盟会的《革命方略》。它包括八个重要文件:《军政府宣言》(通称《同盟会宣言》)《军政府与各处国民军之关系》《招军章程》《招降清朝兵勇条件》《略地规则》《对外宣言》《招降满洲将士布告》《扫除满洲租税厘捐布告》。这些文件供各地革命党人武装起义时使用。除《军政府宣

---

① 张永福:《南洋与创立民国》卷首,中华书局1933年版,原函影印。

言》具有纲领性外,其他文件的内容主要关乎方针、政策问题。后者体现了前者的精神,成为革命党人在斗争中所遵循的准则。第六,同盟会是一个全国性的、统一的革命政党。除本部外,同盟会在国内设置了东(上海)、西(重庆)、南(香港)、北(烟台)、中(汉口)五个支部以及隶属于各支部的各省分会。在国外,还设置了南洋、檀香山、欧洲和美洲四个支部。仅在一年多的时间里,加盟者就达万人。同盟会消除了先前一些革命团体的地域性和分散性,真正成为指导中国革命的中枢。正是这样,同盟会的建立才有力地推进了革命形势的发展。在短短的几年中,同盟会进行了大量的工作。其中,特别重要的是两个方面的活动:同保皇派开展了空前规模的论战,批驳了反动的保皇谬论,广泛传播了民主革命思想,为辛亥革命扫除了思想障碍;坚持武装反清斗争,发动了多次武装起义,从而为辛亥革命——全国范围的武装反清斗争——打下了必要的基础和提供了必需的条件。同盟会的组建成为革命新高潮的起点:"从此,革命风潮一日千里,其进步之速,有出人意表者矣!"孙中山只是在这时才确信"革命大业可及身成矣!"

当然,同盟会存在着不可忽视的缺陷,并表现为自身政治上、思想上和组织上的分歧、涣散。不少会员对三民主义纲领缺乏全面的理解和信仰,政治上、思想上的不统一严重削弱了同盟会的战斗力。同样,组织上的涣散现象也是明显的。而且门户之见较深,小团体和宗派习气颇浓。光复会的一些成员加盟后依然不能舍去原有的旗号,他们的许多活动仍旧采用光复会的名义。缺陷在革命低潮期往往恶性膨胀起来,甚至导致分裂的危机。于是先有共进会的建立,这个团体的主要成员并未否认同盟会,虽然他们更改了三民主义的纲领,又在组织活动方面恢复了某些会党习气。稍后,章太炎、陶成章等在东京成立光复会总部,对孙中山进行了无原则的攻击和污蔑,给1908年后的革命困难阶段造成十分有害的影响。直到辛亥革命前夕,宋教仁等还在上海建立了同盟会中部总会。它虽然"奉东京本会为主体,认南方分会为友邦"①,对长江流域的革命运动有所推进,但却在"章程"中删略了民生主义,并在另立组织的重大问题上没有先期征得同盟会本部的同意。因此,中部同盟会的建立也具有分裂倾向。不过,带有不同程度的离散倾向的活动并未造成同盟会的瓦解,也没

---

① 邹鲁:《中国国民党史稿》(第一篇),商务印书馆1944年版,第12页。

有否定孙中山的领导地位，在度过了短暂的低潮期后，成为辛亥革命前奏的广州"三月二十九日之役"，依旧是孙中山与同盟会所策划和领导的。至于点燃了辛亥革命火焰的武昌起义，则是湖北新军中受到孙中山与同盟会的民主主义思想影响的士兵和下级军官所发动的。该省的两个主要革命团体——文学社和共进会的领导人，也大都是同盟会会员。这就不难理解湖北革命党人在发难之初就举起了"孙中山"的旗号，正如打响起义第一枪的熊秉坤所宣称："孙先生乃革命创始者，党人遍布全国，虽间有名目殊异，而尊崇孙先生则一也。"① 所以，孙中山返国后立即被推选为首任临时大总统，也是完全合乎逻辑的。

孙中山参与创建和领导的同盟会，是辛亥革命的主要组织者。在民主革命浪潮汹涌澎湃的年代，它不愧为"革命之中枢"。正是同盟会与众多的革命团体汇成了革命民主派，才成就了以辛亥革命为高峰的伟业，创建了共和国，迈出了近代化的重要步伐。然而，革命形势迅速逆转，袁世凯及其后继者攫夺了革命果实。民国徒具虚名，其间还穿插了两次短命的复辟丑剧。孙中山和革命民主派继续为捍卫共和而奋斗，进行了二次革命、中华革命党反袁斗争和两次护法运动。虽然锲而不舍、历尽艰辛，却是辉煌不再，无力回天。孙中山和革命民主派的精英人物开始"另为彻底之革命运动"，赋予三民主义以更为彻底的反帝反封建内涵，确立了"联俄、联共、扶助农工"的三大政策，投入国民革命大潮，推动了北伐战争，在民主革命新阶段，继续战斗。而在民主革命基本完成后，其中的优秀人物继承和发扬了孙中山的革命精神，与时俱进，参与了社会主义革命与建设，为振兴中华、统一祖国再次做出贡献。革命民主派完成了历史的使命，融入了新的时代。

尽管孙中山与辛亥革命研究已成显学，但我们的相关工作仍有待深化与拓展。必须强调指出：至今尚未撰写出一部与孙中山的光辉思想与实践相称的传记，完整的孙中山全集亦未付梓；至于对革命民主派的全面深入研究的优秀成果，数量亦复不多。显然，满足现状和停滞不前是没有理由的。切盼这项兼具学术价值与现实意义的重大课题的研究，获得不断的发展。

（选自《从孔子到孙中山——中华文化的传承与弘扬学术研讨会论文集》，中国社科文献出版社2011年版）

---

① 熊秉坤：《武昌起义》，湖北人民出版社1961年版，第255页。

孙文学说：构建近代中国的理论先导

《孙文学说：构建近代中国的理论先导》一书，是我们为纪念划时代的辛亥革命 100 周年和伟大的民主革命先行者与近代化前驱孙中山逝世 86 周年的菲薄奉献。两年来，我们竭力在过去的研究基础上完成了四部著作。本书则着重于孙文学说的研究，恰恰回应了 1981 年出版的我的首部著述《孙中山思想研究》。其实，我先前的几部孙中山传记和论文集也大多侧重于思想研究。从那时到现在，30 年过去了。抚今追昔，不禁感慨万千。

我对孙中山的研究，始自 50 余年前的研究生毕业论文（《孙中山思想研究》）。后来的许多成果，也与这个课题大体有关。前后持续几近一个甲子，终于完成了《孙文学说：构建近代中国的理论先导》。本书虽然浅陋，却也显示了作者对人物思想、社会思潮研究的强烈关注和十分执着，这并非是偶然的，因为重大的历史变革总是要以思想为先导和指引。只要是人们从事的自觉活动，必然是由思想所驱使。没有革命的理论，就没有革命的运动。历史证明，确是至理名言。在此意义上，马克思指出了"批评的武器"的巨大作用：揭示旧制度的溃疡；开出疗救方案。当然，"武器的批评"往往是必要的、不可代替的。反动统治阶级以暴力抱残守缺，则需要为理论所掌握的群众——社会物质的力量去摧毁。所以，深入、广泛和实事求是地研究人物思想、社会思潮，对反映历史的真实和规律具有不可忽视的意义，了解人们的头脑和思维，是把握人们活动的关键。

这是一个朴素的真理。正如相识 50 余年、谊兼师友的金冲及同志在评论拙作《孙中山传》时所指出："人的行动总是受其思想的支配。不了解他是怎么想的，就不可能真正了解他为什么会这样做。"对"站在正面指导时代潮流的伟大历史人物"，自然更需要了解他对时代的认识，他所追求的目标以及种种设想，它给后人留下了哪些遗产。这样，才能更全面深刻地了解孙中山在近代中国所处的历史地位。①

---

① 参见金冲及《一个时代的代表》，载《人民日报》2011 年 12 月 30 日。

当然，就孙中山研究这项兼具重大学术价值和现实意义的课题而言，我们仍须锲而不舍，不断加以深化和拓展。时代有此需要，研究有待持续。

没有理由自满和停滞，只能奋然前行。

一

文化，是一个具有最为广泛的内涵和外延的词语。它涵盖了烙印上人类活动痕迹的一切事物，从粗陋的石器到抽象的哲理。

社会思潮，无疑是文化的精髓部分。它关乎社会发展的取向、智力支撑和精神动力诸方面，起着极其重要的作用，特别是在剧变的时代。以鸦片战争为发端，中国社会从中世纪末期入于近代阶段。但它未能走上正常的、健康的近代化路程，却逐步沦为半殖民地半封建的畸形社会，期间充满着矛盾和震荡，正如梁启超所言："19世纪与20世纪交点之一刹那顷，实中国两异性相搏、相射、短兵相接，而新陈嬗代之时也。"在此后的一个世纪里，思想领域中异彩纷呈，古今中外的文化因素交汇冲突，展现出一派生机勃勃的景象。

近代岭南文化亦复如此，它融汇了中原文化、周边文化和海洋文化，确是优长独具，成为中华文化园地中的一丛美丽的奇葩。面临"天崩地解"的大变局，加以西学的进入，于是，作为中国近代时期的发端区域和民主革命策源地，爱国、民主、科学、变革、开放等元素构成粤东社会思潮的主旋律，映射出人文汇萃群星辉耀的景观。这是完全可以理解的，因为"人物是历史的链条"，精英人物促动了先进的社会思潮和社会运动，自己也成为鲜明的标志或符号。他们开始摆脱因袭的重担，摒弃愚昧和奴性，上下求索地探寻救国拯民的真理，演出了多幕的悲壮史剧。所以如此，梁启超给予了中肯的回答。他在《清代学术概论》一书中高度评价了敢于"冲决君主之网罗"的战友谭嗣同烈士，赞颂他们振聋发聩的激越呼声打破了封建专制主义长期君临所造成的思想界的沉寂；同时，深切剖析和阐明了新思潮的动因："彼辈当时并卢梭之《民约论》之名亦未梦见，而理想多与暗合，蓋非思想解放之效不及此。"一语中的，而"思想解放"及其意义亦首见于文字述评。

二

1840年爆发的鸦片战争,打开了中国的门户。

林则徐成为"睁眼看世界"并且认真反思的首批人物,他和他的同道魏源等主张"师夷之长技以制夷"。《海国图志》一书更是肯定性地介绍了美国的社会政治制度,堪称先行者的空谷足音。当时影响颇大,甚至波及了日本的明治维新。至于广东的经世派学者梁廷枏所著并于1844年付梓的《合省国说》,堪称中国出版的第一部美国"通志",尽管难免简陋,却在论述美国社会政治时强调了法治的重大意义。

太平天国农民战争所反映的思想、纲领和政策,含有反对封建暴政及土地所有制的内容,但其中的农业社会主义却有悖于历史的趋向,《天朝田亩制度》为其代表。只有洪仁玕的《资政新篇》,显示出前瞻性的一抹亮色。它们均未实现,则是由于前者滞后,后者超前,缺乏时代精神和相应的社会阶级基础。

当然,维新思潮方才不愧为近代首次重要的思想启蒙。以康有为、梁启超为代表的维新派从爱国走向变革,并且引进了新学,主张经济、政治和文化领域的革新,实行温和的资本主义化。1898年的变法尝试为其付诸实践的顶点,但被清朝统治者中握有实权的顽固派所镇压。

民主革命思潮不愧为第二次重大的思想启蒙。以孙中山为代表的革命民主派倡导了具有比较完全意义的民主主义,组建了革命政党,领导了以"强迫"手段推翻清王朝的辛亥革命。孙中山的三民主义以及他引进的林肯的民有、民治、民享原则和法国大革命的自由、平等、博爱口号,不仅有力地冲击了封建专制主义,还是促使中国真正趋于近代的思想先导。毫无疑问,孙文学说在当时具有史无前例的历史地位和作用。

至于洋务运动乃至新政的观念和主张,尽管对社会产生了一定的积极作用,但"中学为体,西学为用"的陋规严重局限了它们的深度和广度,"自强""求富"泰半成为空言。实际上,倡导者主要是维护了现存的社会制度,因之不在思想启蒙和真正的变革活动之列,而愈益被唾弃的顽固派思想则是对历史大潮的反动。

随着封建"末世""衰世"的结束,中国——尤其是岭南儒学传统的变易不可避免。主要表现为经世派的崛起,他们怀疑以致批判繁琐的汉学和空疏的宋学，救亡图存和社会变革成为这个群体崇尚的学术价值和实际功能。朱次琦、陈澧发其端，成为儒学从古代转向近代的中介。康有为则将儒学的变易推向更高阶段，借用了今文经学的公羊三世说为社会发展提供理论依据，甚至唤起孔子的亡灵，给他披上"改制"的衣衫。同时，他还逐步涉猎了西学。近代儒学对当世的社会思潮的附会和影响，亦复不可忽视。

由于国际、国内形势的发展和变化，1919年爆发的五四运动揭开了近代史的后期篇章。先行伴生的新文化运动当为第三次意义深远的思想启蒙。在其发轫阶段，主要仍是对民主主义的补课，深化与拓展辛亥革命时期思想战线的"未竟之业"；同时，促进了革命精神的昂扬与探索真理的热潮。民主与科学是为两面旗帜，《新青年》杂志则是主要阵地。在后阶段，十月社会主义革命的影响使马克思主义的传播日益成为主流，出现了第一批具有共产主义思想的新型知识分子，他们深入到工人群众中去，促成了科学社会主义与工人运动相结合，从而诞生了中国共产党。新民主主义革命阶段由是到来。

同全国相呼应，岭南当为思潮激荡的中心地区之一。各种理念和派别踊跃登场，先进的、科学的世界观还与形形色色的思潮（包括社会主义思潮中的一些派别）进行争论——从改良主义到法西斯主义；从无政府主义到新村主义；从国家主义到联省自治主张……各种社会思潮纷呈交织，但只是民主主义和科学社会主义显示出生命力，后者更成为20年代后社会思潮的主流。

处于疾风骤雨般历史时期的进步社会思潮，共同的主要特点大致可以表述如下：中西文化的冲突和融汇，因为先进人士向西方学习乃是时代的必然；痛感于民族危机深重，爱国主义—反对殖民主义成为必不可缺的主要内容；反对盘根错节的封建主义，则为另一主要课题。改变积贫积弱状况与争取繁荣富强，无疑成为共识。

三

至于孙中山思想体系——孙文学说的研究，确是一个难度较大的课题。它在时间上定格于19世纪末和20世纪初，植根于殖民主义、封建主义双重桎梏下的中国社会，迫待解决的课题是独立、民主和富强，还要在历史演进过程中避免资本主义的溃疡。为了拯救和发展中国，孙中山不懈地艰苦以求索，从人类文化——特别是对近代文明的宝库中考察、辨识和抉择优秀的成果，结合时代精神和中国的实际熔铸革命与建设的理论、纲领和方案。此外，研究过程之所以步履维艰，不仅由于孙文学说内涵十分丰富，还因为客观研究环境往往存在着许多制约因素。以致《孙中山思想研究》——我的研究生毕业论文——从成稿到付梓，竟然经历了20余年（1958—1981）。但我在确定毕业选题时，婉拒了同窗和挚友们的劝止及另选诸如太平天国史等课题的建议，决意把孙中山思想作为主要研究对象，乃是因为孙文学说无愧为构建近代中国的理论先导。我当然明白这个课题具有的难度及其敏感性质，但我非常尊敬这位民主革命与近代化前驱，确认他的学说具有跨越悠久和广阔的时空的性质。他的光辉一生堪称中国近代史的缩影，迄今仍然不仅是一位历史人物。我决心知难而进，不惜惨淡经营，果然研究过程多次中断，并受到"为资产阶级代表人物树碑立传"的批判。我却相信只要坚持马克思主义的唯物史观的指导，兼纳其他史学理论、方法论的积极因素，忠实于历史的真实，必然会获致科学的成果。我的年轻的合作者持有与我相同的信念，虽然她的处境较我当年优越得多。

在《孙中山思想研究》的"后记"中，我曾就写作准则——理论和方法论作了几点扼要阐述。后来的研究观点和方法，大体无甚变化。首先，力求把孙中山——伟大的民主革命和近代化前驱的思想体系，严格地放置在特定的历史范畴——19世纪80年代到20世纪20年代的半殖民地半封建中国以及当时的世界形势之内，进行分析和评价。所以如此，原因有三：第一，只有按照马克思主义的这个"绝对要求"考察历史人物及其思想，才能如实地作出科学论断，既不苛求其所不能达到的，也不溢美其可能达到的；这样，马克思主义的历史主义才能体现。第二，只有把人物纳入历史范畴，才能确切了解他的思想赖以产生的现实土壤，从而如实把握这种思想的实质和内涵。外铄的作用当然不能忽视，特别是在世界日益成为统一整体的近代时期。然而，人们的思想总是近代中国社会存在的反映，无论其表现多么抽象和隐晦，否则只能成为没有依据的、缺乏生命力的虚幻之花。第三，只有把人物同他赖以活动的时代和环境密切联系起来考察，才能展示出他的思想的承上启下的关系；同时，便于同当代有关思潮进行比较。历史人物不是孤立的现象，他的思想绝不可能离开过去和当前思想流派的影响。从这种观念出发,我把孙中山的三民主义同太平天国农民战争的思想表现和维新派的思潮作了比较分析,说明前者对后者的扬弃,并指出孙中山更多是从西方吸取了大量思想素材——主要是民主主义以及社会主义的一些相关流派。同时,还将孙中山的思想和当时各种思潮(包括革命民主派内部不尽相同的理念)作了比较,显示出三民主义的优长,反映了它的特色。事实表明,孙中山的民主主义思想在当时的历史条件下堪称比较先进、科学的民主革命理论、纲领和方案,至今仍有堪资借鉴的现实意义。

其次,力求全面地研究孙中山的思想。孙文学说的核心——三民主义是一个较为完整的体系,其内涵的各个部分是相互关联和彼此补充的。对于民族主义说来,民族的本质、大亚洲主义等课题是不容忽略的。就民生主义而言,生产要素论、剩余价值论和外资等课题也是不可等闲视之的。至于孙中山以很大篇幅构建共和政体的设想,更是民权主义的重要内容。政体固然在最大限度上从属于国体,但国体缺乏相应的政体也难以实现它的基本性质。因之,不可把孙中山认真阐发的"革命程序论""政党政治论""权能区分论""地方自治论""全民政治论"和"五权宪法论"视为没有太多实际意义和积极作用的泛论。事实是撇开有关政体的设计,会使共和国方案的具体内容化为乌有。甚至对被孙中山自称为"味同嚼蜡"的《民权初步》一书也不能漠然置之,因为这部给人以过于繁琐印象的会议通则的论述,实际含有批判封建专制主义的政治倾向,具有民主主义启蒙性质。集会是实施民主的手段之一,而在从"君主制"直到"假共和"的长期过程中,为"偶语弃市"的暴政剥夺了民主权力的人民显然并不熟悉这种民主形式。当然,孙中山思想的其他方面也决不可忽视。

最后,我力求把孙中山的思想作为一个不断发展的过程加以研究,在近40年的岁月里,他先是从爱国和变革走上民主革命的路途;待到晚年,又把三民主义适乎世界潮流、合乎人群需要地推向前所未有的高度。这个变化过程是十分明显的,但又难以截然划分阶段。事实上,他的思想还在1894年兴中会建立前已经包含了"勿敬朝廷""造反"的革命因素。处于旧民主主义革命的降弧期,亦非意味着他的后期思想飞跃的大体完成限于20年代初期,却也可以上溯到1918年前后。当然,把《兴中会宣言》和《中国国民党第一次全国代表大会宣言》作为孙中山思想的两次重大转折——从爱国、变革走向革命和把旧三民主义发展为新三民主义的主要标志，应当大致符合孙中山思想的历程。

我在1986年纪念孙中山诞辰120周年活动的前夕出版了《孙中山论》，这是我从事孙中山研究的主要论文结集，完成的时间跨度近30年。反观自身的史学理论、方法论，基本上是一以贯之的，虽历经曲折、顿挫、反思和重温马克思主义，始终不变初衷。当时我正在哈佛大学访问讲学，许多外国同行们对唯物史观是持误解和否定态度的，经过几番交流和争论后，我依旧坚持自己的理念和信仰。因此，我又在该书的"后记"中重申了马克思主义始终是我研究孙中山的指导思想。毫无疑问，社会科学研究工作的终极目的是揭示对象的本质和规律性，历史科学决非史实的堆砌排比，因之必须有赖于正确的观点和方法。宣称摒弃一切理论、方法论的"客观主义者"，实际上难免沦为形形色色并不高明的哲学的俘虏。当然，对先进的、科学的理论和方法论的执着决不意味着采取教条主义、实用主义的态度，因为这种态度本身便是反马克思主义，只会糟蹋真理和损害社会科学研究工作。浮躁的、耽于极端功利和炒作、非常偏颇的学风与文风，更是需要摒除。我至今仍然认为，我们从事社会科学研究的主要优势在于有着先进的、科学的世界观的指导。

光阴荏苒，回顾我从事历史研究——特别是孙中山研究的历程，确是起伏跌宕，发人深思。大致说来，以1956年纪念孙中山诞辰90周年为发端，到1961年在武昌召开的纪念辛亥革命50周年学术研讨会，可算建国以来的首次研究高潮。我也恰在此时开始了孙中山研究，稍后的"十年动乱"期间，孙中山研究基本停顿。研究者甚至受到惩罚，对我的批判大都发生在这些年份。我虽反复引用毛泽东的《纪念孙中山先生》和列宁关于充分肯定资产阶级革命家的论述以自辩，却是无济于事。"文化大革命"的结束，拨乱反正和解放思想，给社会科学带来了春天。从20世纪70年代末期到90年代前期，孙中山研究走向高潮：研究机构和学会相继成立，各种类型的学术研讨会在两岸和国外频繁召开，不同形式的成果纷纷问世，研究队伍不断扩大（尤其是年青的专业成员增多）。我和许多同行、同事也正是在这个阶段走向港、澳、台和世界。孙中山研究成为显学，取得了丰硕的成果。但是，由于各种主、客观原因，如研究难度大、起点高和某种程度上遭到忽视，孙中山研究在两个世纪之交的时刻呈现出有所委顿的现象，令人颇为忧虑，却也催人奋起。好在隆重纪念辛亥革命100周年的活动，使孙中山研究再创辉煌。令我出乎意料之外的喜悦是：

我与张苹副研究员合著的《孙中山传》被中共中央组织部和宣传部推荐为共产党员学习图书，而另一本《孙中山图传》则被选入"全国中小学图书馆改造工程"的"装备"用书。这令我欣慰而愧怍：兴奋的是孙中山研究为社会需要和认同；歉疚的是著述质量有待深化与拓展。结论当是我们熟悉的孙中山语重心长的遗言——"同志仍须努力"。

（原载《中山社会科学》2014年3月号）

孙中山与辛亥革命

时光流逝，辛亥革命已经临到了它的70周年。在这期间，中国与世界都发生了巨大的变化。但是，这场历史性的变革并没有被淡化和忘却。确切评定辛亥革命的地位与作用，深刻总结它的经验教训，发扬先行者的爱国主义和变革精神，依然是一桩兼具学术性与现实意义的工作。

作为近代中国民主革命先行者与近代化前驱，孙中山的主要业绩就是领导了伟大的辛亥革命。这场正规的民主革命虽然未能改变半殖民地半封建的社会性质和人们的悲惨处境，但却结束了绵延久远的封建帝制，打倒了充当帝国主义走狗的清朝政府，推动了经济与社会的变革，进行了政治、思想启蒙，为后来的斗争开拓了道路。孙中山不愧为辛亥革命的主帅和旗手，这位巨人与这场重大历史事件是不可分割的。

孙中山是资产阶级革命民主派的卓越政治、思想代表。他首先提出了比较明确的、系统的民主革命纲领。在当时的历史条件下，孙中山所倡导的三民主义无疑是比较先进、科学的社会政治和经济变革方案，在解决近代中国民主革命所面临的中心课题——独立、民主和富强的构想，较之农民阶级和资产阶级维新派的纲领优越得多。旧民主主义革命运动获得了三民主义的指导，方才具有了比较完全的意义，从而跨越了鸦片战争以来长达半个世纪的"准备阶段"。

孙中山也是资产阶级革命民主派的杰出领袖。1894年冬，他在檀香山组织了第一个革命小团体。十年后，他创建了统一的、全国性的革命政党——中国同盟会。这个具有近代形态的政党，在政治上、思想上和组织上都有其他派别不可比拟的优点。农民阶级的秘密结社固然难以望其项背，资产阶级维新派的"学会"也不可同日而语。革命政党的领导，是正规的民主革命得以实现的重要因素。辛亥革命，主要就是由同盟会所领导的。

孙中山又是资产阶级革命民主派从事的"战争事业"的坚决倡导者。他把反清武装斗争当作当时民主革命的主要手段，始终重视革命暴力的作用，既摒弃了资产阶级维新派的上书、请愿方式，又超越了局囿于皇权主义的农民战争。孙中山关于武装斗争的理论及其实践有着重大意义，反映了近代中国民主革命的一个基本特点——武装的革命反对武装的反革命。为了推翻封建王朝与建立共和国，必须诉诸革命的暴力。摧毁了清帝国的辛亥革命，实质上是一场全国范围的武装斗争。

孙中山还是共和国的真正缔造者和捍卫者。他在武昌起义引发了全国半数以上省份独立的时刻返回祖国，当时建立共和国成为迫在眉睫的主要任务。他立即被推选为中华民国的首任临时大总统，组建和主持了设在南京的临时政府。在短暂而又极其困难的三个月里，他力求对新生的共和制度有所建树。当辛亥革命的成果被袁世凯及其后继者攫夺后，他又举起了旨在捍卫共和国的二次革命、中华革命党反袁斗争和护法运动的旗帜。正是在这种意义上，革命元勋孙中山的活动是与辛亥革命的全过程相始终的。

一

围绕着独立、民主和富强的重大课题，近代中国民主革命的承担者分别作出了回答。农民阶级提出了素朴的斗争纲领，进行了多次反抗和战争。资产阶级维新派传播了社会变革的方案，作出了付诸实践的尝试。他们的活动具有反对帝国主义和封建主义的性质，产生过积极、进步的作用；但对历史的课题缺乏完满的回答，所以依然停留在民主革命准备阶段。

作为资产阶级革命民主派的卓越政治、思想代表，孙中山在近代中国民主革命过程中第一次提出了带有共和制度要求的纲领。与农民阶级和资产阶级维新派的方案相比较，他所倡导的三民主义比较完满地回答了历史的课题，自觉地顺应了中国社会发展的近代化趋势，把民主革命推进到正规阶段。毫无疑问，辛亥革命就是以三民主义为其指导思想的主流。

民族独立和解放是近代中国的最主要课题。民族矛盾在半殖民地半封建社会中占有突出地位。帝国主义同中华民族的矛盾具有首要的性质。同时，多民族的清帝国内部还存在另一种民族压迫：以满洲贵族为首的统治集团推行的民族政策，造成了它同汉族及国内其他少数民族的矛盾。两种不同的民族矛盾又是错综纠结的——外国侵略者越来越把以满洲贵族为首的统治者当作殖民主义的社会支柱；以满洲贵族为首的统治者则相应地把侵略者引为靠山。近代中国社会交织着双重民族矛盾：在对外意义上是备受侵凌的半殖民地；在对内意义上又是满洲贵族"宰制于上"的民族牢狱。

孙中山的民族主义有着崭新的内容和形式。他承接过广泛存在于农民和下层社会分子中间的"民族思想"，而又淘汰了"笼统的排外主义"和"宗法"色彩。他因袭了维新派把民族独立与近代化联系起来的观点，但却抛弃了保守妥协的倾向——主要是"满汉合作"的口号。当然，孙中山更为重视的是"竭力从欧美吸收解放思想"。他把18世纪法国资产阶级革命的"自由"口号和林肯的"民有"主张摄入民族主义，将它们理解为反对民族压迫和实现民族独立。

"反满"，力求推翻以满洲贵族为首的统治是孙中山在清末所倡导的民族主义的基本内容。兴中会的誓词规定了"驱除鞑虏，恢复中国"的宗旨。同盟会又在宣言中明确重申了同一课题，指出"满洲政府，穷凶极恶，今已贯盈。义师所指，覆彼政府，还我主权"①。孙中山还在许多著述中反复阐明了"反满"的意义，驳斥了保皇派的妥协谬论。在剥削制度下存在的多民族国家，必然是建立在一个民族——确切地说是建立在该民族的统治阶级对其余民族的统治上面，由是，成为民族压迫和民族运动的最初产生地和主要舞台。以满洲贵族为首的统治集团所推行的民族政策虽然日趋温和，但始终未能排除民族压迫的因素。清朝政府日益成为侵略者在华殖民掠夺的社会支柱——既以自身的腐败为侵略者欺凌中国提供了可能性，更在后来充当了"列强"的奴隶总管。所以，战斗的民族主义不能缺乏"反满"的主题。事实上，这个口号在当时起了不容否认的广泛动员作用。

避免"瓜分""共管"的厄运与争取民族独立，无疑是孙中山所倡导的民族主义的又一基本内容。尽管这个课题在他的阐述中没有获得应有的主导地位，但它显然是民族主义的要旨。孙中山是在民族危机空前严重的时刻踏上革命道路的，他的全部活动始终具有强烈的救亡色彩。《兴中会章程》开宗明义地指出："方今强邻环列，虎视鹰瞵，久垂涎于中华五金之富、物产之饶。蚕食鲸吞，已效尤于接踵；瓜分豆剖，实堪虑于目

---

① 广东省社会科学院历史研究所、中国社会科学院近代史研究所中华民国史研究室、中山大学历史系孙中山研究所编：《孙中山全集》（第1卷），中华书局1986年版，第297页。

前。"因此,首要的任务就是"集会众而兴中,协贤豪而共济,抒此时艰,典我中夏"①。义和团运动被镇压后,孙中山进一步意识到形势的严重性:"……天下列强高倡帝国主义,莫不以开疆辟土为心;五洲土地已尽为白种所并吞,今所存者,仅亚东之日本与清国耳。"②他认为必须避免"今日签一约割山东,明日押一款卖两广"的屈辱,以"拯救中国出于国际交涉之现时悲惨地位"。为了达到这个目的,当以"革命为惟一法门","非革命无以救垂亡"。在著名的《〈民报〉发刊词》中,他更明确地把"外邦逼之"和"异种残之"并列为民族主义"殆不可以须臾缓"的原因③。如何避免"瓜分""共管"厄运的答案是明确的,即"非先倒满洲政府"。他也像维新派人士那样把帝国主义的侵略较为片面地归咎于"政府不振作也,人民不奋发也";以为"苟我发愤自雄,西人将见好于我不暇,遑敢图我"。不过,孙中山却从这里强调了"反满"即否定现存政权的反侵略意义。

以"五族共和"作为解决国内民族问题的准则,构成孙中山倡导的民族主义内容的另一方面。他坚持以民主主义精神处理多民族国家中的民族关系,认为任何民族不得享有特权,也不应当受到歧视和排斥,必须实现各民族之间的平等。满族也不例外,理当一视同仁。他一向把"民族革命是要灭尽满洲民族"的主张视为"大错"④。革命党人的"反满"口号"并不是恨满人,是恨害汉人的满人"。对于满族"不以复仇为事,而务与之平等共处于中国之内"⑤。在推翻了清朝政府、建立共和国以后,国内各民族自当"立于平等地位";"在昔之受压制于一部者,今皆得为国家主体,皆得为共和国之主人翁,即皆能取得国家参政权"⑥。由于这个问题的解决始终未能真正列入议事日程,所以没有得到充分的阐述。

孙中山倡导的民族主义不可避免地受到历史的、阶级的局限。首先,主要表现为没有提出鲜明的反帝口号,缺乏明确的、坚决的、彻底的反帝

---

① 广东省社会科学院历史研究所、中国社会科学院近代史研究所中华民国史研究室、中山大学历史系孙中山研究所编:《孙中山全集》(第1卷),中华书局1986年版,第19页。
② 同上书,第260页。
③ 同上书,第288页。
④ 孙中山著:《孙中山选集》(上卷),人民出版社1981年版,第81页。
⑤ 胡汉民编:《总理全集》(第1卷),民智书局1930年版,第96页。
⑥ 胡汉民编:《总理全集》(第2卷),民智书局1930年版,第82页。

内容。仅仅提出避免"瓜分""共管"厄运的主张,并在很大程度上把这桩首要任务归结到"反满"的斗争中去,不但难以科学地反映近代中国民族解放运动的实质,而且难免导致对帝国主义的轻信和幻想。"反满"的口号不可能包含反帝的巨大内容。以满洲贵族为首的清朝政府的崩溃决不意味着帝国主义侵略的消除。其次,民族主义也沾染大汉族主义——种族主义的因素。过于强烈的"反满"色彩不仅是不当的,而且冲淡了反帝反封建的基本任务。但是,民族主义无愧于那个历史阶段的战斗旗帜:反映了近代中国社会的民族矛盾,集中了人民群众摆脱民族压迫的意愿,概括了民族斗争的任务,把民族解放运动提到新的高度。

反对封建专制主义、建立民主共和国,无疑是近代中国社会的又一主要课题。封建主义同人民大众的矛盾在各种社会矛盾中也居于主要地位,同是压在中国人民头上的另一座大山。在清代,"宰制于上"的是"皇帝和贵族的专制政权"。广大群众呻吟于封建暴政的桎梏下,完全没有权力。以民主主义取代封建专制主义不仅是人民的愿望,而且也是近代化的重要条件。反对封建主义、争取民主的斗争当是民主革命的内在主题。民主主义则构成先进思潮的主流。

以太平天国为高峰的近代农民的反抗和战争沉重打击了封建暴政,但不可能否定君主制度,不论是在实际意义上,抑或是在思想意义上。资产阶级维新派要求改变封建专制主义制度,但也没有突破君主制度的藩篱。然而,近代中国的经济与社会的发展要求以共和国取代封建专制制度。历史的需要迫使孙中山进行艰苦的探索,举起"政治革命"的旗帜。他承袭了农民战争的武装反清传统,而又摒弃了皇权主义。维新派重视社会政治变革和仿效西方的观念给他以深刻影响,但却未能使他局囿于"君主立宪"、准则与"渐变"方策的藩篱。当然,西方资产阶级的民主主义才是孙中山熔铸自己政治思想武器的主要素材。他把18世纪法国资产阶级革命的"平等"口号和林肯的"民治"主张纳入民权主义。欧美的"共和制度"则被视为——特别是在政体方面——民主建政的可资效法的楷模。此外,古代中国的某些政治思想和制度也在他的政治方案中留下了痕迹。

揭露和批判封建专制主义是民权主义的重要内容。腐败透顶的清王朝已经成为社会进化的严重障碍:压抑了生产力的增长;剥夺了人民的起码权力;推行了思想钳制政策。为了推翻清朝政府的统治,必须剥除封建君主制度的神圣不可侵犯性。还在孙中山刚刚踏上革命路途时,他就同现存政权决裂,斥责统治者是"庸奴误国,荼毒苍生,一蹶不振,如斯之极"①。稍后,他进一步指出广大人民在封建暴政的压榨下无异于"被困于黑暗之中":"侵犯我们不可让与的生存权、自由权和财产权";"压制言论自由";"不依照适当的法律程序而剥夺我们的各种权利"……他认为封建专制制度野蛮而愚蠢,绝非"平等自由的国民所堪受的",必须根本改变"以千年专制之毒而不解"的社会政治状态,代之以符合时代精神的"民主立宪"。

经由"国民革命"再推翻封建暴政以建立共和国,是民权主义的主要内容。当实际生活使得孙中山认识到"和平之手段,不得不稍易以强迫"后,他就坚持以革命暴力去摧毁清朝政府。"由满洲人将国家加以改革,那是绝对不可能的",因为"实行改革"必然会使统治者"丧失他们现在所享受的各种特权"②。孙中山告诫人们切勿为"满清政府偶尔发布的改革诏旨所迷诱",更不要甘充"万劫不复之奴才"——上保皇派的大当。归根结底,武装反清斗争才是埋葬清王朝的途径。至于"国民革命"在"建设"方面的内容,就是创立一个"平等""民治"和"国民"的国家。兴中会已把"创立合众政府"作为奋斗目标,这种表现在简单朴素形式中的共和制度的要求不愧为近代中国正规的民主革命纲领的雏形。从1903年开始,孙中山在日本、南洋、美洲和欧洲各地所联系和组织的革命团体都把"建立民国"作为政纲。③ 同盟会则明确宣称:"凡为国民皆平等以有参政权,大总统由国民共举,议会以国民共举之议员构成之,制定中华民国宪法,人人共守。"重申:"敢有帝制自为者,天下共击之!"④

在封建专制主义盛行达两千年的中国社会里,崭新的共和制度难免被许多人视为过于激进的、缺乏现实基础的政治方案,为了论证共和国为今日中国所必需,孙中山不得不驳斥各种怀疑和反对的论调。他批判了"谓中国今日无一不在幼稚时代",因而政治改革"殊难望其速效"的观

---

① 孙中山著:《孙中山选集》(上卷),人民出版社1981年版,第19页。
② 同上书,第59页。
③ 参见《警钟日报》,1904年4月26日。
④ 孙中山著:《孙中山选集》(上卷),人民出版社1981年版,第69页。

点,指出由于中国得以在"政治革命"中借鉴西方,所以能够较快地实现共和制度,正如机器的仿造远速于创制。① 对于认为今日中国"只可为君主立宪,不能躐等而为共和"的主张,孙中山用"取法乎上"的原则加以反驳,强调中国决不可因袭西方的陈旧的君主立宪制度,而一定要采用更先进的共和制度。当时还流行着"中国人知识程度不足,断不能行共和制"的说法,孙中山在据理批评时承认"数千年专制之毒,深中乎人心"的可悲事实,但却指出这种状况不是"不能行共和之制"的原因,而恰是亟需"行共和之制"的理由。他以"幼童将欲入塾读书"为例反问道:难道能因其"不识字"而"不可使之入塾读书"吗?正确的回答应是"惟其不识字,故需急于读书也"②。

同民族主义一样,民权主义也存在着局限性。首先,缺乏深刻的、彻底的反封建内容,显然是民权主义的主要缺陷。孙中山认为只要推翻体现了"封建帝制"的"恶劣政府",民权主义的"破坏"任务就算大体完成。没有理解"宗法封建性的土豪劣绅,不法地主阶级,是几千年专制政治的基础,帝国主义、军阀、贪官污吏的墙脚"③。其次,民权主义提出的"四万万人一切平等",主要还是"法律面前的平等",缺乏具体的、实际的保证。事实上,"主权在民"的原则不可能在资产阶级共和国真正实现。此外,他对西方"共和制度"的几乎无保留的倾慕也妨碍了他的眼界。但是,民权主义——它是三民主义的核心——无疑是近代中国民主主义思潮的高峰。带有共和制度要求的民主革命政纲的出现,显然是社会政治、思想领域中划时代的变革。在此以前,人们或者以为推翻清廷的目的在于复兴汉族帝国——"反清复明";或者以为温和的君主立宪方案可使中国复兴,而不必否定历史悠久的封建帝制。在此以后,越来越多的人们接受了先进的共和政治方案。与之相应,群众的斗争也就"转变为自觉的民主运动"。这样,辛亥革命所达到的成果具有重大的历史意义:不仅是清朝政府的覆灭,也是中国封建帝制的终结。即使后来出现过"称帝"和"复辟",都注定了只能是一幕短命的丑剧。

力谋社会经济的发展,使中国由贫弱臻于富强,是近代中国社会的又

---

① 参见孙中山著《孙中山选集》(上卷),人民出版社1981年版,第66页。
② 同上书,第155～156页。
③ 毛泽东著:《毛泽东选集》(一卷本),人民出版社1966年版,第17页。

一重大课题,吸引了一切仁人志士的目光。因为,社会经济领域中的贫困和落后状况日益严重。追本溯源,基本原因在于帝国主义和封建主义的压榨。虽然,帝国主义侵略的经济触角在客观上为中国资本主义的发展提供了某些条件,分解着封建主义的经济,把中国卷入世界市场漩涡。但是,它们的目的"决不是要把封建的中国变成资本主义的中国。帝国主义列强的目的和这相反,它们是要把中国变成它们的半殖民地和殖民地"①。因此,帝国主义的经济侵略成为中国社会经济发展的主要桎梏。封建主义也是阻挠中国近代化的内在障碍。朽败的清朝政府本身就是社会经济发展的绊脚石,而它所维护的封建土地所有制则是中国贫困落后的根源。可见,中国的富强离不开独立和民主。然而,真正的独立和民主也有赖于国家的富强。在这种意义上,一切先进人物都把祖国的富强当作梦寐以求的目标。任何进步的社会运动,决不能忽视这个主题。

孙中山倡导的民生主义因袭了农民阶级的某些朴素的经济平等观念,但又摒除了绝对平均主义。他接受了维新派把中国的富强同资本主义化密切联系起来的思想,却又抛弃了他们不敢与不愿触动现存社会秩序(尤其是封建土地所有制)的主张。西方的社会经济思想给孙中山以深刻影响,他十分赞扬古典政治经济学派的著作。"资产阶级土地国有论者"亨利·乔治的学说被他认作社会主义,相当大量地吸取到"土地国有"——"平均地权"的方案中。此外,欧洲社会主义的流派以及古代中国的某些经济制度和思想也在民生主义中留下了痕迹。

民生主义的内容较为复杂,但"不外土地与资本问题"。土地问题在民生主义中占有特殊重要地位。"地尽其利",曾是孙中山早期著述中的主题之一。不过,当时尚未触及土地制度的变革问题。1895年广州起义流产后,孙中山在流亡欧洲期间认真考察了资本主义制度,才知道"国家富强,民权发达"的西方世界"犹未能登斯民于极乐之土"和"犹有社会革命运动",于是又在民族、民权主义之外"采取民生主义"。② 1903年后,孙中山所联系和组织的革命团体已把"平均地权"列为纲领之一。当时的"平均地权"主张还没有明确和完满的内涵。"耕者有其田"的思想似乎仍占重要地位。他在同梁启超、章太炎讨论土地问题时一再表示过

---

① 毛泽东著:《毛泽东选集》(一卷本),人民出版社1966年版,第622页。
② 参见孙中山著《孙中山选集》(上卷),人民出版社1981年版,第172页。

"必能耕者而后授以田,直纳若干之租与国,而无复有一层地主从中朘削之"①,认为"夫不稼者不得有尺寸耕土,故贡彻不设,不劳收受而田自均"②。不过,亨利·乔治的影响已经日趋明显。同盟会的"宣言"完整、明确地表述了"平均地权"的内容:"文明之福祉,国民平等以享之。当改良社会经济组织,核定天下地价,其现有之地价仍归原主所有,其革命后社会改良进步之增价,则归于国家,为国民所共享……敢有垄断以制国民之生命者,与众弃之。"③

从"平均地权"——"土地国有"的内涵来看,孙中山显然充分借取了亨利·乔治的"单一税"方案和约翰·穆勒的土地国有论的素材。民生主义中的土地纲领的内容大致如下:首先,"核定天下地价"为"第一步",即要求土地所有者"自己报告地价"。"自报"不会造成"以多报少"或"过抬地价"的弊病,因为报价高则纳税重,报价低则纳税轻,"两者相权,虽不得不出于平"。④ 其次,"照价收税":"贵地收税多,贱地收税少。"⑤ 最后,"照价收买"。这个环节包括双重含义:其一,国家实行"土地征收权"以惩罚少报地价的土地所有者;其二,即是"土地涨价归公"。孙中山认为"土地涨价归公"对于"国计民生,皆有大益"。一方面,得以防止地主"不劳心,不劳力,无思无维,坐享其成"。因为地价上涨的主因是由于"社会进步发达",而"社会进步发达"则为"众人之劳力致之",所以,地主们的不劳而获实为"天下不平之事"。⑥ 另一方面,则可使得"社会发达"和"公家愈富"。"土地涨价归公"在方案中居于关键地位,因为"地价是资本主义化的地租。使'增加的'土地'价值'成为'人民财产',也就是说把地租即土地所有权交给国家,或者说使土地国有化"⑦。这才是"平均地权"——"土地国有"方案的真谛,孙中山也正是在这种意义上指出:"平均地权",不是把土地"从实分配";"土地国有",也非将土地"尽归所有"。

---

① 梁启超:《杂答某报》,载《新民丛报》第4期第114号。
② 章太炎:《訄书》,"定版籍",1906年修订版。
③ 孙中山著:《孙中山选集》(上卷),人民出版社1981年版,第62页。
④ 参见中国国民党中央宣传部编《总理遗教》"演讲",第49页。
⑤ 同上书,第14页。
⑥ 参见胡汉民编《总理全集》(第1卷),民智书局1930年版,第861页。
⑦ 列宁《列宁全集》(第18卷),人民出版社1959年版,第155~156页。

孙中山认为"平均地权"——"土地国有"方案是建成"社会的国家"的主要措施。在他看来，这种土地纲领能够防止社会的疮痍——"垄断"。他深为"富者极少，贫者极多"的状况而忧虑，把"垄断""贫富悬殊"的形成归结为西方国家"没有解决土地问题"，要之，即地价的迅速上涨结果为私人获得。同时，这种土地纲领还会给社会全体成员带来福祉，因为"中国实行了社会革命之后，私人永远不用纳税，但收地租一项，已成地球上最富的国"①。此外，改善农民的状况也是他的土地方案的主旨之一。孙中山在同宫崎寅藏谈及"平均地权"观念的成因时指出："吾若非生而为贫困之农家子，则或忽视此重大问题亦未可知。"②他始终认为"欲求解决农民自身问题，非耕者有其田不可"③。

与土地纲领相联系，资本乃是民生主义的另一主要课题，促使中国近代化，是青年孙中山的最初理想。《上李鸿章书》中所提出的"人能尽其才""地能尽其利""物能尽其用"和"货能畅其流"的四点要旨，实质上是温和渐进的近代化方案。孙中山确认近代化是历史的必然趋势——"中国亦将自行投入实业漩涡中。盖实业主义为中国所必需，文明进步，必赖乎此，非人力所能阻遏。故实业主义行于我国必矣！"④他在这里比民粹派的思想家们优越得多，没有对资本主义趋向表现出恐惧和伤感，而是现实主义地"承认生活所强迫他承认的东西"，并批评了那种"宁肯停滞而不要资本主义发展"的观点："社会党常言文明不利于贫民，不如复古，这也是矫枉过正的话。况且文明进步是自然所致，不能逃避的。"他在民主革命浪潮高涨的日子里满怀希望地展望未来，相信"十年二十年之后，不难举西人之文明而尽有之，即或胜之焉，亦非不可能之事也"⑤。因为在新生的共和国内，将会"开放对外贸易"，修建铁路，开发"天然资源"，人民"日渐富裕"。甚至在辛亥革命后捍卫共和十分困难的时刻，孙中山还在《实业计划》中为祖国近代化描绘了一幅宏伟蓝图。

在有关发展社会经济的途径和方式上，孙中山很早就提出了颇具特色的"节制资本"和"国家社会主义"（亦称"集产社会主义"）的主张。

---

① 胡汉民编：《总理全集》（第2卷），民智书局1930年版，第78页。
② 宫崎寅藏：《孙逸仙传》，载《建国月刊》第3卷第4期。
③ 凤岗及门弟子：《三水梁燕荪先生年谱》（上卷），1939年印行，第123页。
④ 胡汉民编：《总理全集》（第1卷），民智书局1930年版，第672页。
⑤ 孙中山著：《孙中山选集》（上卷），人民出版社1981年版，第65页。

主要内容为限制私人资本的经营范围："凡夫事物之可以委诸个人或其较国家经营为适宜者，应任个人为之……至其不能委诸个人及有独占性质者，应由国家经营之。"① "国家社会主义"则在很大程度上是对"节制资本"的补充——"国家一切大实业，如铁路、电气、水道等事物，皆归国有，不使一私人独享其利。"② 在孙中山看来，"节制资本"和"国家社会主义"是十分理想的"实业化"道路。一方面，它得以避免"文明的恶果"。鉴于"欧美初未用此政策，弊害今已大见"，所以在实施"平均地权"—"土地国有"的同时，又采用这种手段以"防资本家垄断之流弊"。"垄断"是可怕的灾难，因为"一国之需要皆取给予数托拉斯，一国之民生权遂为数托拉斯所握"③。另一方面，它又是迅速摆脱"不发达"状态和实现近代化的有力手段。孙中山以铁路和煤矿为例，指出"少数富豪投资，全社会受其制裁，价格之高下，不得不听其垄断。不能推广，难以发达"；反之，"如能合全国之资力，分头开采，并多筑铁路，以便转运，能如是则民富矣！"④ 所以他反对私人占有的"托拉斯"，但却称赞"人民公有"的"托拉斯"，因为"大公司能节省浪费，能产出最廉价物品，非私人所能及"⑤。此外，"节制资本"和"国家社会主义"也内含着对无产者利益的关怀。孙中山认为"世界一切之产物，莫不为工人之血汗所构成"，所以工人"不特为发达资本之功臣，亦即人类世界之功臣也"。然而，工人却受"强有力者之虐待蹂躏"，甚至"反受资本家之戕贼"。⑥

同民族主义、民权主义一样，民生主义的局限性也是明显存在的。首先，土地纲领中缺少使农民彻底摆脱封建压榨和真正实现"耕者有其田"的内容。这不仅表现为"平均地权"—"土地国有"的主要着眼点在于"土地涨价归公"，因之对"宅地"的重视超过了与农民切身利益攸关的耕地；同时，也反映在土地方案的实施方面——国家"收归"的途径。朱执信在《土地国有与财政》一文中曾对"收买"制定两种办法："先给

---

① 胡汉民编：《总理全集》（第1卷），民智书局1930年版，第555页。
② 胡汉民编：《总理全集》（第2卷），民智书局1930年版，第127～128页。
③ 同上书，第136页。
④ 黄季陆主编：《总理全集》，"演讲"乙，近芬书屋1944年版，第1页。
⑤ 胡汉民编：《总理全集》（第1卷），民智书局1930年版，第697页。
⑥ 参见胡汉民编《总理全集》（第2卷），民智书局1930年版，第115～116页。

国库券而后偿还";"划定价值后有增价悉以归官,然后随时依价收买"。他不止一次申明民生主义绝非"夺富人之田为己有"或"推倒富豪,如世俗所传抢富济贫之说"①,认为"土地资本收归国有之时"无需"激烈恐吓,迫之推让"。要之,不必进行"农人革命"。这种缺陷削弱了孙中山的土地纲领的科学性、革命性,并使它失去付诸实现的可靠基础。其次,民生主义中沾染的主观社会主义——民粹主义因素具有消极意义。他把自己的社会经济纲领视为"社会主义"是不难理解的;当年轻的中国资产阶级企图按照西方国家的形象进行社会变革时,资本主义世界的溃疡业已暴露,曾经参与民主革命的"第四等级"成为资本主义的掘墓人,现代社会处于社会主义革命的前夜。因此,中国资产阶级在完成历史所提出的任务——反对封建主义和发展资本主义的过程中却同步地形成了主观社会主义。"非反对资本,反对资本家耳"——这种似乎自相矛盾的论断展示了孙中山的真实思想,将现实主义同主观主义糅合起来。主观社会主义的消极意义主要表现在两个方面:第一,幻想由于"中国落后"而便于"预防"资本主义弊害与实现社会主义的观念是臆造的。它干扰人们对历史的必然趋向和发展阶段的正确判断,削弱了革命民主派的社会经济纲领的科学性。第二,力求使"社会革命"与"政治革命"得以"毕其功于一役"的主张也是不可取的,它"混淆革命的步骤,降低对于当前任务的努力"。只是在这种意义上,列宁指出:"中国的民主主义者真挚地同情欧洲的社会主义,把它改造成为反动的理论。"②

但是,作为先进经济思潮的重要部分的民生主义具有不可低估的进步意义。首先,民生主义是促进近代化的纲领。尽管它被涂饰了主观社会主义色彩,但实质上却是最大限度地发展资本主义的方案。土地纲领的实现将会消除地主阶级对土地的垄断以及由此产生的绝对地租,为资本主义的发展提供有利条件——"摧毁私有者的垄断,在农业中比较彻底和完全地实行自由竞争。"③ 同样,"节制资本"和"国家社会主义"的真正作用也是促进资本主义的发展:允许私人资本在相当广泛的范围内充分发展;具有独占性的大企业由国家经营。应当指出,"企业国有"的形式并

---

① 《远生遗著》(第2卷),商务印书馆1920年版,第121页。
② 列宁:《列宁全集》(第18卷),人民出版社1959年版,第155页。
③ 列宁:《列宁全集》(第21卷),人民出版社1959年版,第48页。

不确定地意味着社会主义。它的性质和作用，主要取决于社会基本生产关系和国家政权性质。当时中国资本主义处于"向上发展阶段"，而革命民主派所要创立的"民国"也是资产阶级共和国，即"资本家的国家，理想的总资本家"①。"国家社会主义"的意义不在于倡导者的"主观愿望"，它可能产生的客观效用才是关键所在。事实上，"国有化"不过是资产阶级经济学的一种方案。因为"它愈是把更多的生产力据为己有，就愈是成为真正的总资本家，愈是剥削更多的公民……资本关系并没有被消灭，反而被推到了顶点"②。其次，民生主义中的土地纲领在一定程度上反映了农民摆脱封建压榨和获得土地的意愿，同时，也包含着对全体人民利益的关怀。"农民可以大苏"是孙中山毕生为之奋斗的目标之一，他竭力使农民免除"地主从中朘削"。孙中山相信"平均地权"——"土地国有"将使"私人永远不用纳税"，但"收地租一项"便可成为"地球上最富的"。劳动者"赡养尚不能敷"的状况必须改变，应当使他们"得其劳力获之全部"。最后，民生主义还包括对地主阶级、资产阶级贪婪榨取的谴责，以及对"垄断"之类的弊端"贻祸全国"的揭露，也具有一定的思想意义。总之，民生主义在近代中国无疑是比较完整、自觉的近代化方案——而对那个历史阶段来说，近代化是中国社会发展的通道。

还需指出，孙中山把民生主义理解为社会主义的观念中也包含着科学的成分。他不同于形形色色的小资产阶级社会主义流派，始终把他笃信的社会主义建立在社会化、近代化的大生产基础上。这位受过"欧洲式教育"的先驱深知历史的进化程序，即"由农业时代进而为工业时代，步步前进，永不落后"。他摒弃了"宁肯停滞也不要资本主义发展"的观点，而是明确宣称："吾之意见，盖于欲使外国之资本主义以造成中国社会主义。"此外，预防和消除资本主义的"恶果""祸患""大毛病"也是避免贫富悬殊、两极分化，"反对少数人占经济势力，垄断社会之富源"，防止"加痛苦于人群"，而以"共富"为目的。以上观念和主张，体现了科学社会主义的两个本质特征——解放和发展生产力；防止两极分化。同时，也在一定意义上与近代中国社会发展的非资本主义前途相吻合。

---

① 马克思恩格斯：《马克思恩格斯选集》（第3卷），人民出版社1972年版，第318页。
② 同上。

毫无疑问，孙中山在旧民主主义革命的历史阶段所倡导的三民主义是比较先进、科学的纲领。作为具有比较完全意义的民主主义纲领，它促使近代中国民主革命从准备阶段入于正规阶段。没有革命的理论，就没有革命的运动。没有三民主义理论和纲领的指导，也就没有承先启后的伟大的辛亥革命。

二

建立全国性的、统一的资产阶级革命政党，是时代和革命的迫切需要。历史已经证明，近代中国的正规资产阶级民主革命，既非农民阶级的旧式秘密结社——它们普遍带有宗教、迷信和封建宗教色彩——所能承担。孙中山曾经指出："清世秘密诸会党……民族主义虽甚溥及，而内部组织仍为专制，阶级甚严，于共和原理、民权主义皆概乎未有所闻。故于共和革命，关系实浅。"① 也非资产阶级维新派的各种"学会"——它们大都缺乏稳定的领导核心、明确的政纲和严密的组织原则——所能肩负。革命民主派必须自我组织起来，建成近代形态的政党，发挥"革命的中枢"作用，才能胜任正规的民主革命领导重担。辛亥革命结束了封建帝制，清王朝的颠覆则是"孙中山领导的党和人民一起推"的结果。所谓"孙中山领导的党"，主要指 1905 年成立的中国同盟会。

当孙中山走上新开辟的革命路途时，就把组建革命团体作为当务之急。1894 年冬，他在檀香山率先成立了兴中会。这个革命小团体虽然只是略具雏形，但已大致具备了资产阶级政党的基本属性。首先，兴中会的纲领开始比较明显地体现了民主主义原则。它在入会誓词中规定了明确的奋斗目标："驱除鞑虏，恢复中国，创立合众政府。"② 兴中会章程的内容则充溢着爱国主义——力求避免"蚕食鲸吞""瓜分豆剖"的厄运，"亟拯斯民于水火，切扶大厦之将倾"③。在中国历史上，这是第一个要求以共和国取代封建君主制的革命纲领。其次，兴中会在组织原则方面也一扫会党的陋习。领导机构由会员推举，会员之间的关系排除了封建宗法遗

---

① 《国父批牍墨迹》，台北，1955 年影印版，第 11 页。
② 檀山华侨编印社编：《檀山华侨》，1929 年版，第 16 页。
③ 孙中山著：《孙中山选集》（上卷），人民出版社 1981 年版，第 19 页。

毒。地域性的限制不再存在，兴中会希望容纳一切"有志华人"乃至外国友人："不论中外各国人士，倘有心益世，肯为中国尽力，皆得收入会中。"①事实上，两湖和江浙地区的毕永年、秦力山、吴禄贞和沈翔云等后来都加入了兴中会，宫崎寅藏等外国朋友也介入了兴中会的活动。兴中会会员多为侨胞或粤籍的主要原因在于它当时还未成为举足轻重的政治力量，而它的领袖在初建阶段尚未被广大革命志士所公认。兴中会的建立有着重要的历史意义，它是刚刚登上政治舞台的革命民主派的最早组织形式，同时，也是这个政治派别初步形成的标志。辛亥革命史的上限追溯到兴中会的始建，完全符合历史的发展过程。

兴中会的历史地位和作用是不能低估的，它在艰苦的十年战斗历程中做出了自己的贡献。兴中会在侨胞中有着相当的政治影响，它在日本、南洋和欧洲地区建立了分支和联络点。兴中会在国内的政治影响也并不局囿于广东，它同两湖、长江流域的反清力量——主要是会党——有着联系。孙中山的战友史坚如曾北上联络会党，旋即在香港建立了"兴汉会"。把兴中会同广东、两湖和长江流域的秘密会社维系起来，推举孙中山担任总会长。可见，兴中会组织的能量是客观存在的。至于兴中会的活动，主要集中在两个方面：首先，兴中会在传播民主革命思想方面起了先锋作用。兴中会的宣传鼓动工作促使越来越多的人们认识到清朝政府的昏庸腐败，懂得"革新之机"完全"遏绝于上"，抛弃对清廷的幻想，逐步接受民主革命思想。在1900年后，兴中会还必须同保皇党展开论战，揭露他们"假革命、真保皇"的反动面目，把惑于"邪说"的人们——包括部分兴中会员——解放出来。孙中山从1903年起陆续发表《敬告同乡书》《驳保皇派》等文章，以兴中会在各地控制的报刊为阵地，向保皇派大张挞伐，揭开了1905—1907年间两派大论战的序幕。革命的思想启蒙具有重大的意义，为民主革命的开展做了精神的准备。其次，兴中会还把武装斗争作为自己的主要活动。1895年的广州起义虽因事泄"流产"，但却以革命民主派从事的"战争事业"的发端而载入史册。1900年的惠州起义取得了很大的战果，队伍曾经发展到两万余人，虽然结局仍归失败，但其政治影响是深远的。正如孙中山后来所忆述：广州起义失败后，"举国舆论"大抵为"诅咒谩骂之声"；惠州起义收束后，"则鲜闻一般人之恶声

---

① 孙中山著：《孙中山选集》（上卷），人民出版社1981年版，第19页。

相加；而有识之士，且多为吾人扼腕叹息，恨其事之不成矣！"这种意味深长的变化自然有形势的影响，但兴中会的坚持战斗更是重要的原因。人们逐渐从兴中会的活动中认同了它的革命性质，确信这些叛逆者都是仁人志士。在相当长的一段时间内，兴中会是在"最艰难困苦"的条件下——民主革命思想尚未广泛传播，保皇派颇有政治影响，清朝政府的窳败尚未彻底暴露——孤军作战的，它的多方面活动，确实具有开拓性的意义。

　　从事变进程的角度来看，首先，兴中会在一定程度上为同盟会的建立做了政治、思想、组织和干部上的准备。孙中山在创建兴中会时提出了"驱除鞑虏，恢复中国，创立合众政府"的政纲。待到建立同盟会时，已为大多数革命党人所理解和赞同的三民主义政纲便被当然接受。其次，兴中会在组织上也为同盟会提供了条件。尽管兴中会初期成员不满五百，1900年后又没有较大发展，但它在国外各地的分支及国内（主要是华南地区）组织的影响仍然是不可忽视的。正是这样，兴中会才成为同盟会组建的基础之一。最后，兴中会还为同盟会提供了一批骨干。经过十年的战斗历程，兴中会的创建者孙中山已经成为大多数革命党人公认的领袖，并且在国际上享有广泛的声誉。1903年出版的《孙逸仙》一书的序言指出：数年前"吾人意中之孙文，不过广州湾之一海贼也"[1]。时至今日，"孙逸仙者，近今谈革命之初祖，实行革命之北辰，此有耳目者所同认"[2]。孙中山在当时不愧为最有威信、影响和经验的革命家，由他来"领袖群伦"是必然的。

　　甚至兴中会的教训，也为同盟会的建立和发展提供了有益的借鉴。一般来说，兴中会始终存在着两个弱点：第一，未能在国内各个地区尽力立足扎根，同内地的革命力量联系较少。兴中会初创时有2/3的会员为侨胞，这种状况后来也未发生根本变化。第二，兴中会中的资产阶级、小资产阶级知识分子比重较小。显而易见，革命运动是不能过多依靠以国外为基地的"输入"。它的存在和发展，决不能离开内在的条件和因素。所以，革命党人必须克服一切困难，千方百计在国内各地建立基础，而不能把主要的活动局限于国外，虽然当时促使侨胞的革命化是迫在眉睫的任

---

[1] 中国史学会主编：《辛亥革命》（第1册），上海人民出版社1957年版，第91页。
[2] 同上书，第90页。

务。事实证明，这也是多次反清武装斗争失败的主要原因之一。同样，广泛吸收革命知识分子具有重大意义。他们能够承担政治指导者的角色，加强革命组织的活动能量与提高斗争水平。兴中会会员中的革命知识分子比重较小，并不完全是客观条件所造成的。孙中山曾经指出：革命党人开始进行反清斗争时，"应而和之者，特会党耳。至于中流社会以上之人，实为寥寥"①。对孙中山和他的战友来说，也存在着一个认识问题。在1900年以后，他才从实践中意识到吸收知识分子的重要性。孙中山抛弃了过去所持的"谓秀才不能造反"的观念，对争取更多的革命知识分子入党"深以为然"。他自己积极地结交留学生，向他们宣传革命思想，还嘱托廖仲恺、何香凝"物色有志学生，结为团体，以任国事"。事实上，1903年的拒俄运动，显然是知识分子革命化的转折点之一。从东京青山军事学校到欧洲留学生革命团体的建立，显示了孙中山在这方面活动的实绩。应当指出，孙中山在1900年后很少发展兴中会员，"虽结识留学界志士及热心华侨无数，多未使之加入兴中会"②。他所联系和建立的一些革命组织，也大抵不再冠以"兴中会"的名称。这种情况表明，孙中山已经意识到兴中会不能适应新的形势和斗争，难以承担起"革命之中枢"的大任，而开始为新的革命党的建立创造条件。

随着民族危机与社会矛盾的激化，革命形势的发展已经把建立全国性的、统一的革命党提上议事日程，必须将分散的革命斗争汇合起来，并把参差不齐的斗争水平提到新的高度。许多革命党人亲身体验到这种时代的需要，深切理解这桩历史的使命。他们采取了积极的态度，促使同盟会在1905年夏应运而生。在组建同盟会的过程中，孙中山起了极为重要的作用，虽然有些革命党人在1903年以后已经意识到成立全国性的、统一的革命组织的必要，主张建立"中国本部统一会"，作为"中央机关，建瓴而立，扩张其势力线，挟风雷而走之"③。但是，孙中山才最深刻、最痛切地认识到建立全国性的、统一性的革命政党的必要性和迫切性。兴中会成立以来的"艰难顿挫"的战斗历程使他懂得：在中国这样辽阔的土地上，单股的、不相汇合的水流是不可能"涤荡旧污"的；只有形成巨大

---

① 孙中山著：《孙中山选集》（上卷），人民出版社1981年版，第65页。
② 冯自由：《革命逸史》（第3集），商务印书馆1945—1947年版，第32页。
③ 留日学生浙江同乡会编：《非省界》，载《浙江潮》1903年第2期。

的洪峰，才能冲毁封建帝国的堤防。他回顾了战斗的历程，确信"但从分道扬镳，终不如集中力量，事较易济"①。所以，决心"召集同志，结成大团，以图早日发动"②。为推动和实现革命的联合，组织全国性的、统一的政党，孙中山反复向革命党人指出："现今之主义，总以互相联络为必要。"同时，他在其他革命团体的骨干中间进行广泛的串联。经过了相当充分的酝酿，条件终于成熟。在孙中山和黄兴等人的倡导下，建立了以兴中会、华兴会和光复会为基础的中国同盟会。

同盟会的成立在近代中国民主革命史上具有划时代的意义，标志着革命民主派的活动进入新的阶段。从各个方面来看，这个正规的资产阶级革命政党远非先前的革命团体可比拟。第一，同盟会把孙中山的三民主义接纳为斗争纲领。在当时的历史条件下，"驱除鞑虏，恢复中华，创立民国，平均地权"的主张，无疑是对民主革命的主要课题的概括，堪称是比较完整、自觉的民主主义纲领。它同兴中会初创时的政纲相比有着长足的进展，主要是明确了共和国的观念和补充了社会经济方案。较之华兴会、光复会的政纲则具有更丰富的民主主义内涵，大汉族主义—种族主义有所消弭。同盟会的纲领表明，它在政治、思想上趋于成熟。第二，同盟会在组织方面也大有改进。它效法西方国家的政体，组织机构采取了三权分立的原则，设立了评议、司法、执行三部，总理则由会员每四年公举一次。秘密会社的封建陋习彻底消除，同盟会具有了近代政党形态。第三，同盟会员的主干大都是知识分子。作为其所属阶级的政治思想代表，他们胜任政治指导者的角色。大量的革命知识分子加盟，增加了同盟会的能量和活力；同时，也密切了同盟会与国内的联系。第四，在同盟会内部形成了以孙中山为首的领导集团。孙中山被一致推举为总理。在他周围团聚了黄兴、宋教仁等一批较有威信和经验的领导人。这个领导集团保持了相对的稳定，基本上承担起领导的重任。显然，近代民主运动的特色之一就是领导核心不是个人而是群体。第五，同盟会制定了比较完整的纲领、方针和政策。1906 年秋冬，孙中山与黄兴、章太炎等编制了同盟会的《革命方略》，包括八个重要文件：《军政府宣言》（通称《同盟会宣言》）《军政府与各国民军之条件》《招军章程》《招降清朝兵勇条件》《略地规则》

---

① 张永福：《南洋与创立民国》，中华书局 1933 年版，第 9 页。
② 张永福：《南洋与创立民国》卷首，中华书局 1933 年版，原函影印。

《对外宣言》《招降满洲将士布告》《扫除满洲租税厘捐布告》，供各地革命党人武装起义时应用。除《军政府宣言》具有纲领性外，其他文件的内容主要关乎方针、政策问题。后者体现了前者的精神，成为革命党人在斗争中所遵循的准则。第六，同盟会是一个全国性的、统一的革命政党。除本部外，同盟会在国内设置了东（上海）、西（重庆）、南（香港）、北（烟台）、中（汉口）五个支部以及属于各支部的各省分会。在国外，设置了南洋、檀香山、欧洲和美洲四个支部。仅在一年多的时间里，加盟者就达1万余人。同盟会摆脱了先前一些革命团体的地域性和分散性，真正成为指导中国革命形势蓬勃发展的团体。在短短的几年中，同盟会进行了大量的、广泛的工作。其中，特别重要的是两个方面的活动：同保皇派开展了空前规模的论战，广泛传播了民主革命思想，批驳了反动的保皇谬论，为辛亥革命扫除了思想障碍；坚持武装反清斗争，发动了多次武装起义，从而为辛亥革命这场全国范围的武装反清斗争积累了必要的基础和条件。

同盟会的建立成为革命新高潮的起点："从此革命风潮一日千里，其进步之速，有出人意表者矣！"孙中山只是在这时方才意识到胜利并非遥遥无期，确信"革命大业可及身成矣！"

当然，作为半殖民地半封建社会的资产阶级革命政党，同盟会不能不反映它所代表的阶级的软弱性及其他弱点，并表现出自身政治上、思想上的参差不齐和组织上的松散。不少同盟会会员对三民主义纲领缺乏全面理解和信仰，他们实际上是"一"民主义者或"二"民主义者。这种政治上、思想上的不统一，严重削弱了同盟会的战斗力。同样，组织上的松散现象也是明显的。门户之见甚深，小团体和宗派习气颇浓。光复会的一些成员加盟后依然不能舍去原有的旗号，他们的许多活动仍旧采用光复会的名义。上述缺陷在革命的低潮期往往恶性膨胀起来，甚至导致了一定程度的分裂态势。于是先有共进会的建立，这个团体的主要成员并未否认同盟会，虽然他们更改了三民主义的纲领，又在组织活动方面恢复了某些会党习气。稍后章太炎、陶成章等在东京成立光复会总部，他们对孙中山进行无原则的攻击和污蔑，在1908年后的困难阶段发生了十分有害的影响。直到辛亥革命前夕，宋教仁等还在上海建立了同盟会中部总会。它虽然"奉东京本会为主体，认南方分会为友邦"①，也对长江流域的革命运动有

---

① 邹鲁：《中国国民党史稿》（第1篇），商务印书馆1944年版，第121页。

所推进，但却在"章程"中删略了民生主义，并在另立组织的重大问题上没有先期征得同盟会本部领导的同意。因此，中部同盟会的建立也具有分裂倾向。不过，必须强调指出的是：这些带有分裂倾向的活动并未造成同盟会的瓦解，也没有否定孙中山的领导地位。在度过了短暂的低潮期后，成为辛亥革命前奏的广州"三月二十九日之役"依旧是孙中山与同盟会所策划和领导的。至于点燃了辛亥革命火焰的武昌起义，则是湖北新军中受到孙中山与同盟会的民主主义思想影响的士兵和下级军官所发动的。该省的两个主要革命团体——文学社和共进会的领导人，也大都是同盟会会员。这就不难理解湖北革命党人在发难之初就打出了孙中山的旗号，正如打响第一枪的熊秉坤所宣称："孙先生乃革命创始者，党人遍布全国，虽间有名目殊异，而尊崇孙先生则一也。"① 所以，孙中山返国后理所当然被推选为首任临时大总统。

孙中山积极创建和领导的同盟会，是辛亥革命的主要组织者。在民主革命浪潮汹涌澎湃的年代，它不愧为"革命之中枢"。这是历史的真实，绝非某些个别的、片面的、表面的现象或假象所能掩蔽。"中华民国何以成？以有同盟会"——孙中山所做的历史结论，确是客观存在的真实写照。

三

坚持反清武装斗争，是孙中山和他所领导的革命民主派活动的特点和优点。所以如此，是由于他们在这方面的理论和实践反映了近代中国民主革命的重要规律。严峻的现实是：在半殖民地半封建的中国社会里，人民群众深受帝国主义、封建主义压榨，而没有起码的民主和权力。对现存社会秩序的任何反抗，都会招致反动政权的残酷镇压。甚至堪称为"跪着的造反"的维新运动，也以"六君子"的血洒长街而夭折。为帝国主义所支持的清朝政府偶尔作出的"改革"姿态，实质上都是为了苟延残喘的狡猾政治手段。以清末的"假立宪"为例，无论是尚未兑现的钦定《宪法大纲》，还是已经开设的咨议局、资政院，丝毫都没有改变人民的无权状态。因此，革命党人和广大群众为独立、民主和富强而斗争，不可

---

① 熊秉坤：《武昌起义》，湖北人民出版社1961年版，第255～256页。

避免地要诉诸暴力手段,即通过武装起义推翻清朝政府。孙中山和他的战友们认识和实践了这个道理,对于他们从事的革命事业大有裨益。正如毛泽东所指出:"从孙中山组织革命的小团体起,他就进行了几次反清的武装起义。到了同盟会时期,更充满了武装起义的事迹,直到辛亥革命,武装推翻了清朝。"①

对于革命暴力手段在斗争过程中的重大意义,孙中山并非一开始就已认清。只是在经历了一段实践活动后,他才获得了武装反清斗争的观念和决策。农民战争(特别是太平天国)曾给他以影响,但最终使他踏上武装反清斗争路途的还是实际生活的教训。在上书李鸿章失败后,他终于"积渐而知和平之手段,不得不稍易以强迫"。甚至实行君主立宪"亦必以流血得之,方能成为真立宪"。②因为指望统治者"来将国家改革,那是绝对不可能的";他们迫于形势而作出的"改革"诺言,也只能是"舍本逐末"的"用以缓和民众骚动情绪的具文"③。正是这样,所以孙中山创建兴中会后立即着手策划广州起义。后来,又发动了著名的惠州起义。革命党人展开了多方面的活动,包括宣传鼓动、筹款、联络会党等,也都在很大程度上服务于反清武装斗争。同盟会成立后,孙中山马上派遣会员分赴华南、西南和长江流域,进行实地调查,准备武装起义。1907—1911年春,孙中山在西南地区(主要是广东)策划了八次起义——潮州黄岗之役、惠州七女湖之役、防城之役、镇南关之役、钦廉之役、河口之役、广州新军之役和广州"三月二十九日之役"。在镇南关之役中,孙中山亲登镇北炮台轰击清军。对于其他地区的反清武装斗争,孙中山也极力给予各种支持。

直到辛亥革命前夕,孙中山和他的战友们所策划的多次起义都以失败告终。造成这种悲剧性结局的原因很多:没有练成一支真正的革命武装;从外面"输入"枪弹以及战斗人员;各自为战,不相联属⋯⋯而更严重的弱点则是没有深入发动和组织群众(特别是广大农民),致使起义缺乏坚实的群众基础,带上了不同程度的军事投机和军事冒险因素,不具备取

---

① 毛泽东著:《毛泽东选集》(一卷本),人民出版社1966年版,第533页。
② 参见孙中山著《孙中山选集》(上卷),人民出版社1981年版,第24页、第67页。
③ 中国国民党中央委员会党史委员会编:《国父全集》(第3册),中央文物供应社1973年版,第31页。

得胜利的主要条件。但是，决不能因此贬低反清武装斗争的重大意义。持续不断的起义，给予清朝统治者以很沉重——尤其是在政治上——的打击。同时，一幕幕悲壮的史剧激励了群众，提高了革命党人的威望，扩大了革命的影响。事实上，每一次武装起义都为最终推翻清朝政府积累着胜利因素。广州"三月二十九日之役"，更成为辛亥革命的序幕。正如孙中山后来所指出："是役也，碧血横飞，浩气四塞，草木为之含悲，风云因而变色。全国久蛰之人心，乃大兴奋。怨愤所积，如怒涛排壑，不可遏抑。不半载而武昌之大革命以成。"①

从一定意义上来说，辛亥革命就是一次全国性的武装起义。这场规模空前的反清斗争，无疑是在过去多次起义基础上爆发的。革命党人的"战争事业"必然是一个不断发展的过程，不可能一蹴而就。从兴中会到同盟会，多次武装斗争积累了宝贵的经验和教训；同时，也锻炼了大批懂得武装斗争的骨干。尽管孙中山在长时期内对"战争事业"的经验和教训未能作出科学总结，但前一阶段的斗争实践还是为后来的反清武装斗争提供了借鉴。孙中山开始策划起义时大都倚重会党力量，认为"借会党暴动为可靠"②。他和他的战友结纳会党，加入洪门，依靠秘密结社组织，以会党成员为发难的主力军。然而，几次起义的实践证明：这种方式虽然利于迅速发动，但往往难以坚持到底。由于会党组织形式的落后，加之它的成员大抵缺乏革命意识和组织纪律性，所以常是"一哄而起"，接着"一哄而散"。孙中山和他的战友们初步总结了这种教训，认识到"革命起义，不可专恃会党。今宜采取入虎穴得虎子之法，取得新军，始可成事"③。从1908年起，他开始注重运动新军。革命党人对有不少爱国知识分子参加的新军做了大量的工作，吸收了许多士兵和下级军官入盟。广州新军之役就是以新军为基干。广州"三月二十九日之役"也计划以新军为主力。武昌首义，新军更是充当了先锋和基干。其次，在武装起义和战略部署方面积累了具有借鉴意义的经验教训。孙中山长期侧重岭南、西南地区和边境一带，多次在这个范围内发难。这种战略部署虽有其客观原因，但也反映了他的决策失之偏颇——过于强调了境外的"输入"和

---

① 胡汉民编：《总理全集》（第1卷），民智书局1930年版，第1054页。
② 政协文资委编：《辛亥革命回忆录》（第6册），人民出版社1960年版，第5页。
③ 邹鲁：《中国国民党史稿》（第4篇），商务印书馆1944年版，第1352页。

"接济"，忽略了其他地区（特别是长江流域）的革命形势和群众要求。广州"三月二十九日之役"失败后，湘、鄂、赣等省的同盟会员总结了"偏于一隅"的深刻教训。中部同盟会派出代表"分赴江、浙、皖、赣、鄂、湘、川、陕"，策划各省同时大举。把武装起义的中心转移到长江中、下游，适应了当时的革命形势，为后来武昌首义提供了有利条件，对辛亥革命起了积极的作用。最后，多次起义还为组织具体战役积累了经验教训。继黄岗之役和惠州七女湖之役后，孙中山和他的战友们于同年再次发动防城之役，初步总结了过去战斗的不足之处，他派遣王和顺深入钦州腹地"三那"一带领导农民起义。由于有着万余农民的参与，壮大了起义的声势。为了继新军之役后在广州重举义帜，孙中山同许多同盟会骨干在槟榔屿会议上较为认真检讨了过去武装斗争的得失。他们决定加强同盟会的领导，派遣优秀会员充当"选锋"——骨干和突击队；广泛发动各种力量，以新军为主力而辅以防营、会党、民军和绿林；以广州起义为起点，把革命的火焰引向全国。尽管广州"三月二十九日之役"仍然失败，但其斗争水平和影响确是空前的。至于在长期起义进程中磨砺出一大批熟悉武装斗争的骨干，对于革命事业显然有着重大的意义。归根结底，武装斗争是民主革命的主要手段。革命事业离不开"战争事业"，无疑是中国近代民主革命的一条意义深远的规律。

以1895年广州起义为发端，孙中山毅然踏上武装反清的道路。17年的战斗历程充满了艰苦和牺牲，许多革命党人流尽了最后一滴鲜血。然而，他们始终坚持斗争，前赴后继，不怕牺牲，屡蹶屡战，为革命的胜利积聚着因素。1911年10月，武昌新军的枪声终于点燃了焚毁清王朝的燎原大火。历史证明，这个封建王朝的覆灭既非统治者"自己交出政权"的结果，也非立宪派上书请愿所造成，而只能是革命民主派所领导的持续的反清武装斗争所导致。在近代中国社会中，革命的武装斗争确是新制度的"产婆"。

由于革命党人的长期战斗和人民群众的英勇奋起，武昌起义的枪声在辽阔的九州土地上迅速得到了反响。是年年底，一半以上的省份已经通过各种途径和方式而"独立"。清王朝的覆灭已成定局，革命处于凯旋行进的高潮阶段，虽然，政治的逆流也在潜滋暗长。尽管百废待兴，但摆在革命党人面前的首要任务是：摧毁封建帝制，建立民主共和国。

在这关键的时刻，孙中山从欧洲返回祖国。自从1895年的广州起义

"流产"后，他长期被迫流亡异域。12月下旬，他经由香港抵达上海。作为被一致公认的享有崇高威望的革命领袖，孙中山理所当然地被各省代表推举为即将诞生的共和国的首任临时大总统。国外的长期活动阶段结束了，他现在亲临"前方"，"身当其冲"，直接领导革命运动。

同西方许多国家的资产阶级革命进程不同，辛亥革命并不是以共和政权建立为其基本完成的标志——从根本意义上而言，旧民主主义革命始终未能彻底胜利。因此，孙中山就任临时大总统后面临着严重复杂的任务：建设共和国；捍卫共和制。形势的日趋险恶并不在于清朝政府的垂死挣扎，因为它的瓦解已是指日可待。越来越多的迹象表明：帝国主义支持的地主阶级的政治代表袁世凯才真正是同革命党人较量的主要对手。这个双手沾满人民鲜血的、阴险狡诈的权术家得到了帝国主义和国内反动势力的支持，他们急于选择这个"强有力的人"来使迅速崩溃着的旧秩序在已经形成的新形式下稳定下来。袁世凯全部活动的中心内容，具现于此。立宪派卷入革命浪潮也加剧了形势的复杂性：一方面，促进了"光复""反正"或"独立"过程；另一方面，他们眼明手快地攫取政权——为此，甚至残酷屠杀革命党人，力图阻抑革命的深化，大造"非袁莫属"的舆论。更为重要的是，从革命队伍内部来看，同盟会正在迅速地趋于涣散瓦解，"革命党消"不幸成为历史的真实写照。共和国在诞生之际，就面临着被扼杀的厄运。

孙中山并没有陷入盲目的乐观和轻信，他意识到面前的严重的斗争任务。因此，他在返国途中经香港时拒绝了"退就粤中，以修战备"的请求，决意前往沪、宁，主持"对内对外大计"。甫抵上海，他就宣称自己"所带回者革命之精神耳！革命之目的不达，无和议之可言"。在同盟会本部临时会议上，他指出当前形势还是"元凶未灭，如虎负隅，成败不可预睹，即日成矣，而吾党之责任岂遂终此乎！"① 要求同盟会员紧密团结，贯彻三民主义政纲。他认为已经开始的南北议和决不意味着放弃"革命目的"，更不能松懈斗志："元凶未灭，如虎负嵎。"② 孙中山在《临时大总统就职宣言》中比较全面地说明了自己的职责："能尽扫专制

---

① 邹鲁：《中国国民党史稿》（第1篇），商务印书馆1944年版，第79～80页。
② 广东省社会科学院历史研究所、中国社会科学院近代史研究所中华民国史研究室、中山大学历史系孙中山研究所编：《孙中山全集》（第1卷），中华书局1986年版，第578页。

之流毒，确定共和，普利民生，以达革命之宗旨，完国民之志愿，端在今日。"① 显然，遵循《革命方略》的准则，涤荡旧污以建立共和制度，当是孙中山思想的主导方面。

作为革命民主派的领袖，孙中山热望在新政权中有所建树。这是完全可以理解的，"一切革命的根本问题是国家政权问题"②。在赴南京就职前，孙中山在上海寓所内曾和一些同盟会骨干讨论政体问题。他坚决主张总统制，反对实行内阁制，因为，在当前这种"非常时代"不宜对于"惟一置信推举之人而复设防制之法度"③。他不顾"北方将派大军渡江"的流言和汪精卫等借故劝阻，毅然赴南京就任。尽管孙中山组建和主持的临时政府困难重重，而其暂时过渡的命运也成定局，但是，他在短短的三个月中还是竭尽全力扶植新生的共和政体。在他的积极倡导下，临时参议院仅用了月余的时间制定了《中华民国临时约法》。在起草过程中，孙中山强调"要定一条"——"中华民国之主权，属于国民全体"。所以如此，"一以表示我党国民革命真意义之所在，一以杜防盗憎主人者，与国民共弃之！"④《中华民国临时约法》颇不完备，也未真正实行，但这个具有宪法性质的文献确是"我国有史以来未有之变局，吾民破天荒之创举也"⑤。它所包含的革命性和民主性，对于长期被封建专制主义所君临的中国有着重大启蒙意义；作为共和国的主要标志之一，也成为后来孙中山同袁世凯以及北洋军阀斗争的重要武器。在此期间，临时政府还陆续公布了39项法令。在革除封建陋习和发扬民主方面，主要内容为剪发辫、禁缠足、废除体罚刑讯、取缔封建等级称呼、不准贩卖人口和拐骗华工、取消奴婢卖身契约、保护人民和华侨生命财产……在文化教育的除旧布新方面，主要内容为禁止"小学读经"，教学内容不得有悖"民国精神"，大力发展国民教育……此外，还有诸多条例鼓励资本主义工商业和农垦业的发展。这些法令难免成为具文，但表明了孙中山忠实于民主主义原则、纲领和方案。

---

① 孙中山著：《孙中山选集》（上卷），人民出版社1981年版，第82页。
② 列宁：《列宁全集》（第24卷），人民出版社1957年版，第18页。
③ 胡汉民：《胡汉民自传》，见《革命文献》（第3辑），中国台北1953年版。
④ 中国国民党中央委员会党史委员会编：《居觉生先生全集》（下册），中央文物供应社，1951年版，第548页。
⑤ 孙中山著：《孙中山选集》（上卷），人民出版社1981年版，第157页。

毫无疑问，同袁世凯的较量才是孙中山当时的全部活动——也是整个社会政治生活——的关键。孙中山就任临时大总统后，"虚位待袁"已成定局。国内外反动势力、立宪派乃至革命民主派的一些领导人在这一点上基本取得一致：清帝退位，北方承认共和，推举袁世凯为大总统。在这种难以有所作为的情势下，孙中山在同袁世凯的对话中表现出两种倾向。一方面，他对袁世凯保持着一定的戒心，坚持共和制度，维护革命原则，认为"清帝退位，宣布共和"的宗旨是不可动摇的，南北议和与统一不能离开"民国巩固"的前提。同时，准备督师北伐以"共破房巢"。对于袁世凯的露骨的反革命行径，也给予了反击。当袁世凯阴谋同时取消南、北政权而自立政府于天津的消息传来，孙中山表示了强硬的态度，斥之为"民国之蠹"，确信"举国军民均欲灭袁氏而后朝食"①，直到清帝退位，袁世凯表示"拥护共和"，孙中山在荐袁以自代后依然对信誓旦旦表忠于共和国的继任临时大总统心存戒备，并在解职前制定了一系列防范性的措施。为了制止袁世凯的背叛，孙中山提出下列要求：袁世凯必须"宣誓服膺共和，永绝帝制"；遵守《中华民国临时约法》和南京政府颁布的"一切法制章程"；定都南京，到宁宣誓就职。上述措施虽然没有达到预期的目的，却表明孙中山在离职前夕仍在为了"保障共和"而殚精竭虑。另一方面，孙中山的确对袁世凯的反革命真面目认识不够。这个善于以假面示人的窃国大盗的表演，时而蒙蔽了孙中山审视的目光。加以政治逆流业已潜滋暗长，特别是"非袁莫属"的鼓噪不绝于耳，使得孙中山不得不向袁世凯表示"虚位以待"，并最终让位于袁世凯。在上述两个方面中，前者曾经占有主导地位。然而，后者却迅速地变为现实。所以如此，主要是为客观情势"所迫"。孙中山让位于袁世凯的根本原因，就在于此。

革命运动的成败，最终取决于斗争双方的力量对比。在半殖民地半封建的中国，阶级力量的对比不利于民主革命运动——帝国主义和封建主义势力相对强大；革命民主派及其所掌握的物质力量则相对弱小。这种严酷的实际，在当时的南北对峙中充分展现。同手握军政大权、受到国内外反动势力积极支持的袁世凯成为鲜明对照，南方革命政权处于极其困难的境

---

① 中国国民党中央委员会党史委员会编：《国父全集》（第3册），中央文物供应社1973年版，第186～189页。

地。因此，政治逆流日渐汹涌。立宪派充当了拥袁的吹鼓手，充分发挥了他们不可忽视的恶劣影响。更为严重的是同盟会的蜕化，"维时官僚之势渐涨。而党人之朝气渐馁，只图保守既得之地位，而骤减冒险之精神。又多喜官僚之逢迎将顺，而渐被同化矣！以是对于开国之理想，多附官僚之主张"①。许多领导者倾向于妥协，甚至讥讽孙中山的原则性主张为"理想太高"。胡汉民后来忆述这段历史，不无讽喻地承认他和汪精卫在导致袁世凯攫取总统职务的南北议和中起了"功魁"或"祸首"的作用，因为他自己"力挽先生之意于内"，而汪精卫则"极力斡旋于伍廷芳、唐绍仪之间"。② 至于经济方面，临时政府濒于绝境。以军费而言，月需500万元维持南京和各地的近20万军队。其他的各项开支，数量也颇为可观。但是，收入却数量甚微而又不稳定。海关税收被帝国主义以各种无理借口所冻结。两淮盐税为张謇——已任临时政府的实业总长——所把持。独立各省没有上交分文田赋。工商业税也无形取消。四个月内，临时政府各项收入（包括银行借款、公债、军用纸币和江南造币局的收入，等等）合计不过746万元和46万两。财政部甚至连月份收入概算都无从着手，因为它"向以全国赋税为大宗。自光复以来，各州县经理款项，应划归中央政府者，虽早经本部通电催解，而各该省迄未照解前来，以致收入亦无从概算"③。军事方面也是纷扰混乱，困难重重。由于军费无着，各军催索银饷的代表纷至沓来，陆军总长黄兴焦灼成疾，表示一旦南北交锋，"自度不能下动员令，惟有割腹以谢天下"。大量民军的被迫解散，则使革命党人失去了得以控制和影响的武装力量。在这种形势下，孙中山虽然表示"于民国安危最有关系"的问题"在所必争"，实际往往"半筹莫展"，"忝为总统，乃同木偶"。④ 正是力量对比、客观情势和条件，在最大限度上决定了事变进程的趋向。显而易见，孙中山让位于袁世凯的主因是迫不得已。作为一个阶级、政党的代表，孙中山从未对政权表示过冷漠。让位的行动不是辛亥革命失败的主要原因，而在很大程度上是它的直

---

① 中国国民党中央委员会党史委员会编：《国父全集》（第2册），中央文物供应社1973年版，第165页。
② 参见胡汉民著《胡汉民自传》，见《革命文献》（第3辑），中国台北1953年版。
③ 《南京临时政府公报》第43号，大总统府印铸局1912年版。
④ 参见中国国民党中央委员会党史委员会编：《国父全集》（第3册），中央文物供应社1973年版，第285页。

接结果。这种错误的决策当然会产生消极的作用，所以它就成为辛亥革命降弧——如果不是终结——的标志。后来，《中国国民党第一次全国代表大会宣言》做出了正确总结："曾几何时，已为形势所迫，不得已而与反革命的专制阶级谋妥协，此种妥协实间接与帝国主义相调和，遂为革命第一次失败之根源……夫袁世凯者，北洋军阀之首领。时与列强相勾结，一切反革命的专制阶级，如武人官僚辈，皆依附之以求生存，而革命党人以政权让渡于彼，其致失败，又何待言！"① 历史证明，软弱的资产阶级不能胜任所承担的历史使命。

孙中山并非没有给历史进程打上自己活动的印记。虽然客观条件制约着人们的活动，杰出人物的演绎离不开历史的舞台，因此，对于让位给袁世凯的问题不宜苛求于个人。但是，实事求是地判明他的活动是否达到历史条件允许的可能的深度、广度和高度则是应当的。在这种意义上，孙中山的让位及在此前后的活动留下了深刻教训。首先，他在革命高潮阶段未能坚持和发展革命纲领，反而一度认为民族主义、民权主义"因清廷退位而付之实现"，当务之急为"实行经济革命"。② 在解除临时大总统职务后，更把主要精力放在倡导"社会革命"上。这种有悖实际的政治论断必然会造成消极后果，妨碍人们认清当前社会生活中的主要矛盾，降低对现时中心任务的努力，减弱了同袁世凯窃国勾当的斗争。其次，他在群众奋起的时刻未能予以充分的发动和组织。革命党人没有高举鲜明的反帝反封建旗帜，未曾把真正实现"耕者有其田"的严重课题提上日程，从而更广泛地动员群众——特别是农民投身于革命洪流。反之，各地的革命党人甚至采取了压制群众斗争和大量解散民军的措施，既挫伤了人民的革命积极性，也削弱了革命民主派的群众基础。正如列宁所指出："没有能把充分的中国广大群众吸引到革命中来"；"吸引真正广大的人民群众来积极支持中华民国这件事做得很差"。③ 这样，以孙中山为首的革命民主派就未能组建成一支足以克敌制胜的大军——为了推翻帝国主义和封建主义的强固统治，必须具有由革命理论掌握群众而形成的巨大物质力量。辛亥革命悲剧性结局的根本原因就在于此。资产阶级软弱性突出地表现在这

---

① 孙中山著：《孙中山选集》（下卷），人民出版社1981年版，第521页。
② 参见孙中山著《孙中山选集》（下卷），人民出版社1981年版，第324页。
③ 参见列宁《中国各党派的斗争》，载《历史研究》1978年第2期。

里。至于孙中山荐袁以自代的行动虽有其内在的客观社会原因，但无疑是错误的。对此，孙中山后来曾多次反思。把最重要的、关键性的职务交给大地主大资产阶级的代表，无论在任何意义上都是不足取的。

1912年4月1日，孙中山在临时参议院发表的解职词中宣称："三月以来，南北统一，战争告终，造成完全无缺之中华民国。"然而，颇有讽刺意味的事实是：他的解职决不表明辛亥革命的完满结束，却标志了辛亥革命失败终局的起点。即使把后来的"二次革命""护法运动"视为辛亥革命的延续，那么，前者不过是强弩之末，后者则只是偏远的回声。孙中山和革命民主派领导了伟大的辛亥革命，建树了不朽的业绩。但是，他们不可能把革命引向真正的胜利。这是历史的必然：不仅由于世界进入了帝国主义时代，还因为中国资产阶级在政治上、经济上"异常软弱"，缺乏18世纪法国资产阶级的力量和性格。帝国主义与封建主义双重枷锁无由挣破，民主革命与近代化是不可能胜利实现的。

历史进程虽然往往出现暂时的逆转，但决不会停滞不前。在辛亥革命后的惨淡岁月中，却已呈现出时代的曙光：十月社会主义革命开拓了人类历史的新纪元。五四运动和中国共产党的成立显示着中国的旧民主主义革命阶段已为新民主主义革命阶段所取代。迭遭挫折而始终坚持战斗的孙中山积极迎接了历史的转变，他带着长期革命斗争——特别是辛亥革命——的经验教训投身于新战斗。在中国共产党和国际无产阶级的帮助下，孙中山以革命精神重新阐释了三民主义，确立了"联俄、联共、扶助农工"的三大政策，改组了中国国民党，实现了第一次国共合作。孙中山晚年的理论和实践适应了历史的特点，达到了前所未有的高度，从而推动了北伐战争的发展。这场以广东为策源地的大革命风暴，才"把袁世凯留下来的军阀系统打败了"。无产阶级领导的新民主主义革命经过了30年艰苦卓绝的战斗历程，终于取得了翻天覆地的伟大胜利。

孙中山在辛亥革命中的首要历史地位和作用是无可置辩的，辛亥革命是他政治生涯中的主要光辉业绩。

确认孙中山在辛亥革命的交响乐中承担了指挥兼"第一小提琴手"的角色，决不意味着贬低或抹杀其他领导者和相关团体的历史地位和作用。任何杰出的领导者都对革命运动的发展做出了自己的贡献，因为近代形态的政治运动有其特点——它的领导者不是个人，而是一个集团。其他相关的团体对革命运动的拓展具有重大意义，是由于中国是一个政治、经济发展很不平衡的大国，只有依靠各地广大革命党人和群众的英勇战斗，才能在全国范围内燃起革命的燎原大火。甚至出现过这样的情况，即某些领导者在一定阶段和个别问题上的能量、水平和影响接近或超过了孙中山。然而，从革命运动的整个过程和全局来看，孙中山的历史地位和作用，终归是无可比拟的。

孙中山领导了伟大的辛亥革命。

辛亥革命造就了伟大的民主革命先行者和近代化前驱孙中山。

[选自张磊著《跨世纪的沉思——历史、文化、人物》（上卷），广州出版社2002年版，第252～287页]

孙中山与捍卫共和国的斗争

毫无疑问，结束绵延达两千余年的封建帝制，建立资产阶级共和国，乃是辛亥革命的主要成果之一。在半殖民地半封建的中国，专制主义长期君临，加以日益沉重的殖民主义枷锁，缔造共和确是空前的革命壮举，对中国社会迈向近代化的进程自当产生了巨大的推动作用。然而，新生的共和制度的实际生存期十分短暂，严格来说，大体等同于孙中山主持的南京临时政府阶段。随着形势的变化，孙中山不得不辞去临时大总统的职务。袁世凯在国内外反动势力支持下攫取了政权，旧秩序在新形式下恢复。这个窃国大盗肆无忌惮地践踏和毁弃共和制度，乃至公然帝制自为。而在万众唾骂中的袁世凯连同他的洪宪残梦被抛进历史的垃圾堆后，盘踞在北京政府的北洋军阀头子们继承了独夫民贼的衣钵。民国徒具虚名，虽然其间还穿插了一出张勋导演的废帝复辟的丑剧，其政权的实质不过是"地主阶级的军阀官僚统治"与"地主阶级和大资产阶级联盟的专政"。

民国的缔造者被迫展开捍卫共和制度的斗争，这个堪称"艰难顿挫"的历程长达10年，贯串于旧民主主义革命的降弧时期，延伸到新民主主义革命的发轫阶段。事实上，孙中山还在共和国刚刚诞生时就不得不充当"守护神"。还在摇篮中的民国，业已面临着被扼杀的厄运。他在为时不足百日的短暂总统任期内，采取了一系列旨在保护新政权的重大措施。首任临时大总统公布了临时参议院制定的《中华民国临时约法》，并曾强调必须在这个"效力与宪法等"的文件中写入"中华民国之主权属于国民全体"的条文："一以表示我党国民革命真意义之所在，一以杜防盗憎主人者，与国民共弃之！"① 在此前后，临时政府颁布了39项除旧布新的法令。孙中山还要求继任的袁世凯恪遵临时约法和"一切法制章程"，"宣誓服膺共和，永绝帝制"，同意定都南京并在南京就职。这些防范未能阻扼袁世凯的反噬，但有助于共和观念深入人心，且为捍卫共和制度提供了

---

① 中国国民党中央委员会党史委员会编：《居觉生先生全集》（下册），中央文物供应社1951年版，第548页。

武器，他后来多次兴师讨逆的主要依据之一就是恢复"临时约法"——护法。孙中山主持南京临时政府时期的有关活动，只是这场持续斗争的前奏。随着民国的名存实亡，他不得不再次举起"武装革命"的旗帜，由是，便有二次革命、中华革命党反袁护国斗争和两次护法运动的开展。

一

　　孙中山解除临时大总统职务后，一度耽于建设祖国的美梦。他对反革命的阴谋家、野心家表现了相当的轻信态度，认为袁世凯"赞成共和南北统一"，实"与吾人意见已同"。因此，"绝无可疑之余地"①；"完全信任袁总统能处理大局，中国决无复他虞"②。于是"舍弃政事，而专心致力于铁路之建筑"③，为在神州大地铺设20万里铁路而奋斗。在他看来，唯有"振兴实业"，"发展物力"，方是"从根本下手"，大有裨益于"民国巩固"。是年7月，孙中山担任了中华民国铁道协会会长。不久，又被袁世凯欣然委任为全国铁路督办。对于一位卓越的、经历了十余年战斗生涯的革命家来说，在战斗仅仅取得初步的成果阶段表现出非政治倾向似乎是难以理解的。其实，这种状况反映了他的民主革命纲领缺乏反帝反封建的彻底性，也显示了他对国情和形势——特别是帝国主义和封建主义的统治基础未有深刻的了解，以致对当时的头等任务掉以轻心。

　　然而，现实生活是严峻的。就在孙中山为铁路建设奔走呼号的同时，社会政治领域中的逆流正在潜滋暗长。处心积虑于集权、独裁和称帝的袁世凯为了实现窃国阴谋，不择手段地扫除一切障碍和阻力。这样，国民党——由同盟会与其他几个小党联合组成——的代理事长宋教仁就成为他必欲去之而后快的人物。宋教仁热衷于议会政治，在他的积极策划推动下，新组成的国民党在国会选举中获胜，组织政党内阁的呼声甚高。这种情况显然不利于袁世凯的大权独揽，他便在1913年3月20日策划暗杀宋教仁于上海车站。

　　宋案的枪声震动了耽于建设祖国美梦的孙中山，使他认清了袁世凯的

---

① 《民主报》1912年8月27日。
② 《民权报》1912年6月25日。
③ 黄季陆编：《总理全集》（上册），"函札"，近芬书店1944年版，第317页。

狰狞面目。辛亥革命的成果横遭攫夺，新生的共和国面临崩溃的厄运。他意识到形势的严重，立即结束了在日本的考察和筹款活动，从神户遄返上海，与黄兴等商讨对策。孙中山认为宋案绝非偶然的政治现象，而是袁世凯实行窃国的手段。必须诉之于武力，应当采取"联日""速战"的方针，无须观望犹疑，以期先发制人。但是，包括黄兴在内的许多国民党人却不赞成这种战略决策，他们主张"法律解决"，汪精卫等迎合张謇的"调停"活动，往来斡旋不遗余力。党内的意见分歧，使孙中山难以实现"速战"的方针，他只得不断揭露袁世凯的阴谋诡计，特别指责北京政府的"善后借款"；同时，积极部署、推动东南各省尽快起兵讨袁。

与国民党人的迟疑态度相反，袁世凯却紧锣密鼓地进行反革命的军事部署。5月上旬，他下令"除暴安良"，公开向国民党挑战，并以"传语"方式辱骂孙中山、黄兴"除捣乱外无本领"，表示不能"听人捣乱"——"彼等若敢另行组织政府，我即起兵讨伐之"①。6月，袁世凯以反对借款、违抗中央为借口，先后下令免除担任赣、粤、皖都督的国民党人李烈钧、胡汉民和柏文蔚的职务，悍然发动攻势。然而，就在敌人已经举起屠刀的危急关头，国民党依然未能作出及时的反应，仍旧意见纷纭。黄兴、胡汉民等继续期待"法律解决"；汪精卫则希图同亲袁的进步党实行"法律倒袁"；不少国民党党籍的议员热衷于议会斗争；各省大都无所动作，诚如孙中山所指出："静山观望于八闽，组安反复于三湘；介人复盘踞两浙。"等而下之，阎锡山、陆荣廷等更与袁世凯阴相结纳。孙中山处于十分困难的境地，虽然他从未松懈过武装讨袁的斗志。为了促使革命党人经营多年的基地之一——广东——举义，他曾亲赴港澳与陈炯明在军舰上商谈，使他同意"四省独立，广东同时宣布"②。

直到7月12日，李烈钧才在袁军两路进迫下于湖口宣布独立，组织讨袁军攻击李纯的部队，二次革命由此爆发。孙中山立即在上海发布通电，声讨袁世凯"种种违法"行径，表示"东南人民迫不得已，以武力济法律之穷"③。在他的促进下，一些地区先后响应。黄兴在南京发难，

---

① 白蕉：《袁世凯与中华民国》，人文月刊社1936年版，第49～50页。
② 张醁村：《辛亥革命前后同盟会领导人物的政治分歧及其分裂》，见《广东辛亥革命史料》，广东人民出版社1961年版，第365页；《民生日报》1913年6月26日。
③ 黄季陆编：《总理全集》（下册），近芬书店1944年版，第63～64页。

自任江苏讨袁军司令。上海宣布独立，陈其美指挥义军围攻制造局。柏文蔚在安徽举义，粤、闽、湘三省继之。8月，重庆组织了四川讨袁军。而在黄兴被迫离开南京后，何海鸣又策划了两次独立。反袁起义的并发过程相当迅速，起讫不过两个月。但是，发难地区偏于东南一隅，加以各省的内部情况复杂，斗争始终未能形成洪流。在袁世凯的军事、政治压力下，起义迅速被扑灭。只有熊克武在重庆持续到9月12日，这个日期也就成为二次革命的终点。

在此之前，孙中山有鉴于形势的逆转，又因胡汉民、朱执信多次恳请返粤，遂于8月上旬离沪南下，但舟经福州马尾时，得悉"广东事已不可为"，只得转赴台湾，再度流亡日本。他于是月中旬抵达东京，民国的缔造者竟然成为北京政府所通缉的要犯。

二次革命具有不容忽视的意义，它无疑是辛亥革命的继续。孙中山曾经希望"以和平收革命之功"，已为事变进程证明是难以实现的良好愿望。南京临时政府拟定的北伐任务，实际上由二次革命加以承担。这场针锋相对的"武装革命"揭穿了袁世凯的真面目，暴露了他的狼子野心，促使革命党人和人民群众清醒起来，并以鲜血与生命换取的深刻教训昭示于孙中山和他的战友，推动他们思索，激励他们奋进。当然，短暂的、规模狭小的二次革命没有完成讨袁重任，未能保卫甫及两龄的共和制度，而难免以失败告终，但是，这种悲剧性的结局是可以理解的：它所承担的北伐任务固然为革命所必需，历史时机却已错过。尽管民国建立不过年余，形势却已逆转。斗争高潮业经消退，辛亥革命趋于尾声。强弩之末，事难可为。正如孙中山后来所总结："所以失败者，非袁氏兵力之强，实同党人心之涣散。"①

二

二次革命的失败，标志着旧秩序在新形式中开始巩固下来。民国徒具虚名。袁世凯迫不及待地踏上独裁——帝制自为的逆途，企图彻底埋葬共和制度。1914年10月，他强迫国会选举他为正式大总统，旋即下令解散国民党和撤销国民党党籍的国会议员，并于翌年1月悍然解散国会。还设

---

① 邹鲁：《中国国民党史稿》（第3篇），商务印书馆1944年版，第1048～1049页。

置御用的政治会议和约法会议，公然以"隆大总统之权"与"重大总统之责"的袁记约法取代《中华民国临时约法》。此外，陆续颁布了一系列强化反革命统治的条令。又建立起特务的网络，残酷镇压革命党人和群众的反抗。第一次世界大战爆发后，袁世凯加紧了称帝活动，甚至不惜出卖国家的权益，以换取帝国主义帮助他"再高升一步"。

孙中山面临着极为困难的局面。革命流亡者的物质生活十分窘迫。更为严重的是部分成员意气消沉，缺乏乃至丧失了革命信念和斗争热情："谈及将来事业，意见分歧，或缄口不谈革命，或期革命以十年。种种灰心，互相诟谇。二十年之革命精神与革命团体，几于一蹶不振。"①

孙中山在逆境中依旧保持着不屈不挠的战斗精神。他承认革命事业遭到严重挫折，但他坚信革命力量绝没有被消灭："实则内地各处，其革命分子，较之湖北革命之前，不啻万倍。"他确信袁世凯的倒行逆施只能猖獗一时，终难逃脱覆亡的命运，革命党人应当总结教训，振奋精神，"既不可以失败而灰心，亦不能以困难而缩步。精神贯注，猛力向前，应乎世界进步之潮流，合乎善长恶消之天理，则终有最后成功之一日"。他还要求革命党人高瞻远瞩，"不特应聚精会神，以去乱根之袁氏，更应计及袁氏倒后，如何对内、如何对外之方策"②。

孙中山一刻不停地进行革命活动，积极展开新的斗争。他首先设立通讯机构以联络流亡的革命党人，并认为当务之急则是重组革命党。他明确地断言："真中华民国由何发生，就是要以革命党为根本。根本永远存在，才能希望无穷的发展。"③ 捍卫共和制度的斗争，应当从建立革命党着手。事实上，孙中山抵达东京后立即开始重组新党的活动，《日本外务省档案》存有日本侦探在9月初获得的情报，内称孙中山等"已决定一项大计划"。这年秋天已经吸收新党员，入党者在年底当有200余人。与此同时，他还多方策划反袁武装斗争，陈其美等被派回国，起义的火焰开始点燃。

随着新年度的来临，正式建立新党——中华革命党的课题提上议事日程。"辄不能忘情于党事"的孙中山在1914年年初已取得很大的进展：

---

① 邹鲁：《中国国民党史稿》（第1篇），商务印书馆1944年版，第160页。
② 邓泽如：《孙中山先生廿年来手札》（卷2），述志公司1927年版。
③ 孙中山著：《孙中山选集》（上卷），人民出版社1981年版，第483页。

"刻已成立干部,正编刊方略。"① 及至4月,"先后已得四五百人"。条件大体具备,时机亦复成熟。他认真反思了同盟会蜕化的教训,把国民党在癸丑之役的失败引为鉴戒,确立了这次组党的准则,并力求在开始阶段付诸实践。他反复申明党员必须信仰"革命主义",且要身体力行。十分强调组织原则,一再指出:"此次立党,与前此办法颇有不同。曩同盟会、国民党之组织,徒以主义号召同志……不计品流之纯粹",以致"内部分子意见分歧,步骤凌乱……无奉令承教之美德。党魁则等于傀儡,党员则有类散沙"。所以,"此次重组革命党,首以服从命令为唯一之要件。凡入党各员,必自问甘愿服从文一人,毫无顾虑而后可"②。7月8日,中华革命党在东京筑地精养轩举行成立大会。与会者300余人,孙中山宣誓加盟并就任总理职务。会上公布了他手订的《中华革命党总章》,规定党的奋斗目标为"实行民权、民生两主义",而以捍卫共和——"扫除专制政治,建设完全民国"作为党的迫切任务。革命运动的程序分为军政、训政和宪政三个时期,在宪法颁布前,"一切军国庶政,悉归本党党员完全负责"。党员按入党时间先后分为首义、协助和普通三种,各有不同的政治权利。③ 每个党员入党时,均需立誓约和按指印。中华革命党设支部于国内外,国内支部专事武装讨袁,国外支部着重筹措经费,总部则分置总务、党务、军务、政治、财政等部。陈其美、居正、许崇智、邓铿、胡汉民、杨庶堪、张静江和廖仲恺,被孙中山指定为正、副部长。中华革命党还在宣言中要求"未经解散"的国民党组织"一律改组为中华革命党",重申这次改组"务在正本清源",以"屏斥官僚"和"淘汰伪革命党",号召革命党人在反袁斗争中"担负责任,切实进行"。④

作为首先揭举反袁义帜的政党,中华革命党的成立具有重大的积极意义:二次革命失败后的混乱局面得以澄清,捍卫共和的新阵线由此形成,从而把反袁斗争推向新阶段。在为时不过两年多的战斗历程中,中华革命党开展了广泛的活动。孙中山和他的战友进行了宣传鼓动工作,策划了多次武装斗争,从政治上、军事上打击了袁氏反动政权,促成了全国范围的

---

① 黄警顽:《南洋霹雳——华侨革命墨迹》,文华美术图书公司1933年版。
② 黄警顽:《南洋霹雳——华侨革命墨迹》,文华美术图书公司1932年版。
③ 参见佚名编《总理遗墨》,影印本,第5~16页。
④ 参见黄季陆主编《总理全集》(中册),近芬书店1944年版,第18~19页。

反袁护国浪潮的高涨。显然，中华革命党的业绩成为中国旧民主主义革命史册中的新篇章。

孙中山和中华革命党人以东京的《民国》杂志和上海的《民国日报》为主要宣传阵地，猛烈抨击袁世凯集权、独裁和帝制自为的罪恶行径，倡导三次革命，动员人们为捍卫共和而战斗。还在1914年秋，孙中山就在他所主持制定的中华革命党《革命方略》中揭露了袁世凯阴谋复辟的野心，"本以非法攘攫正式总统，而祭天祀孔，议及冕旒，司马之心，路人皆见"①。当袁世凯接受日本帝国主义提出的妄图独占中国的"廿一条"时，孙中山向反对签订卖国条约的北京学生指出：这桩肮脏的政治交易，实质上不过是袁世凯趁"欧洲战争不遑东顾，乃乘间僭帝，而求助日本"。为此，他"甘心卖国而不辞"。②孙中山断言"袁旦夕将称帝"，"从此中华民国名义，亦将归消灭"。所以，不能采纳部分革命党人提出的"暂停国内革命运动，实行一致对外"的方针。他认为挽救民族危亡，必须"急速去袁"："祸本不清，遑言捍外。"待到筹安会等御用团体公然掀起复辟帝制的鼓噪时，孙中山即指示中华革命党各部发出第十六号通告，指出"共和真髓，实无一存"。舍斗争外别无出路——"能速革命，而后有国"。③袁世凯于12月中旬悍然下令称帝后，孙中山立刻发表《讨袁宣言》，历数了袁世凯背叛共和、暴行帝制的累累罪行，表示"誓死戮此民贼，以拯吾民"④。翌年5月，孙中山为了加强"党内党外"的联络活动和就近策划反袁斗争，从日本返回上海，并在护国浪潮汹涌澎湃的时刻发布了第二次讨袁宣言。他在这篇檄文中回溯了袁世凯的倒行逆施和中华革命党的战斗历程，申明"不徒以去袁为毕事"——"袁氏未去，当与国民共任讨贼之事；袁氏既去，当与国民共荷监督之责，决不肯使谋危民国者复生于国内。"⑤鉴于"袁氏破坏民国，自破坏约法始"，所以"义军维持民国，固当自维持约法始"。显然，孙中山不断揭露袁世凯的窃国勾当，及时阐明斗争的形势、方向和途径，极力鼓舞群众捍卫共和的斗争意志与激情，有助于人民的觉醒和奋起，促进反袁护国运动的发展。在当时

---

① 邹鲁：《中国国民党史稿》（第1篇），商务印书馆1944年版，第260页。
② 胡汉民编：《总理全集》（第3集），民智书局1930年版，第273～274页。
③ 参见《总理年谱长编稿》，中国国民党党史史料编委会1944年版，第131～136页。
④ 胡汉民编：《总理全集》（第2集），民智书局1930年版，第14～15页。
⑤ 上海《民国日报》1916年5月9日。

的历史条件下，孙中山和他领导的中华革命党无疑是一面鲜明的战斗旗帜。

为了打倒袁世凯，孙中山坚持"武装革命"的方针。他确认革命党人"须有不可侮之实力，质言之，即是武力"。还在中华革命党正式成立前，他就在东北和西南地区策划了最初的反袁武装斗争，桂阳起义曾经坚持两月。中华革命党组建后则以"武力进行为目前唯一方针"，孙中山于1915年年初批准了《中华革命军司令部通则》，并在这年夏天召集了组建中华革命军的重要会议，密令陈其美、居正、胡汉民和于右任等在上海、青岛、广州和三原等地设中华革命军东南、东北、西南和西北军军部。在不到一年的时间内，广东、山东、奉天、江苏、浙江、湖北、湖南以及陕西、四川、山西、安徽、福建、江西发难达30余次。影响较大的战斗多半发生在广东和山东两省，特别是中华革命军东北军曾经攻克包括重镇山东潍县在内的20余州县和3次进袭济南。华侨组织的"讨袁敢死先锋队"参与了东北军的战斗，表现了广大侨胞的爱国热情和民主精神。中华革命党虽然制定了建立党军的方案，但未能真正实现。在实际斗争中，大体还是沿用过去反清武装斗争的方式和方法：发动社会下层群众，策动敌军反正，实行突然袭击，以期扩大战果。中华革命军的反袁武装斗争功不可没：粤、湘、川、陕等地的起义，显然对龙济光、汤芗铭、陈宧、陈树藩宣布对袁"独立"起了不容低估的作用；四川的中华革命军还与护国军协同作战，支援了兵员不多、饷弹缺乏的蔡锷部队；以山东为活动中心的东北军转战于"袁氏肘腋之间"，致使"袁氏不得不割其大部分之兵力以自防"。正如多次策划反袁武装斗争的朱执信指出：由于"党员不惜牺牲，潜入内地，遍为运动，前仆后继"，才能"渐以拥护共和反对谋帝之义，灌输于各省人民心中而促其实行"。

中华革命党在反袁护国斗争中的历史地位与作用，乃是不容贬低或抹杀的事实。但它毕竟未能成为全国范围的反袁护国运动的中枢，犹如同盟会之于辛亥革命。其艰苦奋战的结果，也不外"去袁"而已。所以如此，主要原因在于中华革命党自身的弱点。新党在政治纲领、组织原则和军事活动方面都有着较大的缺陷，相当严重地妨碍了它的发展和作用。首先，中华革命党仅仅揭橥了民权主义、民生主义两面旗帜。这个历史阶段并非民族主义的中绝期，孙中山虽然把救亡图存与打倒帝国主义的走狗袁世凯联系起来，但是，在民族危机深重——"廿一条"即为标志之一——的情势下，未能在政纲中较为明确地提出爱国反帝的民族主义的任务，难免给斗争带来消极后果。况且，他还在这个时期的实际活动中表现出对日本帝国主义的某些轻信和幻想。民权主义中突出了捍卫共和制度的内容，对军阀、官僚和政客——制度的"三层陈土"的反动作用有所阐述，但未曾获得长足的发展，没有理解"宗法封建性的土豪劣绅，不法地主阶级，是几千年专制政治的基础，帝国主义、军阀、贪官污吏的墙脚"①。在民生主义中，关乎亿万农民命运和利益的土地问题几乎未能得到反映。因此，孙中山在组党时强调的"革命精神"便缺乏充实的、科学的内涵，有碍于动员、组织和引导群众投入战斗，局囿了反袁护国运动的广度和深度。其次，中华革命党的组织原则存在着明显的缺点。孙中山力图总结过去组党的教训，特别是检讨同盟会涣散瓦解的经验，只是未能作出科学的论断，并矫枉过正地形成了偏颇的观念和准则。在领袖、政党、群众的关系上，过分突出了孙中山的地位和作用，把他等同于真理，将他凌驾于党和群众之上。党章规定入党者必须填写誓约，其中竟有"附从孙先生"的文词。总部各部的正、副部长和各省支部长等重要职务，实际上都由孙中山指定人选，这种带有宗法色彩和家长制倾向的组织原则，使得不少革命党人拒绝入党。甚至黄兴也对"以人为治""近似专制"的有关规定不满，未曾参与。狭隘的宗派观念的存在，则是中华革命党组织原则中的又一消极因素。孙中山过分强调"凡百事体，皆须以自己之人物为中心"，而党章中又规定宪法颁布前的"一切军国庶政，悉归本党党员完全负责"。显然，这种见解和条文不利于团聚、联合与发挥其他团体和群众的力量。甚至像朱执信这样的亲密战友返粤策划反袁斗争，只因尚未加入中华革命党，便被孙中山指责为"自由行动""破坏统一之局"，以致函嘱南洋地区革命党人采用"种种办法排斥"。自我中心的排他性所造成的消极后果，由此可见一斑。至于划分党员为三等，诺予不同的权利，以及入党时按指印等做法，则浸染了会党的陋习，使许多革命党人感到厌恶，为近代进步、革命的政党所不取。组织原则中的缺陷严重地妨碍了中华革命党的发展，未能形成一支数量庞大的、联系广泛的战斗队伍。关于中华革命党的成员数目，人言人殊。正式建立时，誓约编号表明约600人。后来的总人数，王杰在《中华革命党略论》一文中估计"起码在二三千人以上"。孙中山虽然重视"于海外招来新党员"，但实际上——以美国为例

---

① 毛泽东著：《毛泽东选集》（一卷本），人民出版社1966年版，第17页。

——"华侨很少加入中华革命党"。① 最后，中华革命党的军事活动也存在着不容忽视的弱点。大致来说，它所领导的反袁武装斗争停留在同盟会时期的水平。忽视群众基础和具体条件的军事投机和军事冒险倾向，使得多次起义未能持久和取得较大战果。而中华革命党的组织原则的缺陷，更导致军事活动中的各自为战和相互牵制的状况，未能协调各种反袁武装力量，将其汇合为不可阻挡的巨流。广东各军并起，却没有统一的部署和指挥。陈其美、钮永建同在沪滨反袁，但常发生"无形之冲突"，一旦有所行动，往往"两难奏效"②。共处四川的熊克武和卢师谛难得协作，"最后分道扬镳"。东北军内部也不统一，薄子明、吴大洲打起了护国军的旗号。孙中山在反袁护国浪潮高涨的1916年年初曾经考虑过把闽粤地区的武装力量"与云贵打成一片"，以便"大举北伐"。可是，这种正确的战略决策，终因数十路队伍"无所统属"而作罢。此外，中华革命军东北军依赖日本帝国主义的状况是十分明显的——"各队各课，皆有日人给事其中。"在日本帝国主义大肆侵略中国的时刻，这种现象无疑会带来消极的政治影响。中华革命党的军事活动中的局限，削弱了自身的战斗力。

中华革命党的反袁护国斗争取得了重大的成果，袁世凯的帝制自为在"天下共弃之"的情势下只能是一幕短命的丑剧。然而，这场捍卫共和制度的民主革命运动在终极意义上是失败的：民国依然徒具虚名，窃据中央政权的仍旧是北洋军阀头子；半殖民地半封建的社会秩序未被真正触动，群众的无权与贫困状况没有改变。这是合乎逻辑的结果：1911年爆发的民主革命高潮，尚未摧毁帝国主义与封建主义的统治；中华革命党的反袁护国斗争，又岂能推翻压在中国人民头上的两座大山！旧民主主义革命已届尾声，资产阶级革命民主派不可能再次演出辛亥革命那样气势宏伟的史剧。历史的局限造成了孙中山和中华革命党的斗争事业的悲剧性。正如他后来所总结的："从前在日本，虽想改组，未能成功，就是因为没有办法。"③

三

反袁护国运动并未争得真正的共和制度，捍护民国的斗争远未结束。

---

① 参见《广州文史资料》（第15辑），第207页。
② 《孙中山致黄兴函》，见《湖南文史资料选辑》（第10辑），第155页。
③ 胡汉民编：《总理全集》（第2集），民智书局1930年版，第222页。

坚持民主主义的孙中山于是倡导了护法运动，目的在于维护共和国的主要标志——《中华民国临时约法》和国会。这场斗争实质上是"二次革命"和中华革命党反袁护国的继续，所以也具有"竟辛亥革命之功"的内涵。"护法之战，前后六载"①，既是旧民主主义革命的最后一幕，又延伸到新民主主义革命的发轫阶段。

由于袁世凯在1916年6月死去，反袁护国斗争的目标似乎已经达到。在新的形势下，孙中山发表了《规复约法宣言》，认为"障碍既除，国人当能同德一心，共建政治之正规"。恢复"和平与秩序"的"惟一无二"的途径和办法，即是"规复约法，尊重民意机关"。在形势和舆论的压力下，继任大总统的黎元洪宣布恢复约法和国会。于是，西南地区的护国军和政权机构取消。孙中山则相信"重建民国"的任务业已告成，唯想今后"无有野心家矣"！随即下令"解散"中华革命军，仅东北军所部就交出枪械2000余枝，与此同时，他还决定"解散党人"，"取消本党名义"。他对北京政府采取合作的态度，期望握有实权的国务总理段祺瑞能够"扶危定倾"。自己则以"在野之身"再次倡导民生主义，实施"社会革命"，并"即拟着手实业，以期振兴国产，杜绝漏卮"。在错综复杂的局势下，孙中山积极筹办银行和农垦事业。这种情况显示出他又一次耽于建设祖国的美梦，在一定程度上恢复到四年前南北统一后的精神状态。当然，更为重要的是反映了他和他所领导的中华革命党始终未能居于政治"中枢"的地位。

但是，事与愿违。受到日本军国主义支持的北洋军阀头子段祺瑞却承袭了袁世凯的衣钵，醉心于专制独裁，公然倒行逆施，在短短的一年中导演和引发了督军团叛乱、张勋复辟等多幕丑剧。最后，"临时约法"和国会再遭践踏。严酷的现实使得孙中山迅速意识到"不良的因素一如既往，仍在从内部危害中国的命脉"②，以致"民国一厄于袁世凯，再厄于段祺瑞"③。后者的阴险狡诈不逊于前者，甚至打着"再造共和"的幌子招摇撞骗，"以假共和之面目，行真专制之手段"。他对这伙独夫民贼进行揭露和声

---

① 胡汉民编：《总理全集》（第1集），民智书局1930年版，第928页。
② 《致咸马里夫人函》（英文），见黄季陆等著《研究孙中山先生的史料与史学》，史料研究中心1975年版，第464页。
③ 《军政府公报》（第10号），广州印本，1917年。

讨，并且准备开展新的斗争。1917 年 7 月，孙中山在海军的支持下乘舰离沪赴粤。

孙中山在广州树起护法义帜，乃是各种条件和因素使然。革命党人在那里影响深远，广州人民早在护法的召唤传来时就曾集会支持。广东省长朱庆澜与盘踞南粤的桂系军阀素有矛盾，希图引孙中山以自重。驻粤滇军第三师师长张开儒有一定的实力，赞助护法运动。西南军阀接纳孙中山南下，则是因为他们与北洋军阀存在着利害冲突，反对段祺瑞"收复两广""制服滇黔"的武力统一方针，妄想借助于革命旗号以遂其扩展地盘的私欲。因此，护法运动的根据地是不可靠的。孙中山正是在这种困难复杂的情势下开展护法运动，以期"为国民争回真共和"。

孙中山在广州展开了积极的活动。在他的极力推动下，抵粤的议员在不足法定人数的状况下举行了国会非常会议，制定了《中华民国军政府组织大纲》，规定军政府的任务为戡定叛乱，恢复临时约法。9 月中旬，孙中山就任大元帅职，表示"当竭股肱之力，排除奸凶，恢复约法"①。

为使军政府成为西南六省护法斗争的"军事最高统一机关"，孙中山殚精竭虑地惨淡经营。在财政、军政极为困窘的情况下，先后派遣于右任、林祖涵、何成浚、刘冠三等分赴陕西、湖南、湖北、山东各省发动军事斗争。南北两军于 10 月上旬在衡山、宝庆交锋，标志着护法战争的爆发。孙中山当即发布讨伐段祺瑞令，指斥他"阳托共和，阴行帝制"，完全成为"共和之蟊贼，人民之大蠹"，号召全国人民"讨灭伪政府，还我约法，还我国会，还我人民主权"②。他迫切感到必须建立一支真正听从革命号令的军队，才能克敌制胜。经与桂系军阀头子反复交涉，方将朱庆澜离粤后遗留下的 20 营省长亲军改编为援闽粤军，交由陈炯明开赴粤东整训。

孙中山主持的护法军政府取得了一定的成果，短短的几个月内就有 10 多个省份卷入护法运动，"如火如荼，一日千里"③。段记政府的反革命"统一"计划，卒未得逞。但是，陆荣廷、唐继尧之流不过是"借护

---

① 《军政府公报》（第 1 号），广州印本，1917 年。
② 《中华新报》1917 年 10 月 12 日。
③ 《张开儒致唐继尧电》，原件，云南档案馆藏。

法之名，收蚕食鹰攫之效"①。捍卫共和的事业与他们的反动统治背道而驰。因此，他们先是反对"另设政府"，迟迟不就副帅职务。待到军政府建立后，又从内政、外交方面诸多干扰和压制，致使"军政府经费，依然无着"②。军事方面更是难以有所作为，军政府派出的招兵人员屡遭桂系拘捕和杀害，甚至诱捕军政府陆军总长张开儒和枪杀了次长崔文藻，还以巨额金钱收买南下的海军。不仅如此，西南军阀和官僚政客们对孙中山主持的军政府甚至抱着必欲去之而后快的态度。他们于1918年年初组织西南联合会议，企图架空或取代军政府。奸计未能得逞后，又进而胁迫国会非常会议通过所谓的《军政府改组大纲修订案》，悍然改组建立不久的军政府——以合议制更替大元帅制，选举唐绍仪、唐继尧、孙中山、伍廷芳、林葆怿、陆荣廷和岑春煊为政务总裁，旋又推举老奸巨猾的官僚政客岑春煊为主席总裁。孙中山的领导地位和作用不复存在，军政府的性质因而改变，不再具有民主主义的进步意义，而沦为西南军阀的工具。

桂系军阀的扼制与孙中山的反扼制，实际上贯串于孙中山主持的军政府的始终，涉及军事、政治、经济各个领域，甚至激化为武装冲突。桂系军阀穷凶极恶的行径，使孙中山于军政府成立不久只得下令海军炮击广东督军驻地观音山。由于程璧光拒不执行命令，惩罚桂系军阀的手段落空。孙中山后来在记者招待会上申明这次军事行动的原委："实所以表公道，伸不平，而使军政府自辟其生路也。"③ 并指出桂系军阀变本加厉——陈炳焜督粤时尚"谓听军政府自生自灭"，而莫荣新取代前任后，"只许自灭，不许自生"。当改组军政府的阴谋逐步实现时，孙中山的态度是鲜明的：确认这是关乎军政府"存亡"的重大问题，断言"军政府基础已摇，日后必无进步可言"；表示"根本反对，即于改组后有欲以为总裁者，亦决不就之"④。待到国会非常会议在军警包围下于1918年5月上旬通过《军政府改组修正案审查报告》后，孙中山立即向国会辞职，并在通电中追述了护法运动的短促过程，发人深省地揭示出严酷的现实："顾吾国之大患，莫大于武人之争雄。南与北如一丘之貉。虽号称护法之省，亦莫肯

---

① 汤志钧编：《章太炎年谱长编》（上册），中华书局1979年版，第580页。
② 胡汉民编：《总理全集》（下册），民智书局1930年版，第130页。
③ 上海《民国日报》1918年1月17日。
④ 邵元冲：《总理护法实录》，载《建国月刊》第1卷第3期。

俯首法律及民意之下。"他重申了捍卫共和的信念——"仍愿以匹夫有责之身，立于个人地位，以尽其扶助民国之天职。"① 是月下旬，孙中山离开广州，第一次护法运动，至此告终。

孙中山在粤东稍事停留，并在大埔县、汕头市等地商讨了粤军援闽问题，旋转往上海，在那里坚持了长达两年的艰苦探索和实际工作，酝酿新的战斗，迎接新的时代。孙中山集中精力从事著述，力求"以主义普及国民"。他回顾了走过的战斗道路，从中吸取裨益于当前实践的经验教训。他在《孙文学说》的"自序"中承认多年的革命活动归于失败："夫去一满洲之专制，转生出无数强盗之专制，其为毒之烈，较前尤甚。"②之所以如此，"实多以思想错误而懈志也"。他批判了"知易行难"学说，希冀借以清除弥漫于党内的因循苟且、怯于行动的消极观念，强调实践的广泛可能性，倡导"知难行易"——难免也失于偏颇——的见解。当代世界和中国发生的重要历史事件，有力地促进他的思考和探索。俄国十月社会主义革命的胜利和1919年国内爆发的五四运动——新文化运动，给予孙中山以很大的激励和启示。他看到了爱国青年正在"以革新思想为将来革新事业之准备"的潮流，感悟到了"思想界空前之大变动"③。孙中山的反思和探求，为他后来活动的深刻发展提供了思想基础。

"整顿党务"，也是孙中山在上海期间的重要活动。他于1919年10月正式宣布将中华革命党改组为中国国民党，冠以"中国"两字以示区别于1912年成立的国民党，并制定了新的规约，以"巩固共和，实行三民主义"为宗旨。在此前后，他在演讲和文章中反复阐述了革命政党的重要作用，再次批判了辛亥革命时期一度流行的"革命军起，革命党消"的口号，确认"革命未成功时，要以党为生命，革命成功后，仍绝对用党来维持，所以办党比无论何事都要重要"④。他还强调恢复三民主义政纲，因为它们所规定的目标和任务都未完成。"民族主义可以不要"的观点是错误的，不容忽视的是帝国主义还在"压制中国人"——"我们还是三民主义，缺一不可"。⑤

---

① 《孙中山辞职通电》，原件，云南档案馆藏。
② 《国父墨宝》，北方杂志社1948年版，第7～11页。
③ 胡汉民编《总理全集》（第3集），民智书局1930年版，第343～348页。
④ 同上书，第10～11页。
⑤ 参见《中国国民党本部通信》1923年第60期。

孙中山没有间断反对军阀的斗争。他不懈地推动四川、湖南、福建等地的革命党人继续讨伐北洋军阀；同时，着力于驱除踞粤桂系的策划。他联络西南地区的唐继尧、刘显世等各种反桂力量，特别是要求驻闽粤军早日回师广东。由于其他反桂势力的配合，加以广大群众的支持，粤军于1920年10月攻克广州。桂系残部逃往广西。

这年11月，孙中山由沪赴穗。他在广州重组军政府，继续执行职务。护法运动由是进入第二阶段，或称第二次护法运动。然而，他已开始意识到护法军政府不能适应形势的要求：建立正式的政府，成为摆在面前的迫切任务。他指出："护法不过矫正北京政府之非法行为，即达目的，于中华民国亦无若何裨益。况护法乃国内一部分问题，对内仍承认北京政府为中央政府，对外亦不发生国际上地位之效力。"因此，"广东此时实有建立正式政府之必要"①。尽管已怀异志的陈炯明等并不赞同，孙中山的正确主张还是得到大多数人的支持。1921年4月，国会非常会议选举孙中山为非常大总统；通过了《中华民国政府组织大纲》。他于5月5日就职，并组建了民国政府。

统一两广，出师北伐，是孙中山再次开府广州的中心任务。他还在就任非常大总统前，已部署粤军进袭广西。7月，正式对桂系军阀下达讨伐令。仅仅用了两个月的时间就完成了西征任务，攻占了桂系军阀的最后据点——龙州。两广的统一，使北伐提上议事日程。孙中山在欢迎凯旋的讨桂将领时重申："统一中国，非出兵北伐不为功。"②他在10月中旬出巡广西，准备北伐事宜，组织大本营随行，北伐军3万人也于同日开拔。他在南宁同率部驻防的陈炯明讨论了有关北伐的问题，反复阐明这桩军事行动的重要意义，要求陈炯明抽调粤军四十营参加，由广东承担供应饷械的任务，并且表示"此次北伐而胜，当然不会回到广东；不幸而败，亦无面目再回广东"。热衷于联省自治——实际上是割据称雄——的陈炯明却阳奉阴违，佯为顺从，暗中散布"亦未有粮有械，焉能出师对抗"之类的反调，甚至与直系军阀秘密勾搭。孙中山不为所阻，利用驻师桂林的机会进行了整军。将参与北伐的粤、滇、黔、赣四省军队编为七个军，实行三民主义思想教育，加强军事训练。1922年年初，北伐军已大体组训完

---

① 上海《民国日报》1921年1月11日。
② 上海《民国日报》1921年9月14日。

毕。孙中山遂于2月颁布动员令，命令李烈钧率滇、黔、赣军为第一路，兼攻赣南和鄂东。许崇智率本部粤军为第二路，协同湘军直指武汉。前锋部队于是月中旬进入湖南，北伐战争的序幕拉开。

然而，北伐事业遭到严重阻碍。湘督赵恒惕反复无常，假借民意拒绝北伐军过境。陈炯明的阳奉阴违，业已发展为公开的干扰和破坏。积极拥护北伐的粤军第一师师长邓铿被陈炯明的部下刺杀，成为形势急剧恶化的征兆。孙中山被迫变更原定的方案，决定先行率军返粤。师次梧州，陈炯明突然调动部队阻挡。孙中山遂于梧州召集军事会议，决定设大本营于韶关而出师江西。① 5月上旬，北伐军分三路进取赣州。与此同时，孙中山免除了陈炯明的广东省长、粤军总司令和内务部长的职务，着其专任陆军部长，并反复劝导这个新军阀改变态度。陈炯明退居惠州，却暗中指使部属叶举率军入踞广州。为了扭转恶化的局势，孙中山于6月1日返回省城。陈炯明的叛迹已露，虽经劝诫仍无效，孙中山只得诉诸舆论，揭露了"广东军人武武相护，反对北伐"的现状。6月16日夜，叶举所部发动叛乱，突然包围和炮击总统府，阴谋杀害孙中山。由于双方实力悬殊，孙中山只得在兵变前一刻变装出走。他在避登泊于省河的军舰后立即发出讨伐陈炯明的紧急号召，急令北伐军迅速回省平叛；同时，亲率舰队轰击叛军。他不畏惧帝国主义的压力，拒绝了各种"调停"活动，在极为困难的情势下，坚持战斗近两个月之久，终因北伐军在韶关一带失利，不克回师讨伐陈炯明，他不得不于8月上旬离穗赴沪，途中表示"一息尚存，此志不懈"②。第二次护法运动，又以惨痛的失败告终。

在上海的最初日子里，孙中山处于极其困难——在物质和精神方面——的境地。这次"祸患生于肘腋"的后果是严重的，回溯约"垂三十年"的革命过程，"顾失败之残酷，未有胜于此役者"③。严峻的现实使他几乎绝望于先前的斗争途径和手段，而去探索新的战斗道路。正是在这关键时刻，国际无产阶级和中国共产党向他伸出了热情的双手。事实上，孙中山还在桂林军次时就会见了由共产党人李大钊介绍前来的共产国际代表马林，讨论了关于中国革命的一系列重大问题，其中包括马林提出的建议

---

① 参见鲁直之《陈炯明叛国史》，1922年版，第271页。
② 蒋介石：《孙大总统广州蒙难记》，民智书局1926年版，第27～28页。
③ 孙中山著：《孙中山选集》（上卷），人民出版社1981年版，第448页。

——组织一个能够联合各个进步阶级和阶层的政党，建立真正的革命武装。当孙中山甫抵沪滨，刚刚参加了确定同中国国民党合作方针和方式的中共中央二届二中全会的李大钊便来拜访，双方进行了认真的讨论，中心为"振兴国民党以振兴中国"的"种种问题"①。1923年年初，孙中山还同苏俄代表越飞进行了多次会谈，发表了"联合宣言"，确定了两国密切合作、推动中国反帝反封建斗争的原则。恰在此时，讨贼军与滇桂联军逐走了盘踞广州的陈炯明。孙中山于2月下旬赴粤，在穗设大元帅府并就大元帅职。他虽表示希望"终成护法之全功"，但却在实际活动中改弦易辙，赋予三民主义以明确的反帝反封建内涵，实行"联俄、联共、扶助农工"的三大政策，改组了中国国民党，建立了以国共合作为核心的民族民主革命统一战线，培训一支真正的革命军队，巩固和发展广东革命策源地，为北伐准备必需的条件。中国的民主革命进入了新民主主义革命阶段，护法运动已不能——在实质和形式上——反映和满足时代的特点和要求，这是历史的必然。与时俱进的孙中山顺应了社会的潮流和趋向，决心"另为彻底之革命运动"，把自己的思想和实践提到前所未有的高度，从而在新的时代建树了新的业绩。

在半殖民地半封建的中国社会里，根本缺乏资产阶级共和制度植根和滋长的膏壤沃土。因此，坚持民主主义的民国缔造者不得不进行捍卫共和制度的长期斗争，而这些斗争难以取得胜利，只能以失败——在根本的意义上——告终。二次革命、中华革命党反袁护国的斗争和护法运动的历程，即为实证，虽取得了某些具体的成果，但不能实现共和制度的真谛。

显而易见，近代中国资产阶级民主革命有着鲜明的特点。在西方，共和制度的建立大体标志着资产阶级民主革命的基本结束。在中国，共和制度的出现仅仅意味着资产阶级民主革命进入与前不同的又一具体阶段：过去，乃是推翻封建帝制、建立民国；此后，由于"共和形式已具"，演化为复辟与反复辟或"真共和与假共和之争"，即捍卫共和制度的斗争。所以如此，主要是因为软弱的中国资产阶级不能胜任历史的使命——推翻帝国主义和封建主义的反动统治，使中国臻于独立、民主和富强。民国的建立虽有重大的历史意义，却并不表明半殖民地半封建社会秩序发生了根本的变化。缔造和捍卫共和制度的斗争与旧民主主义革命的正规阶段相始

---

① 李大钊：《狱中自述》（原件），中国历史博物馆藏。

终，它的每一个回合都难免展现出浓郁的悲剧色彩。

孙中山理解和承担了历史的重任，为缔造和捍卫共和制度进行了艰苦卓绝的战斗，建树了不朽的光辉业绩，不愧为伟大的爱国者、民主革命先驱者。

由于历史的局限，孙中山未能把共和国方案真正付诸实现。西方共和制度在中国的"再版"，形似而非神似。他已经尽力而为，他不能超越为客观条件制约的可能性。对先驱者的苛求，有悖于马克思主义的历史主义。从历史条件加以说明，总结历史的经验和教训，揭示出符合实际的规律，才是后继者所应持有的科学态度和方法。

[选自张磊著《跨世纪的沉思——历史、文化、人物》（上卷），广州出版社2002年版，第288～309页]

孙中山与第一次国共合作

孙中山是伟大的民主革命先行者和近代化前驱,毕生为中国的独立、统一、民主和富强而奋斗。在旧民主主义革命时期,他的活动开拓了一个新阶段:提出具有比较完全意义的民主革命政纲,组织革命团体和政党,坚持武装斗争,领导人民推翻封建帝制、建立并捍卫共和国。当中国革命历程进入新民主主义革命时期后,孙中山接受了中国无产阶级先锋队——中国共产党和国际无产阶级的帮助,使自己的理论和实践获得了深刻的变化,促成了革命统一战线的建立,推动了第一次国内革命战争的发展。

正是在这种意义上,毛泽东多次指出:孙中山之所以伟大,不但因为他领导了伟大的辛亥革命,"而且因为他能够'适乎世界之潮流,合乎人群之需要',提出了联俄、联共、扶助农工三大革命政策,对三民主义作了新的解释,树立了三大政策的新三民主义"。后者,无疑"是孙中山先生的大功劳"。①

同中国共产党结成盟友,实现国共合作,组成反帝反封建的联合阵线,显然是孙中山后期政治生涯中的重大英明决策,从而推动了民族振兴的进步,也裨益于国共两党的发展。孙中山的丰功伟绩是不可磨灭的。

前事不忘,后事之师。历史的借鉴弥足珍贵,先驱者长期战斗遗下的经验教训应为后继者认真总结和吸取。

一

在经历了长期的、"艰难顿挫"的革命征程后,孙中山在20世纪20年代初期接近了中国共产党,并把这支刚刚诞生的无产阶级先锋队引为同志和战友,显然具有重大意义。其时,旧民主主义革命时期已经终结。以孙中山为代表的资产阶级革命民主派在国内外反动势力代表袁世凯及其继承者攫夺了辛亥革命果实后,依然坚持斗争,但二次革命、中华革命党反

---

① 参见毛泽东著《毛泽东选集》(一卷本),人民出版社1966年版,第686页。

袁斗争以及护法运动都未能取得真正的胜利。旧秩序在新形式下恢复，中国社会的半殖民地半封建性质没有根本改变。无产阶级——通过它的先锋队中国共产党——领导的新民主主义革命业已发轫，并在阶级搏斗的最初回合中显示出蓬勃的生命力和崭新的面貌。在这历史进程的重要转折时刻，孙中山和他领导的中国国民党必须经受严峻的考验，对先前的活动加以扬弃，才能开拓新的革命局面。而联共——同新民主主义革命的伟大舵手结成盟友，对孙中山和他领导的中国国民党的继续前进具有关键的意义。

毫无疑问，寻求同盟者始终是孙中山政治生涯中的主要课题。在旧中国，革命与反革命的阶级力量对比不利于资产阶级革命民主派。帝国主义和封建主义的统治相当强固。革命党人在"艰难顿挫"斗争中痛感缺乏可资凭借的物质力量。因此，孙中山在踏上革命道路后就时刻寻求着盟友。早在兴中会时期，他就曾试图同戊戌政变后流亡国外的资产阶级维新派合作，但未取得成果，反而上了保皇派的大当。而在反清武装斗争中，孙中山颇为重视结纳会党，甚至加入洪门组织，以借用秘密结社力量。稍后，孙中山逐步抛却了"秀才不能造反"的观念，把争取留学生作为海外各项工作的重点之一，从青山军事学校的创办到欧洲革命团体的组成，显示了他活动的实绩。为了组织全国性的革命政党，孙中山嘱托廖仲恺"物色有志学生，结为团体，以任国事"①。他还同他的战友们总结了武装反清斗争的经验教训，认为会党往往"一哄而起"又"一哄而散"，对这种具有宗法色彩的团体"不可专恃"，起义的"成事"必须"取得新军"。② 正是由于孙中山重视寻求同盟者并且结成比较广泛的统一战线，他才有可能领导全国范围的辛亥革命运动。而盟友的历史地位及其作用，则成为这场革命的悲剧性结局的重要因素之一。在民国成立后，挂着各色招牌的政党应运而生。孙中山创建的同盟会与统一共和党等组合为国民党，但改组过程在相当程度上意味着蜕化变质：官僚、政客、军阀和投机分子混入党内，原有的革命素质渐被消弭。孙中山在后来捍卫共和国的斗争中继续寻求盟友，为了进行护法运动甚至借用了西南军阀的地盘。结果，却是难以作为和备遭排斥。结盟的得失关系着革命事业的成败，他在

---

① 何香凝：《我的回忆》，见《辛亥革命回忆录》，中华书局1961年版，第13页。
② 参见邹鲁《中国国民党史稿》（第4篇），商务印书馆1944年版，第1352页。

寻求盟友的过程中积累了深刻而又痛苦的经验教训。当然,这种消极状况的造成在很大程度上是由于客观条件的限制:"彻底的革命民主派"——中国无产阶级还未作为自觉的政治力量登上历史舞台,它的先锋队——中国共产党则尚未建立。

历史的停滞和逆转只是暂时的现象。十月社会主义革命开辟了人类历史的新纪元。五四运动和中国共产党的成立标志着中国民主革命跨入了新阶段。俄国无产阶级创建的光辉业绩,迅速吸引了处于革命转折——新民主主义革命取代旧民主主义革命——时期的孙中山的目光。还在1918年年初,南下护法的孙中山就指出,俄国革命的胜利将给中国革命带来积极影响。这年夏天,孙中山致电列宁和苏维埃政府,对布尔什维克表示"十分钦佩,并愿中俄两党共同团结战斗"①。不久,孙中山又在致苏俄外交部的信函中重申了加强相互了解和联系的愿望。他开始意识到"要学习俄国的方法、组织和训练","以俄为师"的观念逐步形成。② 孙中山同国际无产阶级的联系与友谊对于国共合作的实现具有重大意义——提供了思想准备,创造了有利条件。

当然,促成孙中山的联共决策的主要根据还是中国共产党。旧民主主义革命的全过程给中国人民昭示一条严酷的真理:农民战争、资产阶级维新运动或资产阶级民主革命运动都不能救中国;为了使祖国臻于独立、统一、民主和富强,必须开拓新的道路,进行新的斗争。新生的中国共产党承担了历史的使命,表明自身不愧为新民主主义革命的领导力量。它首次提出了反帝反封建的政纲,制定了相应的战略和策略,发动了工农群众运动,传播了革命思想。在同武装到牙齿的敌人的搏斗中,共产党人表现出艰苦奋斗、一往无前的英雄气概和献身精神。他们是伟大的爱国志士,他们又是光荣的革命先锋。正是这样,孙中山——经历过长期斗争的、闻名于当世的革命家——才把诞生不久的、队伍尚小的中国共产党引为同志和战友,确信"在斗争中他能依靠他们的明确的思想和无畏的勇气",经常"劝告国民党中悲观和疲沓的人,要他们以共产党人为榜样,像共产党人一样地为革命辛勤工作,不怕牺牲"。③ 他在回答宋庆龄提出的"为什么

---

① (俄)叶尔马舍夫:《孙逸仙》(中译未刊稿),1962年版,第211页。
② 参见孙中山著《孙中山选集》(下卷),人民出版社1981年版,第48页。
③ 参见宋庆龄《宋庆龄选集》,人民出版社1966年版,第117页。

需要共产党人加入国民党"的问题时指出:"国民党正在堕落中死亡,因此要救活它,就需要新血液。"

对于孙中山来说,联共乃是他一生探索救国拯民真理的必然结果。作为始终忠实于爱国主义和民主主义的真正革命家,能够与时俱进,就一定会同中国共产党携手,结成革命统一战线。也正是在极其困难的境况下结识的诤友给予他以最大的帮助和支持,促成了他的思想的深刻变化,提高了他的斗争水平,使他得以在晚年再次为革命事业做出巨大的贡献!

二

孙中山同中国共产党的接触与合作,在某种意义上可以上溯到中国共产党的筹建阶段。根据列宁关于民族与殖民地革命问题的光辉理论,共产国际在促成中国共产党成立的过程中业已开始考虑中国民主革命的统一战线问题。

列宁和共产国际对于孙中山和他所领导的中国国民党的了解,并不限于辛亥革命时期的活动,虽然列宁在 1912 年就称赞孙中山是"一个充满着崇高精神和英雄气概的革命的民主主义者"。在共产国际第一次、第二次代表大会上,中国旅俄革命团体代表发言中都曾提及"第一次中国革命的著名领袖"孙中山,概述了第一次护法运动,谈到他被"官僚代表"排斥的情况。[①] 孙中山同列宁及苏维埃政府的函电往来加深了相互了解,列宁曾把孙中山的电报视为"东方的光明"。从 1919 年起,孙中山开始同共产国际和苏俄方面的有关人士接触,1920 年秋,共产国际远东局代表维经斯基在沪访问了孙中山。1921 年年底,共产国际代表马林在共产党人张太雷的陪同下于桂林军次会见了孙中山。双方商谈多次,马林根据共产国际第二次代表大会的有关精神建议孙中山组织一个能够联合各个进步阶级特别是工农群众的革命政党。在此前后,马林不止一次地向中国共产党提出"建立民主运动的国共联合阵线"。1922 年年初,共产国际在莫斯科召开了远东共产党及民族革命团体第一次代表大会。中国共产党、中国国民党和其他革命团体派出代表共 39 人参加大会。大会通过了《共产

---

① 参见中共中央党史研究室第一研究部译《共产国际联共(布)有关中国革命的文献资料》(第 1 辑),北京图书馆出版社 1998 年版,第 13 页。

党与民族革命组织相互关系的决议》，强调了无产阶级政党必须建立同盟的问题。列宁在会议期间接见了包括国共两党成员在内的部分代表，提出了"中国国民党和中国共产党是否可以合作"的问题。这年夏季，青年共产国际代表达林以苏俄代表身份在广州会见了孙中山并谈及了国共合作①。马林则在上海与孙中山再次晤谈，讨论了关于国共合作及其方式——党内合作问题。至此，共产国际确信实现国共合作的条件大体具备，应当早日建立革命统一战线，以推动中国革命的发展。共产国际执行委员会于1923年1月作出了关于国共两党关系的决议，指出"中国惟一重大的民族革命团体是国民党"，"由于国内独立的工人运动尚不强大，由于中国的中心任务是反对帝国主义者及其在中国的封建代理人的民族革命，而且由于这个民族革命问题的解决直接关系到工人阶级的利益"，所以"国民党与年青的中国共产党合作是必要的"，不过，中国共产党"必须保持自己原有的组织和严格集中的领导机构"。②

中国共产党在踏上征程时就把孙中山和他领导的中国国民党视为盟友，并非偶然。列宁关于民族和殖民地革命的学说武装了中国共产党人，使他们懂得了当前中国革命的基本性质和任务，辨清了敌友关系，意识到建立革命联盟的重大意义。革命实践也把统一战线的课题提上日程，"二七"惨案血的教训更使中国共产党人认清"工人阶级独立斗争是不能得到胜利的"，必须要有"各阶级的援助"，才能战胜帝国主义和封建主义的反革命联盟。在共产国际的促进下，中国共产党决定"和国民革命的政党即国民党建立统一战线"，联盟的形式不是两党平行合作，而是采取党内合作，即"共产党员以个人名义参加国民党"的办法——这种合作形式显然是历史的产物，在当时的条件下较有可行性。1922年8月，中共中央在杭州召开特别会议，经过了充分的讨论后确认了国共合作及其形式的原则，"决定劝说全体党员加入国民党"③。西湖会议前后，共产党人李大钊、林祖涵（伯渠）等在上海会见了孙中山，讨论了"振兴国民党以振兴中国之问题"。孙中山接受了中国共产党的帮助，确定了国共合作

---

① 参见达林《中国回忆录》，中国社会科学出版社1981年版，第90页。
② 参见中共中央党史研究室第一研究部译《共产国际联共（布）有关中国革命的文献资料》（第1辑），北京图书馆出版社1998年版，第76～77页。
③ 《陈独秀在中国共产党第五次全国代表大会上的政治报告》，载《中共党史资料》，1982年第8辑。

和改组国民党的决策。他亲自为新战友李大钊加入国民党主盟，表示充分信赖和热切期望："你尽管一面作第三国际党员，一面加入本党帮助我。"① 应当指出，联共与改组国民党是密切联系、相互促进的。不联共以接纳共产党人到国民党内，改组国民党是难以真正奏效的；不改组国民党，不对它在政治上、思想上、组织上加以革新，也不可能实现联共。正是这样，孙中山在9月上旬就于上海召开了讨论国民党改组的会议，指定了包括共产党人在内的九名党章起草委员，成立了有共产党人参加的党务改进计划起草委员会。1923年元旦，孙中山发布《中国国民党宣言》。旋又公布了党纲和党章，并在1月下旬宣布了有共产党人任职的国民党本部干部名单。国共合作的实际过程，实以1922年夏秋为发端。

1923年6月，中国共产党第三次全国代表大会在广州召开。会议的中心议题是国共合作。代表们经过激烈争论后否定了反对国共合作的错误主张，通过了《关于国民运动及国民党问题的决议案》，决定共产党员加入国民党以实现两党联盟。会议认为："我们须努力扩大国民党的组织于全中国，使全中国革命分子集中于国民党，以应目前中国国民革命之需要。"同时申明："我们加入国民党，但仍旧保持我们的组织，并须努力从工人团体中，从国民党左派中，吸收真有阶级觉悟的革命分子，逐渐扩大我们的组织，谨严我们的纪律，以立强大的群众共产党之基础。"大会宣言还表示"希望中国国民党断然抛弃依靠外力及专力军事两个旧观念，十分注意于民众的政治宣传"。② 大会作出的有关统一战线问题的决议具有重大历史意义，为国共合作的实现完成了政治上、思想上、组织上的准备。西湖会议虽然确认了联盟方针，但实际工作的进展却因缺乏充分准备而不够快捷。这次大会之后，国共合作步伐大大加速。10月，中共中央和广东区委以及青年团驻粤委员、广东区团委召开联席会议，讨论帮助国民党改组问题，还在广东成立"国民运动委员会"，以推动正在开展的改组工作。继中共中央三届一中全会通过《国民运动进行计划》等决议案后，中共中央在年底发出《第十三号通告》，要求共产党人积极促进国民党改组，以迎接中国国民党第一次全国代表大会的召开。与此相应，孙中

---

① 《中国国民党第二次全国代表大会政治报告》，大会秘书处1926年油印本。
② 参见《中共中央文件选集》（1921—1925），中共中央党校出版社1982年版，第115～116页。

山和他的战友们采取了有力的措施。10月中旬他委任廖仲恺、李大钊等五人为负责国民党改组事宜的改组委员。廖仲恺旋即在广州主持了国民党改组特别会议，制订了实行改组的计划。下旬，廖仲恺、谭平山等九人被委任为中国国民党临时中央执行委员会委员。这个临时性的领导机构建立后，立即起草宣言、党纲和党章草案；办理各个地方分部的登记，建立广州市各级党部；出版《国民党周刊》；设立讲习所训练各区分部执行委员。同时，决定于1924年1月在广州——孙中山于陈炯明被逐走后在那里重建了政权——召开中国国民党第一次全国代表大会。

但是，改组国民党以实现国共合作是不可能不经过尖锐斗争的。把思想混乱、组织涣散和成分不纯的国民党改组为革命统一战线组织形式，借以推动国民革命的发展，符合人民的意愿，顺应历史的潮流。因此，必然引起国内外反动势力的中伤和破坏。他们污蔑孙中山"赤化"和"出卖自己"，谩骂中国共产党玩弄"阴谋"。这股逆流不可避免地反映到国民党内部，代表阻抑抗拒历史潮流而动的右派分子公然阻挠改组，反对国共合作。就在《中国国民党改组宣言》发布的当天，邓泽如等竟然以国民党广东支部名义提出"弹劾案"，掀起反共的鼓噪，妄图推翻孙中山的联共决策。对于右派分子这种倒行逆施的勾当，孙中山和国民党左派予以坚决反击。因为，长期的历史经验表明，必须改弦易辙，决不允许故步自封。他批驳了邓泽如等的污蔑不实之词，说明党纲、党章和组织法"为我请鲍君（指鲍罗廷——引者）所起，我加审定，原为英文，廖仲恺译之为汉文……切不可疑神疑鬼"。重申了这次改组的必要性，指出"自当随时改良，方期进步"；而"不图进步改良"，只能"日日退步"。并就原则性的重大问题加以申明："我国革命向为各国所不乐闻，故尝助反对我者以扑灭吾党。故资本国家，断无表同情于吾党。所望为同情，只有俄国及受屈之国家受屈之人民耳。"① 孙中山甚至果决地在国民党中央执委会上表示，如果改组与国共合作事宜受阻，"那我将抛弃整个国民党，自己加入共产党"②。他多次表示要将右派分子清除出党，后来果然把继续破坏联共决策的冯自由、马素等开除。由于孙中山与国民党左派对右派分子

---

① 转引自邓泽如《中国国民党廿年史迹》，正中书局1948年版，第301～308页。
② 中共中央党史研究室第一研究部译：《共产国际、联共（布）与中国革命档案资料丛书》（第1卷），北京图书馆出版社1997年版，第525～526页。

进行了坚决斗争，才得以从内部保证了改组国民党、实现国共合作的成功。

改组国民党、实现国共合作，是近代中国民主革命新旧阶段转型期的必然政治趋向，顺应了历史的潮流，符合了革命的需要。

三

经过较为充分的准备，中国国民党第一次全国代表大会于1924年1月下旬在广州隆重召开。

孙中山以总理身份担任主席。与会代表165人，共产党人李大钊、毛泽东、谭平山、瞿秋白和林祖涵等出席。包括李大钊在内的五人被指定为大会主席团成员。一些共产党人还参与了宣言审查委员会、党务审查委员会和章程审查委员会的工作。大会的根本任务——如同孙中山在开幕词中所指出——是"要把国民党再来组织成一个有力量有具体的政党"，以便"用政党的力量去改造国家"。大会的主要议程为通过宣言、党章和选举中央领导机构，改组国民党以实现国共合作。

大会通过的《中国国民党第一次全国代表大会宣言》，具有重大的历史意义。宣言正确分析了中国的现状，指出中国是帝国主义侵夺的"半殖民地"，而"国内军阀""反革命的专制阶级"则充当帝国主义的走狗，与主子共同压榨中国人民。宣言采纳了中国共产党倡导的反帝反封建主张，确立了"联俄、联共、扶助农工"的三大革命政策，把旧三民主义发展为新三民主义，使之反映了新时期的特点。宣言还批判了立宪派、联省自治派、和平会议派和商人政府派的空谈和谬论，并在讨论和争议后制定了包括废除一切不平等条约在内的内外政策。宣言完全是中国共产党、国际无产阶级和国民党共同努力的结果，成为国共合作的共同纲领，在大革命时期起了不容低估的积极作用，并作为革命文献长留青史。毛泽东充分肯定了宣言的划时代意义，认为"只有《国民党第一次全国代表大会宣言》里对于三民主义的解释才是'真释'，其他一切都是伪释"，因为"这篇宣言，区分了三民主义的两个历史时代。在这以前，三民主义是旧范畴的三民主义，是旧的半殖民地资产阶级民主革命的三民主义，是旧民主主义的三民主义，是旧三民主义"；"在这以后，三民主义是新范畴的三民主义，是新的半殖民地资产阶级民主革命的三民主义，是新民主主义的三民主义，是新三民主义。只有这种三民主义，才是新时期的革命的三民主义"。①

大会讨论《中国国民党总章》时，围绕着通过党内合作方式实现国共合作的关键问题展开了尖锐的斗争。右派分子把阻挠国共合作的破坏活动带到大会上，提出"本党章程应规定不许党内有党，党员不许跨党"。李大钊当即批驳右派分子的叫嚣，他在发言和散发的《意见书》中义正词严地宣称："我们参加本党而兼跨固有的党籍，是光明正大的行为，不是阴谋鬼祟的举动。"因为"我等之加入本党，是为有所贡献于国民革命的事业而来的"。对于共产党员加入国民党的"猜疑防制，实为本党发展前途的障碍，断断乎不可不于本党改造之日明揭而扫除之"②。国民党左派廖仲恺等赞同共产党人的意见，坚持了孙中山的联共方针，指出"想要打倒帝国主义，非与共产党亲善不可"。强调了共产党员加入国民党的重要意义——"此次彼等之加入是本党一个新生命……是与我们同作国民革命工夫的"。大会最后表决，同意共产党员和社会主义青年团员以个人资格加入国民党。共产党人同国民党左派并肩战斗，挫败了国民党右派分子的鬼蜮伎俩。中国国民党由此获得新生，从一个缺乏战斗力的松散组织，改造为"实行民权的权力集中，以为团体奋斗"的、"党律既严"的革命政党。③ 中国国民党的面貌为之一新，成为工人、农民、小资产阶级和民族资产阶级的联盟形式。

大会选举了中央执行委员和中央监察委员，组成新的中央领导机构。国民党左派廖仲恺等和共产党人李大钊、毛泽东、谭平山、瞿秋白、林祖涵等被选为中央执委或候补执委。中央监委的不少名额则为右派分子占据。在中央执委、监委首次全体会议上，组建了中国国民党中央党部。谭平山、林祖涵分任组织部长、农民部长，毛泽东任代理宣传部长。会议还决定在上海、北京、汉口等特别区成立执行部，指导和监督当地的党务。中央党部下设省、市、县、区和海外党部、特别党部，而以区分部为基层组织。由于中央领导机构注入了新血液，党的体制大体确立，因而，使得中国国民党获得了前所未有的、健康的发展。

---

① 参见毛泽东著《毛泽东选集》（一卷本），人民出版社1966年版，第682～683页。
② 《北京代表李大钊意见书》（原件），中国历史博物馆藏。
③ 《中国国民党第一次全国代表大会纪事录》，1924年广州印本。

中国国民党第一次全国代表大会的胜利召开,是孙中山和他的战友们忠实于爱国主义、民主主义以及与时俱进的结果,也是中国共产党和国际无产阶级积极帮助、支持的结果,还是对国民党右派分子进行斗争的结果。大会取得了巨大的成果,无疑具有历史里程碑的意义——既是国共合作正式形成的标志,又是大革命走向高潮的起点。

四

第一次国共合作的建立,揭开了近代中国民主革命史的新篇章。从广东省升腾起的革命风暴,迅猛地席卷了全中国。人民群众奋起战斗,反帝反封建的革命浪潮汹涌澎湃。

这一派蓬勃的革命生机的形成绝非偶然。

国共合作,对两党的发展和壮大产生了积极的影响,中国国民党获致了新生,中国共产党茁壮地成长。国民革命的中坚与核心力量,由此大大加强。改组后的中国国民党果然面目一新:制定了明确的民主革命政纲,举起了反帝反封建的旗帜,团聚了众多爱国的、民主的力量,成为革命统一战线组织形式。党的组织也有了长足的发展,各级机构和党员数量增长甚快。第一次全国代表大会后的两年中就建立了12个省党部和4个特别市党部,党员人数亦大大增加。广东地区的国民党员在1925年年初约为1.5万余人,到1926年年底则增为18.3万余人。[①] 党员成分也发生了重大变化——农民占40%,工人占25%,学生占25%,其他各界占10%。"将三民主义加以切实的解释,重定了党的意义……全国各地党部均注重民众宣传和组织,党的内部亦较前紧密得多,民众对于党也渐能了解和同情。这可以说是国民党有了新生命了。"陈潭秋在《国民党的分析》一文中的论述,确是真实的写照。同样,两党联盟也为中国共产党活动的扩展和队伍的壮大提供了有利条件。与前相较,共产党人"在农民工人中,并且在军事上得了许多实际工作的机会及能够公开的作反帝国主义运动"[②]。中国共产党在广大群众中的威望不断提高,在社会生活各个领域

[①] 参见杨匏安《杨匏安文集》,广东人民出版社1986年版,第180页。
[②] 《中国共产党第四次全国代表大会对于民族革命运动之决议案》,见《中共中央文件选集》(1921—1925),中共中央党校出版社1982年版,第276页。

中的影响和作用日益扩大。正如中国共产党第四次全国代表大会所指出：在革命统一战线形成后的新局面下，"使本党日渐与实际政治生活接近，而有可以领导中国国民运动之趋势"。党员数量在短期内百倍地增长，从第三次全国代表大会时的420余人发展为第五次全国代表大会时的5.79万余人。国共两党的发展和壮大，成为革命浪潮高涨的主要因素。

国共合作，有力地促进了反帝反封建的工农群众运动的发展。在中国共产党领导和中国国民党左派支持下，工人运动迅速从"二七"惨案后的低潮转入高潮。1925年5月1日在广州召开的第二次全国劳动大会显示了无产阶级新阵容，代表了组织起来的55万工人。在后来两个月中爆发的"五卅运动"和省港大罢工，则把爱国反帝怒潮扩展到全国范围。前者的斗争以无产阶级为主干，卷入的群众达1000万余人。后者的规模和持续时间，则是工运史中罕见的，使得香港变成了"死港"，沉重地打击了英帝国主义，促进了广东革命形势的发展。上海工人的三次武装起义，直接配合了北伐战争。农民运动蓬勃展开，"最大的革命民主派"觉醒和奋起。广东农民运动走在全国的前列，全国第一个省农民协会在1925年年初成立于广东。不到两年时间，有组织的农民已达80万余人。湖南、湖北、江西、河南各省相继组织农会。全国农会会员到1927年夏已逾千万人。与此同时，青年、妇女运动也有了很大发展。风起云涌的工农群众运动，为大革命提供了广泛的社会基础。

国共合作，为建立革命武装创造了良好条件。孙中山的"战争事业"可以远溯到1895年的广州起义，但在30年的斗争中始终未能建立一支真正的革命武装。在中国共产党和国际无产阶级的积极帮助下，孙中山意识到建立革命武装的必要性和迫切性。中国国民党第一次全国代表大会召开期间，他下令创办黄埔军校。5月，实际上由国共两党合办的这所新型的革命军事学校开学。孙中山和廖仲恺、邓演达等国民党左派十分重视军校的建设，在困难的条件下给予了力所能及的支持。共产党员周恩来、恽代英、萧楚女等挑起了政治工作和教育工作的重担，对提高军校的政治、教育的素质做出了重大贡献。在两年多的时间里，军校就培养了近5000名军政干部。黄埔建军，推动了革命武装的建立。

国共合作，还加强了反帝反封建的革命思想战线。孙中山接受了中国共产党和国际无产阶级的帮助，把旧三民主义发展为反帝反封建的、三大政策的新三民主义，使之反映了新的历史特点，成为革命统一战线的政治的、思想的基础。在此以前，旧三民主义已被看成是纯粹政治活动的旗帜。在此以后，"由于国共两党的合作，由于两党革命党员的努力，这种新三民主义便被推广到了全中国，推广到了一部分教育界、学术界和广大青年学生之中。这完全是因为原来的三民主义发展成了反帝反封建的三大政策的新民主主义的三民主义之故；没有这一发展，三民主义思想的传播是不可能的"①。当时，以中国共产党的《向导周报》和中国国民党的上海《民国日报》等为阵地，宣传了反帝的主张，反对了尊孔读经和旧文学、文言文等封建文化教育，提倡了新文学和白话文。在统一广东根据地和北伐战争中向军队灌输了反帝反封建思想，改造了中国的军队。向广大农民群众提出了"打倒贪官污吏、土豪劣绅"的口号，掀起了波澜壮阔的农民运动。

国共两党的发展，工农群众运动的展开，革命武装的建立，反帝反封建思想的传播，为巩固广东革命政府、统一广东革命根据地创造了必要条件。1924年10月，孙中山在中国共产党和工农群众、革命军人的支持下镇压了英帝国主义指使的反革命武装——商团叛乱。翌年，革命军举行了两次东征，击溃了陈炯明的残部，收复了东江流域。中间，还回师省城弭平了滇、桂军阀杨希闵、刘震寰的叛变。年底，征讨军阀邓本殷，尽克南路各属，一举收复琼崖。广东革命根据地至此统一，广东革命政权得到巩固和发展。北伐战争因之有了可靠的后方，孙中山和他的战友们不致再蹈两次护法运动的覆辙。1926年夏，共产党人叶挺率领作为先遣队的独立团进入湖南。7月，国民革命军誓师北伐。在广大群众的积极支持下，英勇奋战的国民革命军仅用半年多的时间就击溃了吴佩孚、孙传芳的军阀部队，直下长江流域，迭克名城重镇，统一了半个中国，有力地打击了帝国主义、封建主义的反动统治。

"1924年至1927年的革命战争，基本地说，是在国际无产阶级和中国无产阶级及其政党对于中国民族资产阶级及其政党的政治影响和政治合作之下进行的。"——毛泽东的上述论断，完全符合历史实际。毫无疑义，正是"由于两党在一定纲领上的合作，发动了1924年至1927年的革命。孙中山先生致力国民革命及四十年还未能完成的革命事业，在仅仅两三年之内，获得了巨大的成就，这就是广东革命根据地的创立和北伐战争

---

① 毛泽东著：《毛泽东选集》（一卷本），人民出版社1966年版，第694页。

的胜利。这是两党结成了统一战线的结果"。第一次国共合作的形成,绝不是偶然的政治现象。辛亥革命虽然导致了封建帝制的崩溃与共和国的建立,但并未推翻帝国主义、封建主义的反动统治。20年代的中国所面临的迫切任务,仍是进行反帝反封建的民主革命,彻底改变半殖民地半封建社会秩序,建立一个独立的、统一的、民主的和富强的新中国。这是中国各族人民的强烈愿望,也是国共两党的共同使命。因而,孙中山倡导的新三民主义同中国共产党的最低纲领——民主革命纲领达到了基本的一致。国共合作的政治基础,即在于此,两党联盟的决策,体现了历史的必由之路。

第一次国共合作,还是民主革命的需要。为了攻击真正的敌人,必须团结真正的朋友。不建立广泛的革命统一战线,绝不可能在同强大的敌人搏斗中稳操胜券。对于中国国民党来说,同中国共产党的合作加强了自身的战斗力。对于中国共产党来说,同中国国民党的合作得以实现统一战线的战略。因此,正如宋庆龄所说:孙中山一生主张共同奋斗救中国,这就是他主张国共合作的原因。共产党是一个代表工农劳动阶级利益的政党。孙中山知道没有这些劳动阶级的热烈支持与合作,就不可能顺利完成国民革命的使命。

令人遗憾和痛心的是,在孙中山逝世后,正当蓬勃发展的革命运动要求国共两党紧密团结、共同战斗的关键时刻,国民党内部发生了分裂——国民党左派廖仲恺、宋庆龄、何香凝等遵循孙中山的遗训,继续同共产党携手前进;国民党右派却在北伐战争的紧要关头背弃了反帝反封建的三大政策的三民主义,破坏了国共合作,革命事业受到严重损害,人民群众陷于水深火热之中。

在这逆流翻滚的关键时刻,中国共产党义不容辞地挺身而出,力挽狂澜,领导中国人民继续进行了艰苦卓绝的斗争,终于推翻了帝国主义和封建主义的统治,并把革命推向社会主义的阶段。

时光流逝,一个甲子已经过去。重温国共两党的合作史——不仅包括第一次国共合作,而且还有第二次国共合作;再读毛泽东的论断——"中国的革命,自从1924年开始,就由国共两党的情况起着决定的作用",显然,是发人深省的。今天,正当亿万炎黄子孙为完成祖国统一、振兴中华大业而奋斗的时候,实现第三次国共合作,再度成为大势所趋、人心所向。胡耀邦在首都各界纪念辛亥革命70周年大会上就曾语重心长地指出:"在历史上,国共两党已经有过两次合作,这两次合作实现了北伐和抗日大业,有力地促进了我们民族的进步,现在为什么不可以为建设统一的国家而实行第三次国共合作呢?"我们应当认清时代的潮流,无愧于历史的使命,早日统一祖国,尽快振兴中华!

[选自张磊著《跨世纪的沉思——历史、文化、人物》(上卷),广州出版社2002年版,第310~326页]

三民主义新阶段与三大政策

在某种意义上来说,"帝国主义侵略中国,反对中国独立,反对中国发展资本主义的历史,就是中国近代史"①。从鸦片战争开始,资本—帝国主义与封建主义相结合,使得中国逐步沦为半殖民地半封建社会:对外没有独立;对内没有民主;贫困而又落后。中国人民面临的首要任务就是"实行反对帝国主义和封建势力,为了建立一个独立的民主主义的社会而斗争"②。近代中国任何进步的、革命的阶级、阶层、集团和个人都必须承担这桩历史的使命,而一切真正的社会变革则定要以争取独立、统一、民主和富强为其内涵。

马克思在论述欧洲19世纪中叶的革命运动时指出:"它在破除一切对过去事物的迷信以前,是不能开始实现自身任务的。"③ 这种观点具有普遍的意义:社会思想变革往往成为社会政治、经济变革的先导。近代中国社会生活就呈现出这种状况,而在新兴的资产阶级的活动中显示得更为清晰:前所未有的形势和任务迫切要求相应的思想、纲领和方案,为除旧布新提供精神准备。

围绕着独立、统一、民主和富强的课题,近代中国民主革命的承担者分别给予答案。农民阶级提出了朴素的斗争纲领,进行了多次起义和战争;资产阶级维新派传播了社会变革的方案,作出了付诸实践的尝试。他们的活动具有反对帝国主义和封建主义的性质,因而产生过进步的作用;但又由于缺乏圆满的回答,所以他们的活动依然停留在民主革命的准备阶段。

作为资产阶级革命民主派的卓越政治、思想代表,孙中山在近代中国民主革命过程中第一次提出了带有共和制度的纲领——三民主义。与农民阶级和资产阶级维新派的方案相较,三民主义圆满地回答了历史的课题,自觉地顺应了近代中国社会发展——资本主义化趋势,把民主革命推进到

---

① 毛泽东著:《毛泽东选集》(一卷本),人民出版社1966年版,第673页。
② 同上书,第660页。
③ 马克思、恩格斯:《马克思恩格斯全集》(第8卷),人民出版社1961年版,第124页。

正规阶段。毫无疑问，伟大的辛亥革命就是以三民主义为其指导思想的主流。孙中山在旧民主主义革命时期所倡导的三民主义，无疑是在当时历史条件下比较最革命、最科学的民主主义政纲。它的重要历史地位和积极作用，是不可否认的事实。但是，随着历史行程的发展，中国和世界在20世纪初期都发生了巨大的变化——十月社会主义革命开拓了人类历史的新纪元；五四运动和中国共产党的成立标志着新民主主义革命阶段取代了旧民主主义革命阶段。因此，旧三民主义必须与时俱进，有所扬弃，以反映新时期的历史特点。这样，三民主义才能持续其生命力，发挥积极的战斗作用，无愧为先进的思潮。孙中山接受了中国共产党和国际无产阶级的帮助，使自己的理论获得了深刻的变化，促进了第一次国共合作的实现，推动了北伐战争的发展。正是在这种意义上，毛泽东指出："孙中山先生之所以伟大，不但因为他领导了伟大的辛亥革命（虽然是旧时期的民主革命），而且因为他能够'适乎世界之潮流，合乎人群之需要'，提出了联俄、联共、扶助农工三大革命政策，对三民主义作了新的解释，树立了三大政策的新三民主义。"[1]

一

孙中山在旧民主主义革命时期提出了民族主义纲领，并作了艰苦的斗争。他在这方面的理论和实践活动产生过积极的意义，辛亥革命的中心口号就是"反满"。参加这场全国范围的革命运动的各个阶级和阶层主要是在民族主义的旗帜下取得某种程度的一致性，汇合为一股冲毁清帝国的堤防的洪流。

然而，多次斗争的结果表明：与其说民族主义的中心任务在一定意义上——反对满洲贵族"宰制于上"——得以实现，不如说民族主义的根本任务在更为深远的意义上——反对帝国主义——未曾完成。事实上，资产阶级民主革命未能取得真正胜利，半殖民地半封建社会秩序没有得到根本改变，民族问题的解决——对外，摆脱帝国主义的侵凌；对内，实现各民族间的"平等共处"——是不能想象的。在所谓的"民国"时期，中国的民族问题呈现为一幅异常惨淡的图景：帝国主义列强依然骑在中国人

---

[1] 毛泽东著：《毛泽东选集》（一卷本），人民出版社1966年版，第627～628页。

民头上，残酷地榨取广大群众的血汗；封建军阀政府则实施大汉族主义的反动民族压迫政策，少数民族仍旧受着歧视和排斥。

孙中山面临着一个新的历史任务：必须促使民族主义在自身的扬弃中上升到新的高度。不仅是严酷的现实要求他重新检验自己的民族主义理论和实践，更重要的还是历史行程进入了一个崭新的时代。近代中国社会的变化是如此急剧，以致曾经在历史上起过积极作用的民族主义面临着变为过时的纲领的危险。对于孙中山和他的忠实战友来说，以革命精神重新解释民族主义具有重要的意义。在中国共产党和国际无产阶级的帮助下，孙中山发展了旧民主主义革命阶段所提出的民族主义，从而使它反映了新的历史特点和获得了生命力。这是孙中山忠实于爱国主义、民主主义的结果，也是中国共产党制定的民族解放斗争纲领的胜利。

民族主义的深刻的变化过程，发轫于旧民主主义革命破产的年月，十月社会主义革命和五四运动——它们在某种意义上是一场空前的彻底反帝运动——促成了一系列新因素的出现，而1924年召开的中国国民党第一次全国代表大会的"宣言"则是转变基本完成的标志。新民主主义革命时期的民族主义乃是旧民主主义革命时期民族主义的继承和发展，二者之间既有因袭也有歧别。

明确的反帝主张显然是民族主义发展新阶段的首要特色。孙中山在1920年曾对民族主义的理论和实践作过初步的检验，认为"当初同盟会还只明白民族主义，拼命去作……其实民族主义也未完成"①。所以如此，是由于现在"清室虽不能压制我们，但各国还是要压制的"②。稍后，孙中山进一步指出了中国人民备遭侵凌的境况："脱离了满洲人的奴隶，还要作外国人的奴隶。"③ 为了摆脱这种不堪忍受的状况，孙中山号召革命党人仍要不懈地"提倡民族主义""在民族主义上作工夫"④。这里，孙中山在否定先前一度持有的民族主义"已因清廷退位而实现"的狭隘观念的同时，也就把过去在相当程度上融合到"反满"课题中的避免瓜分厄运、反对列强侵略的主旨和任务提到独立的地位，得出"勿谓满清已

---

① 中国国民党中央宣传委员会编印，《总理遗教》，"演讲"，第35页。
② 同上书，第38页。
③ 胡汉民编：《总理全集》第2集，民智书局1930年版，第416页。
④ 中国国民党中央宣传委员会编印，《总理遗教》，"演讲"，第44页。

倒，种族革命已告成功，民族主义即可束诸高阁"①的结论。孙中山日益认识到帝国主义才是中华民族的大敌，开始理解民族解放运动必须以反帝为首要内容。

在多次的演讲中，孙中山把自己的祖国称作"半独立国""殖民地"或"次殖民地"。"次殖民地"的概念缺乏严格科学的内涵，但却表现了孙中山的强烈悲愤。在他看来，"现在作各国人的奴隶所受的痛苦，比以前更甚"。②帝国主义对中国进行了多方面的侵略，凭借着"自然力"和"人为力"威胁着中华民族的生存。"自然力"系指人口形成的压迫：帝国主义列强人口增殖率甚高，中国人口数字增长缓慢甚至停滞或减少。孙中山所持的中国人口数字主要是根据美国驻华公使柔克义所估计的数字——3亿。这是不符合近代中国人口的实际数字和人口发展趋势的。而人口众多的民族就有可能征服或同化人口较少的民族，正如汉族曾经同化过人数不多的满、蒙族一样，帝国主义列强也将"……用多数来征服少数，一定要并吞中国"③。"人为力"则包括"政治力"和"经济力"，而"这两种力关系于民族兴亡，比较天然力还要大"。④帝国主义的"政治力"意味着它们对中国实行"军事侵略"和"外交侵略"，甚至直接扼杀中国革命运动。孙中山认为辛亥革命以来的中国革命运动往往为反革命军阀"所阻止"，但军阀之所以有这种力量，是"因为军阀背后有帝国主义援助"。⑤稍后，他更明确地指出帝国主义列强"尝助反对我者以扑灭吾党"⑥。孙中山开始改变过去认为中国革命事业可以获得列强支持和援助的错误观念，得出了一条对于殖民地附属国的民族解放运动具有重大意义的结论："帝国主义，……就是用政治力量去侵略别国的主义。"⑦帝国主义还实行"经济力"侵略，这种"压迫"较之"政治的压迫，还要厉害"。⑧孙中山把帝国主义的经济侵略方式归纳为下列几种："洋货的侵

---

① 中国国民党中央宣传委员会编印，《总理遗教》，"演讲"，第224～225页。
② 参见孙中山著《孙中山选集》（下卷），人民出版社1981年版，第637页。
③ 孙中山著：《孙中山选集》（下卷），人民出版社1981年版，第601页。
④ 参见孙中山著：《孙中山选集》（下卷），人民出版社1981年版，第602页。
⑤ 参见中国国民党中央宣传委员会编印，《总理遗教》，"演讲"，第141～142页。
⑥ 邓泽如：《中国国民党二十年史迹》，正中书局1948年版，第305页。
⑦ 胡汉民编：《总理全集》（第1集），民智书局1930年版，第45页。
⑧ 参见胡汉民编：《总理全集》（第1集），民智书局1930年版，第20页。

入""外国银行的纸币侵入市场，汇兑的折扣，存款的转借""进出口货物的运费""租界与割地中的赋税""地租和地价""特权营业""投机事业和其他种种剥削"①。在他看来，帝国主义正是经由以上种种手段控制了中国经济命脉，贪婪地榨取着中国人民的血汗，每年"夺去十二万万的金钱"②。地大物博的中国，就这样沦为"民穷财尽"。孙中山还把帝国主义列强的政治侵略和经济侵略联系起来考察，指出二者乃是"相互为用"和"彼此补充"。例如，帝国主义输出棉纺织品和直接在华开设纺织厂的经济侵略行为，也是一个"政治问题"，因为帝国主义能够采取这种扼杀中国棉纺织业的手段是由于"不平等条约的束缚"——这是二者的"相互为用"。同时，帝国主义在侵略中国的过程中，"到了经济力有时而穷，不能达到目的的时候，便用政治来压迫"③——这是二者的"彼此补充"。显而易见，与"自然力"的剖析相较，"人为力"的论述具有更为深刻的社会内容，表明孙中山对帝国主义的认识有了长足的进步。尽管孙中山还未能洞察帝国主义的本质和属性，但他从政治和经济方面剖析了帝国主义的侵略活动，揭露了殖民掠夺的罪恶，就必然会对民族解放事业发生重大的积极作用。

在帝国主义时代，资本主义已经"变为各民族的最大压迫者"。只有把斗争的主要矛头指向帝国主义，殖民地附属国的民族解放运动才会循着正确的轨道发展。孙中山重新解释过的民族主义，正是在对外方面发生了鲜明的变化：反对帝国主义，被规定为首要任务。《中国国民党第一次全国代表大会宣言》对此作了概括，指出"辛亥以后，满人之宰制政策，已为国民运动所推翻，而列强之帝国主义则包围如故，瓜分之说，变为共管……其结果足使中国民族失其独立与自由则一也"。因此，"民族主义，其目的在使中国民族得自由独立于世界"；而"民族解放之斗争，对于多数之民众，其目标皆不外反帝国主义而已"④。民族主义的纲领体现为实际政策，"废除不平等条约"、革除"侵略中国主权"的一切现象的要求相应提出。这样，民族解放运动的首要任务就得到较为科学的反映和概

---

① 孙中山著：《孙中山选集》（下卷），人民出版社1981年版，第607～615页。
② 同上书，第642页。
③ 同上书，第833页。
④ 孙中山著：《孙中山选集》（下卷），人民出版社1981年版，第525页。

括。毛泽东曾经对于这点给予高度的评价："孙中山和我们具有各不相同的宇宙观，从不同的阶级立场出发去观察和处理问题，但在20世纪20年代，在怎样和帝国主义作斗争的问题上，却和我们达到了这样一个基本上一致的结论。"①

民族主义的另一基本课题乃是国内范围各个民族之间的关系，它也在民族主义的新阶段中达到了前所未有的高度，虽然，这个发展过程经历了不断的扬弃。早在1920年，孙中山在一次演讲中就否定了先前所持的"五族共和"的观念，认为"这五族的名词很不切当，我们国内何止五族呢？……应该把我们中国所有各民族融成一个中华民族"②。翌年，孙中山又进一步阐发了"民族融合"的见解："必要满、蒙、回、藏都同化于我们汉族，成一个大民族主义的国家。"③ 应当指出，这种以汉族为中心而"融合""同化"其他少数民族的主张乃是孙中山把一般的、抽象的"五族共和"具体化的结果，这种探索和尝试虽不意味着趋近于正确的解决原则，但却便于自身的扬弃。同时，对于孙中山上述主张不能采取简单化的分析和历史类比。在世界近代史上曾经出现过形形色色的民族"融合""同化"的理论和实践——例如臭名昭彰的沙俄的"俄罗斯化"、匈牙利的"马扎尔化"和德意志的"日耳曼化"，等等。显而易见，这些"同化主义"和孙中山的"融合""同化"主张是不同的。因为，孙中山的纲领中并未包含否认国内各民族的平等：既没有剥夺少数民族的权利；也没有赋予汉族以特殊权益。正如他所指出的："汉族当牺牲其血统，与夫自尊自大之名称，而与满、蒙、回、藏之人民，相见以诚，合为一炉而冶之。"④ 同时，孙中山这种主张还具有对于遭受帝国主义侵凌的少数民族给予帮助的含义。在他看来，这些少数民族"没有自卫的能力"⑤，所以，应当经由民族的"融合""同化"以"提撕振拔"。在这个课题上，孙中山把美国和瑞士作为楷模，认为"美利坚的新民族，便是合英、荷、法、德、俄几国的人同化到美国所成的名词，因为那些国家的人到了美利坚之后，都合一炉而冶之，成了一个民族，所以才有今日光辉灿烂的美

---

① 毛泽东：《毛泽东选集》（一卷本），人民出版社1966年版，第1477页。
② 中国国民党中央宣传委员会编印：《总理遗教》，"演讲"，第38页。
③ 同上书，第42页。
④ 《国父遗著刊本——三民主义》，民智书局1924年上海版，第6页。
⑤ 胡汉民编：《总理全集》（第2集），民智书局1930年版，第204页。

国。……这样的民族主义，才是积极的民族主义"①。瑞士也经历了大体类似的过程，因而"早成了独立民族主义的国家"②。孙中山的这种观念是可以理解的：一方面，他当时还未对苏维埃国家解决这个复杂课题的经验加以研究；另一方面，美国和瑞士曾是在资本主义所能容许的最大限度的民主主义原则上解决民族同化和共处的典型。列宁曾经指出："……资本主义同化民族的这一过程包含着极大的历史进步作用。"③ 例如，"美国的民族界限的磨灭具有进步性"，因为这种"同化"除去消极因素外，"还有资本主义所具有的世界历史意义的打破民族壁垒、消除民族差别、使各民族同化的趋势"。④ 同样，瑞士则是"……把民族斗争减到最小限度，从根本上消除它"的国家⑤。正是在这种意义上，孙中山以美国和瑞士为范本所制定的民族同化政策也就包含着某些民主主义因素。但是，孙中山的这种主张终归是错误的。首先，大汉族主义因素贯串着民族"融合""同化"的政策。孙中山忽视了少数民族在中国社会生活中的作用，甚至作出"中国是一个民族造成一个国家"⑥ 的夸大汉族地位和意义的论断。因此，在上述观念基础上形成的民族"融合""同化"——以汉族为中心——政策，就没有反映中国国内少数民族的社会经济、政治和文化特点，也未能尊重历史上形成的多民族的事实。这种错误的政策不仅不能圆满地解决国内民族问题，反而会在政治上造成消极的后果。其次，孙中山效法美国和瑞士的主张忽略了具体的历史条件：一方面，近代中国社会根本不存在资本主义化的通途，所以"资本主义同化过程"根本不具备先决条件；另一方面，具体社会条件也不相同。美利坚民族大同化过程是在移民基础上进行的，共居于新大陆的各个民族自然地融合为一个新民族。反之，中国境内各民族则已在绵长的历史过程中形成比较稳固的共同体，它们各自具有独特的社会经济、政治和文化生活，彼此之间往往还存在剥削阶级反动统治所造成的严重隔膜。因此，缺乏"同化"的必要条件。显然，孙中山在这里所做的历史类比和仿效是不当的。

---

① 中国国民党中央宣传委员会编印：《总理遗教》，"演讲"，第42页。
② 同上书，第43页。
③ 列宁：《列宁全集》（第20卷），人民出版社1957年版，第12页。
④ 同上书，第11页。
⑤ 《斯大林全集》（第2卷），人民出版社1953年版，第307～308页。
⑥ 孙中山著：《孙中山选集》（下卷），人民出版社1981年版，第590页。

孙中山对国内民族问题的探究并未停止，终于在他的晚年达到了新的高度。《中国国民党第一次全国代表大会宣言》提出了"民族自决"的原则，代替了先前民族"融合""同化"的主张。"民族自决"原则的基本内容如下："承认中国境内各民族之自决权，于反对帝国主义及军阀之革命获得胜利后，当组织自由统一的（各民族自由联合的）中华民国。"①由于这个课题在当时议事日程上仍未居于首要地位，所以孙中山未曾作出较为详尽的阐发。但它终究是一个重大意义的发展，在很大程度上表明孙中山接受了中国共产党有关主张的影响。

民族主义新阶段仍然具有局限性，但它作为一面战斗的旗帜，在世界和中国革命的新时代中飘扬招展，不愧为殖民地附属国资产阶级民族主义进步性的高度表现。

二

孙中山在旧民主主义革命时期曾经提出了反对封建暴政和建立共和国的政纲，并且进行了不懈的战斗。民权主义的理论和实践在当时的历史条件下发生过重大的革命作用，1911年爆发的全国规模的人民斗争结束了沿袭数千年的封建君主制度。然而，与其宣称民权主义在一定意义上得以实现——推翻封建君主制度和建立了"民国"，毋宁确认民权主义在更为深远的意义上未能贯彻——封建暴政的社会基础不曾扫除，共和国只是虚有其表，国体没有根本性的变化。在辛亥革命后的动荡年份里，惨淡的政治图景对于民权主义无异于尖锐的讽刺。作为帝国主义和大地主大资产阶级的政治代表，军阀、官僚和政客们攫取了政权，人民群众依然没有丝毫政治权利，照旧处于被奴役的境地。孙中山和他的同志们虽曾掀起过几次捍卫共和制度的斗争，但也不能改变旧民主主义革命的破产趋势。

孙中山面临着把民权主义提升到反映现实新高度的历史任务。这不仅是因为资产阶级共和国方案的破产迫使孙中山重新检验民权主义，还由于新民主主义革命阶段的到来向革命民主派的政纲提出了一系列的要求。民权主义必须在自身的扬弃中发展，停滞和僵化将会使它沦为过时的思想。在中国共产党和国际无产阶级的帮助下，孙中山以革命精神重新阐释了民

---

① 孙中山著：《孙中山选集》（下卷），人民出版社1981年版，第526页。

权主义。这是孙中山忠实于民主主义的逻辑的结果，也是中国共产党的民主革命纲领先进性与科学性的胜利。

大致来说，民权主义的发展过程可以俄国十月社会主义革命和五四运动作为转折点。《中国国民党第一次全国代表大会宣言》的有关阐发，则标志着这一跃进的完成。以革命精神阐释过的民权主义，是对旧民主主义革命时期民权主义的继承和发展，二者既有着相同之处，也存在着不可忽视的差别。

进一步批判封建暴政，仍是民权主义发展新阶段的内容之一。首先，孙中山历史地论证了封建暴政灭亡和民主制度胜利的必然性。他把社会政治制度的变迁分为四个阶段——"洪荒时代""神权时代""君权时代"和"民权时代"。"洪荒时代"已是遥远的往昔，人兽相争构成主要内容。"人们的集合"是"天然的"，而非"人为的"。稍后，文明的发展扩大了人们从事各种活动的领域，群众开始推举出自己的领导者，由于"和天争不是和兽争可以用力气的，于是发生神权"。随着人与人争的阶段代替了人与天争的时期，于是"君权时代"到来。最后，由于"科学一天发达一天，人类的聪明也一天进步一天，于是生出了一个大觉悟"，即是"知道君主专制是无道，人民应该反抗，反抗就是革命"。这样，"民权时代"就取代了"君权时代"。孙中山的上述观点包含着两重积极意义：一方面，贯串着社会进化的思想，把社会政治制度视作一个发展进程，显示出"民权时代"的必然性；另一方面，具有历史主义因素，把民权问题纳入一定的历史范畴，作为人类社会政治生活的高级发展阶段。不同于卢梭的带有形而上学意味的"天赋人权"观念，孙中山认为"民权之萌芽，虽在2000年以前的希腊、罗马时代，但是确立不移，只有150年"①。有别于18世纪法国启蒙主义思想家把中世纪视为毫无意义的"人类愚昧"的产物，孙中山认为封建政治制度曾经发生过积极作用——"从前人类的知识未开，赖有圣君贤相去引导，在那个时候，君权是很有用的。"②只是随着人类文明的进展，"君权"方才成为"无道"的、"难以忍受"的暴政。其次，孙中山在揭露军阀、官僚和政客的反动本质时，意识到了他们与帝国主义相互勾结的关系——"军阀本身与人民利害相反，不足

---

① 孙中山著：《孙中山选集》（下卷），人民出版社1981年版，第663页。
② 孙中山著：《孙中山选集》（下卷），人民出版社1981年版，第668页。

以自存。故凡为军阀者，莫不与列强之帝国主义发生关系"。例如："所谓民国政府，已为军阀所控制，军阀即利用之，结欢于列强，以求自固。而列强亦利用之……攫取利权，各占势力范围。"① 十分明显，孙中山的论述有着重大意义，关于封建军阀和帝国主义朋比为奸的观念，反映了半殖民地半封建社会的重要政治特点。

对于资产阶级共和国采取某种程度的批判态度，从新生的苏维埃国家获得启示——这是民权主义新阶段的重要特色。经历了长期的观察和实践后，孙中山开始窥见西方"民主政治""代议政体"的局限性和虚伪性。他以批判的目光对资产阶级共和国方案作了新的评价："考察欧美的民权事实，他们所谓的先进的国家，像美国、法国革命革过了一百多年，人民到底得了多少民权呢？照主张民权的人看，他们所得的民权，还是很少。"② 在他看来，两种因素造成了这种情况：其一，西方资产阶级还未曾在民权实施方面作出完善的规划，因而妨害了民权的实现——"外国对于民权的根本办法，没有解决……欧美的民权政治，至今还是没有办法。"③ 例如，美利坚"合众国"的人民"只得到一种有限制的选举权"，而"女子在一二十年前，还是没有这种普通选举权"。孙中山看到了一系列对于评价资产阶级民主制度具有严重意义的消极事实，但却在很大程度上把它们片面地、表面地归咎于"实施问题"未能妥善解决的产物，而没有借以深察资产阶级共和国的实质，即资产阶级专政的国家是不可能真正实现"主权在民"的原则。其二，西方国家的现行"代议政体"弊害丛生，孙中山认为"现代的代议士都变成了'猪仔议员'，有钱就卖身，分赃贪利，为全国人民所不齿"。所以把"代议政体"视为人类和国家"永安之计，那是不足信"。《中国国民党第一次全国代表大会宣言》曾就这点作了概括的表述："近世各国所谓民权制度，往往为资产阶级所专有，适成为压迫平民之工具。"④ 在上述的认识基础上，孙中山得出了一个具有重大意义的论断："我们所主张的民权，是和欧美的民权不同。我们拿欧美以往的历史作材料，不是要学欧美，步他们的后尘。"⑤ 与这种

---

① 孙中山著：《孙中山选集》（下卷），人民出版社1981年版，第552页。
② 同上书，第707页。
③ 同上书，第727页。
④ 同上书，第526页。
⑤ 同上书，第727页。

对西方国家制度所采取的某种程度的批判态度相联系，孙中山把苏维埃国家政治制度视为当代的一种先进政治方案。"以俄为师"的革命原则，在这里也得到了体现。还在20年代初期，孙中山就在致苏俄外交部的信函中表露了了解苏维埃制度的热望。① 稍后，孙中山对苏维埃国家制度作了相当正确的评价，指出"各国到了代议政体，就算是止境"的观念业已陈旧，因为，"近来俄国新发明一种政体……这种'人民独裁'政体……我们得到的材料很少，不能判断其究竟，惟想这种'人民独裁'的政体，当然比较代议政体改良得多"。②

积极制定旨在免除资产阶级"代议政体"流弊的各种政治方案，构成了这个阶段的民权主义的另一重要内容。孙中山从严峻的现实中得出了下述结论："各国实行代议政治，都免不了流弊，不过传到中国，流弊更是不堪问罢了。大家对于这种政体，如果不去闻问，不想挽救，……国家前途是很危险的。"③ 他力求制定出能够充分体现"为一般平民所共有，非少数人所得而私"的民权主义原则的政治方案，而最理想的共和国应当是这样的：首先，人民"享有一切自由与权利"，反动派则"不得享有此等自由与权利"。其次，由"全体平民"组织"代表全体平民之利益"的"政府"。最后，为了使得人民真正居于国家的主人翁地位，乃于"间接民权之外，复行直接民权"，即人民"不但有选举权，且兼有创制、复决、罢官诸权"。此外，"民权运动之方式"采取"五权分立为原则"，即"立法、司法、行政、考试、监察五权分立"。④ 与此相应，孙中山还规划了一系列旨在"济代议政治之穷"和"矫选举制度之弊"的具体措施。例如，实行"普通选举制，废除以资产为标准之阶级选举"等等。孙中山在这里倡导的"唯求所以适合于现代中国革命需要"的共和国方案，较之"为资产阶级所专有"的"近世各国民权制度"有着不容忽视的进展。尽管他的目光仍未脱出资产阶级民主制度的窠臼，却也在一定程度上减少了资产阶级共和国方案的狭隘性和体现了激进的革命民主主义精神。毛泽东对于"为一般平民所共有，非少数人所得而私"的民主主义原则，

---

① 参见孙中山著《孙中山选集》（上卷），人民出版社1981年版，第434页。
② 同上书，第722页。
③ 同上书。
④ 同上书，第526页。

曾经给以很高的评价。毛泽东在《论人民民主专政》一文中写道:"除了谁领导谁这一个问题以外,当作一般的政治纲领来说,这里所说的民权主义,是和我们所说的人民民主主义或新民主主义相符合的。只许为一般平民所共有、不许为资产阶级所私有的国家制度,如果加上工人阶级的领导,就是人民民主专政的国家制度了。"①

以革命精神阐释过的民权主义,曾在当时的历史条件下发生过积极作用。但是,它终究包含着民主主义固有的局限。首先,孙中山在后期活动中虽然日益认识到工人阶级和农民阶级在民主革命中的重大意义,并且提出了"扶助农工"和与中国无产阶级的政党——中国共产党建立合作关系的光辉口号,却未能理解20世纪20年代中国革命运动所导向的共和国只能是新民主主义性质的,它必须以无产阶级为领导和以工农联盟为基础。反之,对资产阶级和小资产阶级在"人民共和国"中的地位和作用则作了有悖于实际可能性的过高估计。毛泽东曾经指出:"在帝国主义时代,小资产阶级和民族资产阶级不可能领导任何真正的革命到胜利,原因就在此。"② 现代中国革命运动"无论就其斗争阵线(统一战线)来说,就其国家组成来说,均不能忽视无产阶级、农民阶级和其他小资产阶级的地位……中国现阶段的革命所要造成的民主共和国,一定要是一个工人、农民和其他小资产阶级在其中占一定地位起一定作用的民主共和国……这种共和国的彻底完成,只有在无产阶级领导之下才有可能"③。孙中山在解决国体课题时未能充分反映时代的、中国革命运动的特点,从而制定出正确的方案。其次,孙中山尽管已经看到和承认了资产阶级"代议政体"的溃疡,并力求设计一种圆满的政体,从而建立"超乎欧美之上"的政权形式;但他在政体问题上所做的一切努力,并不能改变资产阶级共和国的实质。之所以如此,乃是由于孙中山在考察资产阶级民主制度的弊病时主要着眼于政体的缺陷,未能把政体与国体密切联系起来。撇开国体问题致力于政体的探究,难免流于形式主义的泛论。企图以政体的某种变革作为实现民主政治的"一劳永逸之计",则会陷于空想。事实上,资产阶级共和国的性质使得"主权在民"的原则不可能圆满实现,因而,孙中山

---

① 毛泽东:《毛泽东选集》,人民出版社1966年版,第1482页。
② 同上书,第784页。
③ 同上书,第644页。

也就不能给自己所提出的课题予以科学的论断和真正的解决。最后，孙中山在政体方面的探索始终未能脱出资产阶级"议会政体"的窠臼。他没有对"议会""分权"原则等资产阶级民主的主要构成部分采取深入分析的科学态度，而只是希冀矫济它的"弊""穷"。要之，民权主义发展过程的新阶段仍然缺乏"彻底实现人民权力"[①]的重要内容。

三

孙中山在旧民主主义革命时期提出了民生主义纲领，并为付诸实现而进行了不懈的斗争。但是民生主义的目标始终未能达到——从纲领的实际意义上来说，没有能够消除封建主义桎梏和最大限度地促进资本主义发展；从纲领的主观意图来说，"预防"资本主义和建成"社会的国家"更是耽于臆想。情况如此，主要原因在于民主革命的基本任务未能完成，中国社会发展的通道仍然为帝国主义和封建主义所阻塞。在旧民主主义革命失败的日子里，中国社会经济生活呈现出混乱、萧索的景象：贫困、落后的状况一如往昔，人民群众的处境堪称"水深火热"。如果说民族主义和民权主义的实现流于形式，那么民生主义就连这种短暂的、空幻的慰藉也未曾带给革命民主派和人民群众。

在革命转变的年代中，孙中山面临着把民生主义提升到新高度的历史任务。旧民生主义革命的实践业已显示了民生主义的缺陷，新民主主义革命阶段向人们提出了新的历史任务。作为革命民主派的社会经济纲领，民生主义如果停滞不前就会丧失自己的生命力。在中国共产党和国际无产阶级的帮助下，孙中山积极地发展民生主义，以革命精神重新加以阐释，使它能够反映历史的特点，孙中山在20年代所倡导的民生主义，乃是旧民主主义革命时期的民生主义的继承和发展。

十分明显，有关土地课题中增加了新的内容。尽管"核定地价""照价纳税""照价收买"和"涨价归公"等具体方案依然保留，而"思患于预防"的观念也未完全消褪，但是，孙中山终究把自己的目光投向广阔的农村，并把农民解放和获得土地的问题作为"平均地权"的中心。孙中山正式提出了"耕者有其田"的口号，并且赋予了前所未有的新内

---

① 毛泽东：《毛泽东选集》（一卷本），人民出版社1966年版，第681页。

容:"……耕者有其田,那才算是我们对于农民问题的最终结果。……中国现在虽然是没有大地主,但是一般农民,有九成都是没有田的,他们所耕的田,大都是属于地主的。有田的人自己多不耕种。照道理讲来,农民应当说是为自己耕田,耕出来的农产品,要归自己所有。现在的农民,都不是耕自己的田,都是替地主来耕田,所生产的农产品,大半是被地主夺去了。这是一个很重大的问题,我们应该马上用政治和法律来解决,如果不能够解决这个问题,民生问题便无从解决。"① 在另一次题为《耕者要有其田》演讲中,孙中山更把这个课题的解决与"以俄为师"联系起来——"现在俄国改良农业政治之后,便推翻一般大地主,把全国的土地都分到一般农民,让耕者有其田。耕者有了田,只对国家纳税,另外便没有地主来收租钱。这是一种最公平的方法。我们现在仿效俄国这种公平方法,也要耕者有其田,才算是彻底的革命。"② 孙中山未曾对实现"耕者有其田"的方案进行详尽的阐释,不过,它的具体而直接的目标"就是要农民得到自己劳苦的结果,要这种劳苦的结果,不会别人夺去"③。实施途径和方法则是国家授田给无地或少地的农民——"农民之缺乏田地沦为佃户者,国家当给以土地,资其耕作。"④ 同时,还辅以国家租田给农民耕种的方式——"土地应由国家收买……国家所得土地应均为农庄,长期贷诸移民,而经始之资本、种子、器具、屋宇应由国家供给,依实在所费本钱,现款取偿,或分年摊还。"⑤ 此外,还补充以其他手段,例如,"农民之缺乏资本至于高利借贷以负债终身者,国家为之筹设调剂机关,如农民银行等,供其匮乏"⑥。应当指出,上述三种办法中以授田方式为主,租田形式则只适用于边远地区移民的范围,对于农民的其他帮助仅仅具有补充的性质。至于国家授予农民田地的主要来源有三:第一,经由"照价收买"的方式集中于国家手中。第二,没收地主未能照章纳税的土

---

① 胡汉民编:《总理全集》第1集,民智书局1930年版,第252页。
② 胡汉民编:《总理全集》第2集,民智书局1930年版,第498页。
③ 中国国民党中央宣传委员会编印:《总理遗教》,"演讲",民智书局1930年版,第441～442页。
④ 胡汉民编:《总理全集》第2集,民智书局1930年版,第48页。
⑤ 胡汉民编:《总理全集》第1集,民智书局1930年版,第560～561页。
⑥ 胡汉民编:《总理全集》第2集,民智书局1930年版,第48页。

地——"如果地主不纳税,便可以把他的田地拿来充公,令耕者有其田。"① 第三,作为对前两点的补充,则是国家通过"填地"而获取部分土地(孙中山曾经估计由此可得 800 万亩)。

孙中山认为上述纲领的实现具有重大积极意义。首先,得以消除地主阶级残酷剥削农民的不合理现象。在他看来,中国农民所受的封建主义剥削是十分严重的:"从前俄国大地主所有的土地都是几百万方里,甚至几千万方里,那些大地主对于许多农奴自然不能精神贯注,……我们这些小地主总是孳孳为利,收起租来,一升一勺,一文一毫,都是要计算,随时随地都是要刻薄。"② 分配情况更是"很不公平"的——"十分之六归地主,农民自己所得到的不过十分之四"③。其次,封建剥削的消除将会提高劳动者的生产积极性,导致社会生产力的发展。在现存的土地制度下,由于"多数生产都是归于地主……所以农民便不高兴去耕田,许多田地便渐生荒芜不能生产了"。"平均地权"的实施将使"耕田所得的粮食完全归到农民",因而,"农民一定是更高兴去耕田的……都高兴去耕田,便可以多得生产"。④

十分明显,以"耕者有其田"口号为其鲜明标志的"平均地权"主张具有积极意义。与孙中山在旧民主主义革命时期所倡导的土地纲领相比较,它在两个方面有着重大的发展——原有的反封建倾向,较为强烈和鲜明起来;农民阶级摆脱封建桎梏和要求土地的愿望,得到了进一步的反映。谴责土地所有制的不合理,鞭挞地主阶级的"不劳而食"的罪恶,同情和支持农民群众的要求和斗争,把"耕者有其田"的口号作为民生主义的中心内容之一,这些,使得"平均地权"的方案具有与前不同的形态。毛泽东在《新民主主义论》中对此给予很高的评价:"这个共和国将采取某种必要的方法,没收地主的土地,分配给无地和少地的农民,实行中山先生'耕者有其田'的口号,扫除农村中的封建关系,把土地变为农民的私产。农村中的富农经济,也是容许其存在的。这就是'平均地权'的方针,这个方针的正确口号,就是'耕者有其田'。"⑤ 然而,

---

① 中国国民党中央宣传委员会编印:《总理遗教》,"演讲",第41页。
② 同上书,第439页。
③ 胡汉民编:《总理全集》(第1集),民智书局1930年版,第252页。
④ 同上书,第252～253页。
⑤ 毛泽东著:《毛泽东选集》(一卷本),人民出版社1966年版,第671页。

"平均地权"主张还不是彻底的土地革命纲领。首先，孙中山虽然也斥责和反对封建土地所有制和地主阶级，指出了其对社会经济发展的桎梏作用，但是，却没有把地主阶级视为民主革命的主要对象，没有认识到它"是帝国主义统治中国的主要的社会基础，是用封建制度剥削和压迫农民的阶级，是在政治上、经济上、文化上阻碍中国社会前进而没有丝毫进步作用的阶级"①。因而，也就未能把反封建斗争提到应有的高度。其次，与上述缺陷相联系，孙中山在实现"平均地权"的途径上依旧沿袭了过去提出的社会改革方案，即未把"耕者有其田"的纲领与农民革命联结起来，并以后者作为前者的基础；反之，仍然企图经过国家采取"政治和法律"的手段——"核定地价""照价纳税""照价收买"等等——解决这个问题。孙中山的下列论述充分显示了他的这种观点："讲到解决土地问题，平均地权，……就是政府照地价收税和照地价收买。"② 显而易见，不把反封建和"耕者有其田"主张的实现放置在农村大变动——农民革命的基础上是难以想象的。最后，孙中山对农民力量估计不足，甚至担忧他们是否能够克服地主阶级的反抗——"如果我们没有准备，……马上就要耕者有其田，把地主的田都拿来交到农民，受地的农民，固然是可以得到利益，失地的地主便要受损失……如果地主和农民发生冲突，农民便不能抵抗。"③ 这里，鲜明地显示了资产阶级民主主义者对待群众问题的局限性。不能充分认识群众的智慧和力量，也就不可能放手发动人民投入革命斗争。

在民生主义的另一基本课题——资本方面，孙中山所持的观念也有重要的进展。如果"节制资本"和发展"国家资本"的思想在旧民主主义革命阶段未能充分阐发，那么现在就已成为社会经济纲领中一项具有严重意义的原则。孙中山认为中国社会经济发展进程不能重复欧美资本主义国家的老路，因为"大资本归私人所有，便受资本的害，大多数人民，都是很痛苦"④。必须实施"节制资本"的原则——"凡本国人及外国人之企业，或有独占的性质，或规模过大为私人之力所不能办者，如银行、铁

---

① 毛泽东著：《毛泽东选集》（一卷本），人民出版社1966年版，第633页。
② 胡汉民编：《总理全集》（第1集），民智书局1930年版，第138页。
③ 胡汉民编：《总理全集》（第2集），民智书局1930年版，第498～499页。
④ 胡汉民编：《总理全集》（第1集），民智书局1930年版，第245页。

道、航路之属，由国家经营管理之，使私有资本制度不能操纵国民之生计。"① 同时，鉴于"要解决民生问题而仅仅依靠节制资本的方法是不够的"，因而，必须要"发达国家资本"来解决"生产不足"的缺陷："我们的国家一定要发达资本，振兴实业……第一是交通事业，像铁路运河，都要兴大规模的建筑。第二是矿产，中国矿产极其丰富，货藏于地，实在可惜，一定是要开辟的。第三是工业，中国的工业，非要赶快振兴不可。"② 孙中山确信"节制资本"和"发达国家资本"将会给社会带来福利——既可避免私人资本操纵国计民生的弊病，又能迅速地促进社会经济的发展。

孙中山所制定的"节制资本"和"发达国家资本"原则具有积极意义。"节制资本"原则对于当时中国社会经济发展是必需的——一方面，新民主主义革命具有终结半殖民地半封建社会和导致社会主义社会的过渡性质，它不应当也不可能再步欧美资本主义的老路和覆辙。"非资本主义"的前途乃是唯一的康庄大道，这是不以人们意志为转移的历史的必然。另一方面，由于中国的现代工业在国民经济中间的比重还很微弱，"为了对付帝国主义的压迫，为了使落后的经济地位提高一步，中国必须利用一切于国计民生有利而不是有害的城乡资本主义因素"③。私人资本可以存在和发展，但又必须加以限制，孙中山倡导"节制资本"原则，正是在一定程度上反映了这种规律。"发达国家资本"的主张则是对于"节制资本"原则的积极的补充——具有"独占的性质"或"为私人之力所不能办"的企业既不容私人资本涉足，那就必须"发达国家资本"，以便在最重要的产业部门中实施近代化；同时，国家资本的发展将会使得社会经济生活中出现限制私人资本的强大因素，它对于"使私有资本制度不能操纵国民之生计"，无疑有着重大的意义。不过，孙中山的上述主张仍然存在着缺陷。首先，他未能明确理解无产阶级领导的人民政权在社会经济纲领中的决定性意义。尽管历史进程已经使人民共和国的方案取代了资产阶级共和国的方案，而《中国国民党第一次全国代表大会宣言》也承认"国民党之民权主义，则为一般平民所共有，非少数人所得而私"，

---

① 胡汉民编：《总理全集》（第2集），民智书局1930年版，第47～48页。
② 胡汉民编：《总理全集》（第1集），民智书局1930年版，第242页。
③ 毛泽东著：《毛泽东选集》（一卷本），人民出版社1966年版，第1484页。

但是，孙中山在国体问题上始终不曾认识到无产阶级领导权的决定性意义。这一缺陷反映在社会经济纲领中，就使得进行"节制资本"和"发达国家资本"的国家的性质缺乏明确的界说。然而，正是国家的性质决定了"节制资本"和"发达国家资本"的性质和现实性。其次，主观社会主义色彩依旧存在。孙中山认为自己有关资本课题的主张，具有共产主义的性质——"实业由国家经营，所得的利益由大家共享……就是要共产。所以我们不能说民生主义与共产主义不同。"① 显而易见，把两种本质不同的事物混为一谈会在理论和实践中带来消极后果。

孙中山以革命精神所阐释的民生主义依然具有局限性，在很多方面还沿袭了先前的观念。但是，它所包含的新内容毕竟在一定程度上反映了历史的发展和时代的特点，因而，在当时的社会条件下发生着进步的作用。

四

应当指出，三民主义的新阶段是与孙中山制定的三大政策——"联俄""联共""扶助农工"统一而须臾不可离的。在某种意义上，前者是原则和纲领，后者是战略和策略，即途径、方法和手段问题。三大政策对于新三民主义具有极为重大的意义，以致成为它的革命的灵魂。所以如此，乃是因为原则和纲领确定后，必须找到克服敌人的强大物质力量，以便实现奋斗的目标。为了完成民族民主革命运动的任务，一定要建立广泛的民族民主统一战线。而只有"认清这个革命的动力问题，才能正确地解决中国革命的基本策略问题"②。"联俄""联共""扶助农工"的三大政策，基本上解决了中国反帝反封建的民族民主统一战线——包括国内、外两个方面——的力量配置问题。三民主义的新阶段和三大政策的结合，使得三民主义成为完整的民族民主革命运动的纲领。正是这样，毛泽东同志才反复指出："在新的国际国内条件下，离开三大政策的三民主义，就不是革命的三民主义。"

作为三民主义新阶段的主要标志，三大政策的提出有其历史必然性。十月社会主义革命开拓了人类历史的新纪元，年轻的苏维埃国家成为推动

---

① 胡汉民编：《总理全集》（第1集），民智书局1930年版，第245页。
② 毛泽东著：《毛泽东选集》（一卷本），人民出版社1966年版，第632页。

包括民族解放运动在内的世界革命的杠杆。列宁发出了强有力的召唤：全世界无产阶级与被压迫民族联合起来！作为马克思主义与中国工人运动相结合的产物，中国共产党在它踏上历史舞台的最初活动中就表明自己无愧为中国革命的舵手。在中国共产党的领导下，工农运动日益显示其威力和作用；……这些具有重要意义的时代特点，迫切地要求孙中山和他所领导的革命民主派在自己的斗争纲领中予以反映。与此同时，中国共产党提出了建立革命统一战线的正确方针，并为此进行了巨大的工作；而列宁领导的苏维埃国家则把帮助中国的民族解放运动作为国际主义义务，给予道义上、物质上的积极支持。毫无疑问，中国共产党和国际工人阶级的上述活动对孙中山制定三大政策具有重大影响。此外，三大政策的形成还是孙中山忠实于爱国主义和民主主义的结果。"联俄""联共""扶助农工"口号的提出，表明孙中山正确地回答了历史行程所提出的重大课题。能够如此及时地作出反映历史新特点的英明决策，显示了孙中山的远见卓识和胆略。

"联俄"、联合世界上一切被压迫民族和人民——对于中国民族民主革命运动具有重大的积极意义。当然，一个国家革命运动的兴起、发展和胜利主要取决于内部诸条件，但是，"在帝国主义存在的时代，任何国家的真正的人民革命，如果没有国际革命力量在各种不同方式上的援助，要取得自己的胜利是不可能的。胜利了，要巩固，也是不可能的"①。孙中山在其长期斗争生涯中，曾经不辞劳瘁地寻求国际支持。他曾期望日本政府"助中国革新，以救东亚危局"；希冀美国总统"主持公道，……达到护法之目的"。但是，多次向资本主义国家呼吁的结果完全落空，他从那"文明的""富庶的"世界中没有找到热切企盼的"拉裴德"，得到的只是冷漠、嘲讽和欺诈。孙中山的这种遭遇是完全可以理解的，期待帝国主义支持中国革命运动无异于缘木求鱼。孙中山后来深切认识到这样一条真理："我国革命，向为各国所不乐闻，故尝助反对我者以扑灭吾党，故资本国家，断无表同情于吾党。"十月社会主义革命给孙中山带来了"大希望"。苏维埃国家在其诞生初期的艰苦岁月中，就显示了它是殖民地附属国民族解放运动最忠诚的支持者。在著名的《和平宣言》中，苏维埃国家宣布帝俄、临时政府对外所缔结的"不平等条约""密约"一律"立即

---

① 毛泽东著：《毛泽东选集》（一卷本），人民出版社1966年版，第1478页。

作废"。1919年7月,苏俄外交人民委员会首次对华宣言,表示无代价地放弃帝俄攫取的一切在华权益,并"渴望中国人民和俄国农民工人及红军相提携,为自由而战"①。1920年9月,苏俄外交人民委员会再次宣言,重申了第一次对华宣言的主旨,并提出了苏中两国会谈的八项意见。② 与此同时,苏维埃国家和共产国际的代表也与孙中山直接进行会谈。加之,中国共产党一再指出:"中国的反帝国主义的运动……一定要并入全世界被压迫的民族革命潮流中,再与世界无产阶级革命运动联合起来,才能迅速的打倒共同的压迫者——国际资本帝国主义。"③ 这样,孙中山得以迅速地把目光转向年轻的苏维埃国家。早在1918年年初,在广州领导护法运动的孙中山就曾指出:俄国革命的胜利将给中国革命带来积极的影响,革命党人应当注意同苏俄接壤的西北地区。邵元冲在《广州护法日志》中记述:"孙公告何君,谓此后我国形势,应注重于西北。若俄国现在之革命政府能稳固,则我可于彼方期大发展也。"④ 1918年夏,孙中山致电列宁和苏维埃政府:"中国革命党对贵国革命党所进行的艰苦斗争,表示十分钦佩,并愿中俄两党团结,共同战斗。"⑤ 稍后,孙中山与被他称为"革命的圣人"的列宁"函电往还"地讨论过东方各国的革命运动问题。何香凝在《对孙中山先生的片断回忆》中指出:"1919年左右孙中山先生在上海就屡次与列宁有函电往还,讨论东方革命问题。"⑥ 尽管反动的北京政府力图阻隔中国同苏维埃国家的联系,但僻处广州的孙中山在接到齐契林的函件后兴奋地写下了《致俄罗斯苏维埃社会主义共和国外交部信》,表示将不顾反革命势力的阻抑,"希望与您及莫斯科的其他友人获得私人的接触。我非常注意你们的事业,特别是你们苏维埃的组织,你们军队和教育的组织"⑦。在桂林与共产国际代表马林会晤后,孙中山又在1923年年初同苏俄代表越飞会谈并发表了《孙文—越飞联合宣言》。这个具有历史意义的文件,第一次以平等互助的精神规划了中苏两国和人民间

---

① 《新青年》第7卷,1920年第6号。
② 参见《中国共产党历史参考资料》(一),人民出版社1979年版,第90~92页。
③ 同上书,第114页。
④ 《建国月刊》第12卷第6期,第9页。
⑤ (俄)叶尔马舍夫:《孙逸仙》第3部分(中译未刊稿),第7章。
⑥ 何香凝:《对孙中山先生的片断回忆》,载《人民日报》,1956年11月29日。
⑦ 孙中山著:《孙中山选集》(上卷),人民出版社1981年版,第434页。

的关系。以后，孙中山与苏维埃国家的联系日益密切。广东革命根据地获得了社会主义国家的精神上、物质上的援助，这种支持成为中国革命运动迅速发展的因素之一。正是在实际斗争中，孙中山日益认识到把中国民族民主革命运动与国际无产阶级的斗争联系起来的必要性，从而，将"联俄"提到基本国策的高度。在他看来，苏维埃国家才是殖民地附属国人民的真正盟友，被压迫民族在反对帝国主义的斗争中必须与社会主义国家结成联盟。因为，工农专政的国家"反对帝国主义和资本主义，为世界人类打不平"，列宁"敢说世界上多数的民族十二万万五千万人，为少数的民族二万万五千万人所压迫，……并且还提倡被压迫的民族去自决，为世界上被压迫的民族打不平。列强之所以要攻击列宁，是要为他们自己求安全"①。在他的《致苏联遗书》中，最终圆满地表达了"联俄"的观点："你们是自由的共和国大联合之首领，此自由的共和国大联合，是不朽的列宁遗产与被压迫民族的世界之遗产。帝国主义下的难民，将借此以保卫其自由，从以古代奴役战争偏私为基础之国际制度中谋解放。……故我嘱咐国民党进行民族革命运动之工作，使中国可免帝国主义加诸中国的半殖民地羁缚。为达到此目的起见，我已命国民党长此继续与你们提携。我深信你们政府亦必继续前此予我国之援助。"②

"联俄"、联合社会主义国家的主张，对于中国民族解放运动具有重大的历史意义。斯大林曾着重指出："十月革命就在落后的东方各族人民和先进的西方人民之间建立了联系，把他们拉进反对帝国主义的共同阵营……它从而在社会主义的西方和被奴役的东方之间架起了一座桥梁，建成了一条从西方无产者经过俄国革命到东方被压迫民族的新的反对世界帝国主义的革命战线。"③ 在这种新的时代条件下，中国人民在争取民族解放的斗争中必须作出严峻的抉择："……不是倒向帝国主义一边，就是倒向社会主义一边，绝无例外。骑墙是不行的，第三条道路是没有的。"④ 倒向帝国主义一边，意味着永远束缚于殖民主义的枷锁；倒向社会主义一边，则为民族解放运动的胜利创造了重要的条件。正是在这种意义上，毛

---

① 孙中山著：《孙中山选集》（下卷），人民出版社 1981 年版，第 631 页。
② 同上书，第 922 页。
③ 斯大林著：《斯大林全集》（第 4 卷），人民出版社 1956 年版，第 147～149 页。
④ 毛泽东著：《毛泽东选集》（一卷本），人民出版社 1966 年版，第 1477～1478 页。

泽东指出："孙中山和他所代表的苦难的中国人民，一齐被'西方的影响'所激怒，下决心'联俄联共'，和帝国主义及其走狗奋斗和拼命，当然不是偶然的。"①

联合世界上一切被压迫民族和人民，这种主张和"联俄"相互为用形成了"联合国际革命力量"的完整内涵，从而，比较圆满地反映了中国的民族解放运动和争取国际革命力量的相互支援的关系。孙中山早年所曾持有的把亚洲人民的民族解放运动联系起来考察的观点，得到了重大的发展。在列宁的光辉学说照耀下，孙中山意识到了"此后世界人类要分为两方面去决斗，一方面是十二万万五千万人，一方面是二万万五千万人"。孙中山的这种观点显然是受了列宁的深刻影响。列宁在《民族和殖民地问题委员会的报告》中指出："目前帝国主义阶段的特点就是全世界已经划分为两部分，一部分是人数众多的被压迫民族，另一部分是拥有巨量财富和雄厚军事力量的少数压迫民族。世界人口的大多数，有10亿以上，都是被压迫民族。他们的总数大约是12.5亿。我们把全世界总人口算作17.5亿，他们就占世界人口的70%。"② 在他看来，十二万万五千万人构成了被压迫民族阵营，具有共同的命运；二万万五千万人构成压迫民族的阵营，成为被压迫民族的大敌。因此，被压迫民族在对帝国主义的斗争中，必须"联络一致，共同动作，互相扶持"③。这样，才能做到"全世界受帝国主义所压迫的人民都来解放"。同时，孙中山虽然把世界各个民族分为被压迫民族和压迫民族"两方面"，但是，他也看到了这"两方面"之间的联合——"将来白人主张公理的，黄人主张公理的，一定是联合起来；白人主张强权的，和黄人主张强权的，也一定是联合起来。有了这两种大联合，便免不了一场大战。"④ 孙中山认识到被压迫民族和压迫民族中都存在着两种不同的人们，压迫民族中"主张公理"的人们必然成为被压迫民族中的"主张公理"的人们的盟友。毛泽东在论及"国际援助"对中国革命的重大积极意义时，高度评价了孙中山的上述主张："孙中山临终时讲的那句必须联合国际革命力量的话，早已反映了这一种经验。"⑤

---

① 毛泽东著：《毛泽东选集》（一卷本），人民出版社1966年版，第1519页。
② 列宁：《列宁全集》（第31卷），人民出版社1959年版，第210页。
③ 胡汉民著：《总理全集》（第2集），民智书局1930年版，第395页。
④ 孙中山著：《孙中山选集》（下卷），人民出版社1981年版，第598页。
⑤ 毛泽东著：《毛泽东选集》（一卷本），人民出版社1966年版，第1479页。

"联共",是三大政策中的中心环节。

在经历了长期的、"艰难顿挫"的革命征程后,孙中山在20世纪20年代初期接近了中国共产党,并把这支刚刚诞生的无产阶级先锋队引为同志和战友,无疑是意味深长的现象。其时,旧民主主义革命时期已经终结。以孙中山为代表的资产阶级革命民主派,在大地主大资产阶级代表袁世凯及其继承者攫夺了辛亥革命果实后,依然坚持捍卫共和的斗争,但二次革命、中华革命党的反袁以及护法运动都未能取得真正的胜利。旧秩序在新形式下恢复,中国社会的半殖民地半封建性质没有根本改变。无产阶级——通过它的先锋队中国共产党——领导的新民主主义革命则已在此时发轫,并在阶级搏斗的最初回合中显示出蓬勃的生命力和崭新的面貌。在历史进程的重要转折时刻,孙中山和他所领导的中国国民党必须经受严峻的考验,对先前的活动加以扬弃,才能开拓新的革命局面。而联共——同新民主主义革命的伟大舵手结成盟友,对孙中山和他所领导的中国国民党的继续前进具有关键的意义。

毫无疑问,寻求同盟者始终是孙中山政治生涯中的主要课题。在旧中国,革命与反革命的阶级力量对比不利于资产阶级革命民主派。帝国主义和封建主义的统治相当强固,革命党人则因其社会基础孱弱而痛感缺乏可资凭借的物质力量。因此,孙中山在踏上革命道路后时刻寻求着盟友。早在兴中会时期,他曾试图同戊戌政变后流亡国外的资产阶级维新派合作,但未取得成果,反而上了保皇分子的大当。在相当长的时期内,孙中山颇为重视结纳会党,甚至加入洪门组织,以便借用秘密结社的力量。稍后,孙中山逐渐抛弃了"秀才不能造反"的观念,把争取留学生作为对海外侨胞的工作重点。从青山军事学校的创办到欧洲革命团体的组成,显示了他的活动的实绩。为了组织全国性的革命政党,孙中山嘱托廖仲恺等"物色有志学生,结为团体,以任国事"[①]。他还同他的战友们总结了武装反清斗争的经验教训,认为会党往往"一哄而起"又"一哄而散",对这种具有宗法色彩的团体"不可专恃",起义的"成事"必须"取得新军"。[②] 正是由于孙中山重视寻求同盟者并且结成广泛的反清统一战线,他才有可能领导了全国范围的辛亥革命运动。而盟友的历史的、阶级的局

---

① 何香凝:《我的回忆》,中国青年出版社1964年版,第13页。
② 参见邹鲁《中国国民党史稿》(第4篇),商务印书馆1944年版,第1352页。

限，则成为这场革命的悲剧性结局的重要因素之一。在民国成立后，挂着各色招牌的政党应运而生。孙中山创建的同盟会与统一共和党等组合为国民党，但改组过程意味着演变蜕化：官僚、政客、军阀和投机分子混入了党内，原有的革命素质逐渐消失。孙中山在后来捍卫共和国的斗争中继续寻求盟友，为了进行护法运动甚至借用了西南军阀的地盘。结果，却是无所作为和备遭排斥。他在寻求盟友的过程中积累了深刻的经验教训，结盟的得失关系着革命事业的成败。当然，消极状况的造成在很大程度上是由于客观条件的限制：中国无产阶级那时还未作为自觉的政治力量登上历史舞台，它的先锋队——中国共产党则尚未建立。

孙中山同国际无产阶级的联系与友谊对于国共合作的实现当然具有重大意义——提供了思想准备，创造了有利条件。但是，促成孙中山的"联共"决策的主要根据还是中国共产党。旧民主主义革命的全过程给中国人民昭示一条严酷的真理：农民战争、资产阶级维新运动或资产阶级民主革命运动都不能救中国；为了使祖国臻于独立、统一、民主和富强，必须开拓新的道路，进行新的斗争。新生的中国共产党承担了历史的使命，表明自身无愧为新民主主义革命的盟主。它首次提出了反帝反封建的政纲，制订了相应的战略和策略，发动了工农群众运动，传播了革命思想。在同穷凶极恶的敌人搏斗中，共产党人表现出艰苦奋斗、一往无前的英雄气概和献身精神。他们是伟大的爱国志士，他们是光荣的革命先锋。正是这样，孙中山——经历过长期斗争的、闻名当世的革命家——才把诞生不久的、队伍尚小的中国共产党引为同志和战友，确信"在斗争中他能依靠他们的明确的思想和无畏的勇气"，经常"劝告国民党中悲观和疲沓的人，要他们以共产党为榜样，像共产党人一样地为革命辛勤工作，不怕牺牲"。① 他在回答宋庆龄提出的"为什么需要共产党人加入国民党"的问题时指出："国民党正在堕落中死亡，因此要救活它，就需要新血液。"②

对于孙中山来说，"联共"乃是他一生探索救国拯民真理的必然结果。一个始终忠实于爱国主义和民主主义的真正革命家，能与时俱进，就一定会同中国共产党携手，结成革命统一战线。也正是在极其困难的境况下结识的诤友给予他以最大的帮助和支持，促成了他的思想的深刻变化，

---

① 参见宋庆龄著《宋庆龄选集》，人民出版社1966年版，第117页。
② 同上书，第118页。

提高了他的斗争水平，使他得以在晚年再次为人民革命事业做出巨大的贡献。

"扶助农工"——同样是三民主义新阶段的重要有机组成部分。在整个旧民主主义革命时期，孙中山和他的战友们虽然也提出过"国民革命""平民革命"的口号，但是，始终未能真正认清工农群众在民族民主革命运动中的地位和作用。因而，在实践中也就未能充分发动、组织和依靠工农群众。事实上，农民是中国民族解放运动的主力军——"最大的革命民主派"。"没有农民这支军队，就没有而且也不可能有声势浩大的民族运动。所谓民族问题实质上是农民问题，正是指这一点说的。"① 至于无产阶级，则是中国民族民主革命运动的领导阶级——"彻底的革命民主派"。在近代中国社会中，它是最先进的、最革命的阶级。这个阶级在五四运动后自觉地登上了历史舞台，充分表现出它是新民主主义革命的真正舵手。工农群众运动在革命新阶段的蓬勃发展，无疑给孙中山留下了深刻的印象。在中国共产党和国际无产阶级的帮助下，孙中山对于工农群众的作用和意义的认识日益深化。他逐步意识到农民阶级和广大社会下层群众的英勇反帝斗争，才是中国免遭瓜分厄运的主要原因："及遇义和团之变，中国人竟用肉体和外国相斗，外国虽用长枪大炮打败了中国，但是见得中国的民气还不可侮，以为……用武力瓜分了中国，以后还不容易管理中国，所以现在便改变了方针。"② 而在考察当前的革命运动时，更进一步指出"农民是我国人之中的最大多数，如果农民不来参加革命，就是我们革命没有基础"③。同样，孙中山也称赞工人阶级的组织力量：由于广州沙面的工人"有很坚固的团体"，以致"遇到外国人发生苛例，便全体罢工，要求列强来取消。列强因为看见工人有很坚固的团体，所以不敢再压迫"④。正是在这种意义上，孙中山认为，"有了团体"的工人"要废除中外不平等的条约，便可以作全国的指导，作国民的先锋，在最前的阵线上去奋斗"⑤。《中国国民党第一次全国代表大会宣言》明确指出："国民革命之运动，必恃全国农夫、工人之参加，然后可以决胜。"因而，

---

① 斯大林著：《斯大林全集》第 7 卷，人民出版社 1958 年版，第 61 页。
② 胡汉民编：《总理全集》（第 2 集），民智书局 1930 年版，第 537 页。
③ 胡汉民编：《总理全集》（第 3 集），民智书局 1930 年版，第 496 页。
④ 参见胡汉民编《总理全集》（第 2 集），民智书局 1930 年版，第 519～511 页。
⑤ 同上书，第 480 页。

"质言之,即为农夫、工人而奋斗,亦即农夫、工人为自身而奋斗也"。孙中山不仅在认识上有所进步,而且在实践中采取了切实的步骤。他认为国家权力必须为"一般平民所共有",不允许为"少数人所得而私"。改组后的国民党中央执委会设立了工人部和农民部,孙中山积极支持工农群众运动。

十分明显,"扶助农工"的主张对孙中山从事的民族解放事业具有重要的意义。在近代中国社会中,帝国主义与封建主义宛如两座压在人民头上的大山。为了粉碎殖民主义的枷锁和中世纪的镣铐,必须充分解放蕴藏于广大人民群众——首先是工人阶级和农民阶级中的巨大力量。因此"唤起民众",就成为任何革命的阶级、政党和个人的首要任务;同时,也是真革命与假革命、反革命之间的主要分水岭。正如毛泽东所指出的:"中国有百分之八十的人口是农民,这是小学生的常识,因此农民问题,就成了中国革命的基本问题,农民的力量,是中国革命的主要力量。农民之外,中国人口中第二部分就是工人。中国有产业工人数百万,有手工业工人和农业工人数千万。没有各种工业工人,中国就不能生活,因为他们是工业经济的生产者。没有近代工业工人阶级,革命就不能胜利,因为他们是中国革命的领导者,他们最富于革命性。"所以,"革命的三民主义,新三民主义,或真三民主义,必须是农工政策的三民主义"。反之,"不要农工政策,不真心实意地扶助农工,不实行《总理遗嘱》上的'唤起民众',那就是准备革命失败,也就是准备自己失败"。①

三大政策对于中国民族民主革命运动具有重大意义,完全有理由把三大政策视为孙中山革命活动新阶段的主要标志。所以毛泽东同志明确指出:"这种新时期的革命的三民主义、新三民主义或真三民主义,是联俄、联共、扶助农工三大政策的三民主义。没有三大政策,或三大政策缺一,在新时期中,就都是伪三民主义,或半三民主义。"

但是,三大政策也存在着历史局限性。首先,孙中山虽然提出了"联共""扶助农工"的积极主张,然而,这种具有进步意义的口号却未能科学地反映新民主主义革命的领导权问题。在五四运动后,中国的民族民主革命运动的领导者已经不是资产阶级。自觉地踏上政治舞台的无产阶级,成为当之无愧的革命运动的领导者,它通过自己的政党——中国共产

---

① 参见毛泽东著《毛泽东选集》(一卷本),人民出版社1966年版,第685页。

党，实现着这种领导权。又由于"中国没有单独代表农民的政党，民族资产阶级的政党没有坚决的土地纲领，因此，只有制定和执行了坚决的土地纲领、为农民利益而认真奋斗、因而获得最广大农民群众作为自己伟大同盟军的中国共产党，成了农民和一切革命民主派的领导者"①。所以，中国的新民主主义革命运动的领导者只能是中国共产党。"联共"的口号，显然未能确切反映这个历史特点。其次，由于中国共产党既是无产阶级的先锋队，又是作为革命运动主力军的农民阶级的领导者，因此，只有中国共产党才能充分发动和组织广大工农群众，领导他们从胜利走向胜利。资产阶级、小资产阶级的政党，是不能胜任的。孙中山的"扶助农工"的主张，不可能真正解决这个革命成败攸关的问题："孙中山主张'唤起民众'或'扶助农工'。谁去'唤起'和'扶助'呢？孙中山的意思是说小资产阶级和民族资产阶级。但这在事实上是办不到的……在帝国主义时代，小资产阶级和民族资产阶级不可能领导任何真正的革命到胜利，原因就在此"②。

另外，孙中山提出了联合社会主义国家和全世界被压迫民族"共同奋斗"的积极主张，并且，赞同中国共产党倡导的"中国革命是世界革命的一部分"这一正确命题。但是，"……那时这一理论的意义还没有发挥，以致人们还只是模糊地认识这个问题"③。孙中山的情况亦复如此，他未能深刻地、全面地理解这种历史特点，即是"属于资产阶级和资本主义范畴"的"世界革命"，在1917年十月社会主义革命后业已终结。"从此以后，开始了第二种世界革命，即无产阶级的社会主义的世界革命。这种革命，以资本主义国家的无产阶级为主力军，以殖民地半殖民地的被压迫民族为同盟军。不管被压迫民族中间参加革命的阶级、党派或个人，是何种阶级、党派或个人，又不管他们意识着这一点与否，他们主观上了解了这一点与否，只要他们反对帝国主义，他们的革命，就成了无产阶级社会主义世界革命的一部分。"④ 明确地认识这个问题具有重大意义，它将有助于革命者理解当前斗争的性质，制定正确的战略和策略。只有把

---

① 毛泽东著：《毛泽东选集》（一卷本），人民出版社1966年版，第1076页。
② 同上书，第1484页。
③ 同上书，第662页。
④ 同上书，第664页。

中国革命视作无产阶级社会主义世界革命的一部分，才能深刻地懂得这种革命之所以"不为帝国主义所容许，而为帝国主义所反对。但是它却为社会主义所容许，而为社会主义的国家和社会主义的国际无产阶级所援助"①。

孙中山的三大政策虽然有着局限性，但这并不贬低它的重大积极意义。所以，三大政策的提出"是孙中山先生的大功劳"②。

* * *

近代中国社会处于剧变状态，政治、思想领域内的新旧交替现象纷然杂陈。许多理论或观念刚刚登上历史舞台，就又被迅速推到幕后。孙中山能够在近 1/3 世纪中站在民主主义思潮的前列，紧紧把握着时代的脉搏，不仅在旧民主主义革命时期充当了启蒙者，而且在新民主主义革命阶段仍能无愧为先进的思想家，无疑，这是与他勇于开拓、不断奋进的精神分不开的。

当然，外铄的作用是不可忽视的，特别是在世界日益成为一个统一整体的近代，而孙中山又是向全世界寻求真理的杰出代表人物。但是，任何一种思想总是社会存在的反映，植根于现实的土壤中，并由此获致它的生命力。孙中山的思想发展历程是与近代中国社会紧密相连的，是对半殖民地半封建社会的主要课题的回答。孙中山是中华民族的伟大的儿子，"欧洲式教育"、向西方吸取先进思想……赋予他以时代精神，使他具有世界性，但改变不了这种隶属关系。

孙中山的思想是中国人民的宝贵精神遗产，我们应当认真研究、继承和发扬。

处于全国开创社会主义建设新阶段的中国人民将从孙中山的思想中取得教益！

（原载《广东社会科学》1985 年第 1 期）

---

① 毛泽东著：《毛泽东选集》（一卷本），人民出版社 1966 年版，第 661 页。
② 同上书，第 686 页。

孙中山与1924年广州商团叛乱

从1924年开始,中国的新民主主义革命进入了第一次国内革命战争阶段。在孙中山所主持的革命政府所在地——广东,酝酿着一场大革命的风暴。这场波澜壮阔的反帝反封建革命运动,当时虽然还处于萌芽状态,但是,已经展示出旧民主主义革命所未曾有过的深度和广度。

这是历史的必然。从孙中山建立兴中会并策划了首次武装起义——乙未广州之役以来,他的革命的"战争事业"已经有了30年历程。严峻的现实却是:虽然孙中山领导的辛亥革命推翻了充当帝国主义走狗的清朝政府,结束了绵延两千余年的封建帝制,形成了一次政治的、思想的解放运动;但这场不彻底的民主革命在终极意义上趋于失败:半殖民地半封建的社会秩序没有变更,帝国主义和封建主义两座大山依然压在中国人民的头上。后来,孙中山举起了反袁和护法的旗帜,继续同攫取了革命果实的"地主阶级的军阀官僚的统治"代表袁世凯和各派军阀进行了捍卫和斗争,经历了真正堪称"艰难顿挫"的10年时光。然而,旧民主主义革命业已临到了终结期。反袁的结果不过是"去袁"而已,北京政府依旧为北洋军阀所把持。第一次南下护法,不免被西南军阀和政学系政客所排斥。二次护法的结局更为悲惨,竟以披着革命党人外衣的新军阀陈炯明导演的炮击总统府而告终。孙中山陷入十分困难的境地,但仍始终坚持探索和追求。他积极响应了时代的召唤,从俄国十月社会主义革命和中国共产党领导的革命斗争中看到了曙光。孙中山以"适乎世界之潮流,合乎人群之需要"的准则检验了过去的活动,回答了历史提出的新课题。他确立了革命的三大政策——"联俄、联共、扶助农工";实现了国共合作,改组了中国国民党;开始建立革命的武装;支持工农运动的发展。孙中山在1923年年初重返广州第三次建立政权时期的作为,使得广东成为当时的革命策源地。

广东革命形势的发展,必然引起国内外一切反动势力的不安、阻挠和破坏。作为中国民主革命的主要敌人,帝国主义——首先是英帝国主义伸出了反革命的触手。这是完全合乎逻辑的,广东地区的革命化,不仅意味着它对这个富饶和重要的省份丧失了控制权；同时，也威胁到了它侵略中国和亚洲的重要据点之一的香港。所以，英帝国主义积极支持窜踞东江地区的陈炯明，"从香港暗输军械给陈炯明，以香港为陈炯明阴谋密探的中心地，想颠覆广州革命政府"①。同时，又加紧勾结和利用依附于它的广东买办阶级，把他们控制的商团、商团军变成一支反革命别动队，以便在革命策源地的心脏——广州策动反革命叛乱。

1924年10月发生的商团叛乱，成为当时民族、阶级矛盾的焦点之一。围绕着这桩事件的进程，各方展开了尖锐的、错综复杂的斗争。一方面，是广州革命政府同英帝国主义支持的、为买办阶级控制的商团（以及地主豪绅掌握的部分"乡团"）的斗争；另一方面，则是革命营垒内部的斗争——共产党人、国民党左派以及广大工农群众、革命军人同国民党右派以及厕身革命队伍的军阀官僚的斗争；而这两个方面的斗争，又交叉和糅合起来。从8月初扣械潮起，直到10月中旬商团叛乱被弭平，事变进程十分曲折复杂，基本原因就在于此。

变生肘腋的商团叛乱，对孙中山和他主持的广州革命政府无疑是一场严峻的考验。作为资产阶级革命民主派的领袖，孙中山经受了斗争的磨砺。在中国共产党的积极帮助下，在广大工农群众和革命军人的推动下，在国民党左派的支持下，孙中山对商团采取了基本上坚决的态度。虽然，他在这场尖锐复杂的斗争过程中曾经有过犹豫和动摇，甚至一度作出过失误的北伐决策——这主要是国民党右派、中派对他实行包围和施加压力的结果。然而，重要的是孙中山及时克服了这些消极因素，在关键时刻接受了中国共产党和革命人民的主张，对商团叛乱进行了镇压，巩固和发展了革命策源地，从而，为北伐战争做出了贡献。

一

广东商团的建立，大致可上溯到辛亥革命前夕。1911年夏，省城广州首先组织起商团。佛山商团于次年建立，江门商团则成立于1919年。一些县城（如香山县石岐镇）则是在1923年前后组织的商团。商团的宗旨"原为防御内匪，保全生命财产，维持公安起见"，而对"其他事项，

---

① 双林：《孙中山辛亥革命后之第二功绩》，载《向导》第107期。

概不干预"。① 由于商团成员所需枪械服装必须自备，所以，出丁者多为资本丰裕、人手众多的店铺。充当商团军的大都是资本家、少东和高级职员，间或也有雇人充代的。小商店则出"月费"，从经济上维持商团。商团的领导权，无例外地为商业资本家所掌握。又因为广东毗邻港澳，经济上同帝国主义有着极其密切的联系，所以大商户多带有买办性，其中不少人就是买办或洋货商。1922年后担任广州商会会长、商团团长的陈廉伯，就是英国汇丰银行广州分行的买办。陈廉伯16岁即入广州沙面的汇丰银行，很快就担任了买办和入了英国籍。② 少数商团则由豪绅充当头目，佛山商团团长陈恭受是曾担任过省警察厅秘书长的恶霸地主。③

从20世纪20年代初（特别是陈炯明被逐出广州后），英帝国主义积极扶植和控制商团。原有商团多以"自卫"为名大加扩充。没有商团的城镇则纷纷兴办。孙中山在1923年于广州建立革命政府后，省城商团"更加扩充，向加拿大购买步枪千数百支，由……北京陆军部发给入口护照，海关又为英人所掌握，上下一气"④。到商团叛乱前，它在全省范围内已经成为一支数量不小、装备精良的武装。广州商团共有10团，合计4000余人，连同后备力量，达6000余人。⑤ 佛山商团有1600余人，分为12个分团，并与近郊地主阶级控制的46个乡团相结纳，组成47乡联团保卫局。⑥ 江门商团虽然建立较晚，成员也达1000余人，分为9个分团，装备不逊于省城商团。⑦ 甚至连香山县城石岐的商团，也有四五百人。⑧ 商团不仅配备着长短枪，而且还置办了机枪。

商团的反动政治倾向，在叛乱前就已经显示出来；随着广东地区革命运动的发展，这种反革命性质愈益增强。他们反对孙中山制定的革命的三大政策，攻击"联俄""联共"是"赤化"，污蔑"扶助农工的政策是挑

---

① 参见《粤商商团议草》，载上海《民立报》1911年5月6日。
② 参见陈果《广州商团叛变后的陈廉伯》，载《广东文史资料》第19辑。
③ 参见陈骏千等《佛山商团见闻》，载《广东文史资料》第19辑。
④ 李朗如等：《商团见闻》，载《广州文史资料》第1辑。
⑤ 参见丁文江《广东军事记》，载《近代史资料》1958年第3期。
⑥ 参见陈骏千等《佛山商团见闻》，《广东文史资料》第19辑。
⑦ 参见黄鼎三等《1924年前后江门商团见闻回忆》，载《广东文史资料》第2辑；许只：《江门商团始末记》，载《广东文史资料》第19辑。
⑧ 参见郑仲良《中山县商团活动概况》，载《广东文史资料》第19辑。

起工人和资产阶级的恶感,来坐收渔人之利"。① 同时,商团又是资本家压榨工人阶级的工具:"自商团军成立以来,其压迫我工团,残杀我工友之事,不胜枚举。如江门之役,围困油业工会,乱枪射击油业工友,惨被拘囚拷打者21人,失踪者62人。其余香山小榄理发工会之被捣毁枪击与强掳,石岐集贤工会工友,因罢工制止起运之被枪伤与击沉,新会葵业工友之报行纠察,强被囚禁,大良碾谷工会,去年罢工时之横遭围困,四会理发工会,因加价而惨遭蹂躏,最近本市酒业工友因调查会员,而惨被枪伤3人……"② 商团的反动行径表明:它不是什么商民"自卫"组织,也并非对政治"概不干预",而是一支代表了帝国主义和国内反动势力的别动队。商团头子听命于港英政府,英帝国主义分子曾经教唆陈廉伯说:"如果你能够运动商团从中反对政府,我们英国便帮你组织商人政府,你陈廉伯就是中国的华盛顿。"③ 他们还同反动军阀狼狈为奸,"北通曹吴,东连陈炯明"④。此外,他们又与国民党右派相结纳。尽管孙中山和廖仲恺曾经对商团进行过教育和争取,但其领导人的反动本质促使这个组织走上"与帝国主义列强军阀相勾结,直接阻止国民革命之进行"的反革命道路。

商团与广州革命政府的直接冲突,发端于1924年5月。当时,广州市政厅财政局决定征收铺底等捐,商团坚决反对,并借此联络附近商团和乡团酝酿罢市。"商团、乡团亦即纷纷向广州集中"⑤,数达98团。后经调停,政府取消捐税。但商团代表们却于5月28日集议于广州,名为"团务会议",实为组织"联防"。会议决定成立联防总部,并推举陈廉伯和邓介石、陈恭受为总长和副总长;还确定于8月中旬在广州举行"大联团开幕典礼",以便示威性地大肆庆祝一番。为了加强商团的装备,在"议决全省联防时,同时议决扩充实力,筹备款项,购买军械,并公推陈廉伯经手其事"。⑥ 陈廉伯于是随即向香港南利洋行定购长短枪9841支和子弹3374200发,并由悬挂丹麦旗的轮船哈佛号潜运广州。械弹的购运"初时非常秘密",但因数量庞大(装为1129箱),终难"瞒过政府"。陈

---

① 参见陈骏千等《佛山商团见闻》,载《广东文史资料》第19辑。
② 《广州工人代表会通电》,见《广东扣械潮》(卷2),《华字日报》1924年版,第38页。
③ 孙中山著:《孙中山选集》(下卷),人民出版社1981年版,第903页。
④ 巨缘:帝国主义与反革命压迫下的孙中山政府,载《向导》第85期。
⑤ 《广州总罢市的解决与商团联防》,载《东方杂志》第21卷,第12号。
⑥ 参见《广州当局与商团》,载《东方杂志》第21卷,第17号。

廉伯于是贿买粤汉铁路局长许崇灏（粤军将领许崇智的弟弟），于8月4日向军政部蒙领护照一张。4天后，械弹运抵省城。"扣械潮"就此引发。商团叛乱的序幕由是揭开。

二

8月8日，哈佛轮抵珠江入海口之一的虎门并泊于沙角炮台附近。商团派轮验看，准备起卸。在此之前，孙中山也从香港获悉了偷运械弹的消息。他先令滇、桂军查办，但杨希闵、刘振寰"奉令而不照行"。孙中山乃于8月9日命令黄埔军校当局处理。10日晨，发现哈佛号已进泊白鹅潭（在广州市区内的珠江水域，其北岸即帝国主义控制的沙面）。孙中山当即饬令永丰、江固两舰将该轮押至黄埔，并把查获的全部械弹封存于军校。① 广州革命政府扣留非法偷运的大批枪械，成为商团蓄谋已久的叛乱的导火线。密云不雨的局势被打破了，各个阶级和政派积极活动起来。

对于蓄意谋叛的商团来说，扣械问题正是一个大乱广州的借口。陈廉伯等一方面与国民党右派、军阀暗通声气，狼狈为奸；一方扩大事端，猖狂反噬。8月11日晚，商团头子们以辞职手段煽惑商民对广州革命政府的反感。次日，2000余名商团成员公然列队赴大元帅府"请愿"，蛮横地索取枪械，并以罢市威胁孙中山。13日，"花县商团武装抵省者700余名"。"三水、佛山……14埠商团，均备武装来省"。② 15日，省属各地商团到广州参与"大联团开幕典礼"的代表再次赴大元帅府请愿。18日，陈廉伯煽动银钱业罢市并拒收刚刚发行的中央银行纸币。20日，未经政府批准的商团联防总部移至佛山。在"渐次集中全省商团军"的同时，商团大肆污蔑攻击孙中山主持的政府"赤化"、实行"公夫公妻主义"，竭力蒙蔽和胁迫商民罢市。截至25日，全省已有包括广州在内的100多个城镇陆续罢市。而"陈恭受在石湾处，纠集土匪，冒称商团民团，自为攻城总司令"③。商团一开始便如此猖獗地进行反革命活动，目的是要在第一个回合中要挟和逼迫政府作出全面的妥协：无条件发还扣械；允许

---

① 参见毛思诚编《民国十五年前之蒋介石先生》第7篇，1937年版，第43～44页。
② 《新闻报》14日香港电，载《向导》第79期。
③ 《广东扣械潮》（卷2），《华字日报》1924年版，第51页。

成立联防总部并撤销对陈廉伯等的通缉令。

从"扣械潮"开始,孙中山就采取了鲜明的立场和坚决的态度。他在接见商团第一次"请愿"代表时,义正词严地驳斥了商团头子们的谰言,说明政府扣留偷运枪械的理由,并指出正在查究陈廉伯之流策划颠覆政府的阴谋。① 8月19日,孙中山派代表携带亲笔函件前往商团总所,揭露了陈廉伯的"极大阴谋":"欲借商团之力,以颠覆政府,而步意国墨索连尼之后尘";并指出"闻其中策划者有外国人,定期8月14日推翻政府取而代之,以陈廉伯为广东督军,取消独立,投降北方"②。一周后,孙中山在大本营召开了军政联席会议,讨论商团罢市问题,主张采取果决手段——解散商团,以武力制止罢市。并在接见商界代表时,谴责了陈廉伯勾结英帝国主义和直系军阀谋组"商人政府"的罪行,宣布"目下枪械一支都不能发还,须即日开市,始有商量之余地。倘明日仍不复业,我当派遣大队军队,拆毁西关街闸,强制商店开业"③。与此同时,孙中山和担任省长的廖仲恺还从12日起陆续调派黄埔学生军和部分滇、桂、湘军进驻广州,以便维持社会秩序,防备商团叛乱。在商团多次拒绝警告并变本加厉地进行反革命勾当后,孙中山决心以"严厉手段对待",准备于29日进攻商团盘踞的西关,粉碎商团的反革命阴谋。

孙中山对帝国主义的走狗——商团采取了坚决的态度和手段,绝不是偶然的。这反映了他后期思想的深刻变化和发展,也体现了中国共产党和广大工农群众、革命军人对他的支持和促进。还在商团叛迹初露的时候,共产党人就指出不可"姑息养奸","对广东政府对待商团的优柔政策,老早就表示警告";认为"革命政府军事计划,第一步是解散商团军"。在后来的事变进程中,共产党人多次要求孙中山排除国民党右派的包围和干扰,振奋大无畏的革命精神,对猖獗一时的商团给予迎头痛击!④ 广大

---

① 参见《中国内乱之原因》,见孙中山《孙中山选集》(下卷),人民出版社1981年版,第904页。

② 《国父墨宝》,北方杂志社1948年版,第97～101页。

③ 《广东扣械潮》(卷1),《华字日报》1924年版,第43～44页。

④ 参见《向导》第79～92期和一系列有关论文与述评,主要篇目有公侠《帝国主义买办右派共同宰割下的广州革命政府》、和森《北伐呢,抵抗英国帝国主义及反革命呢?》和《警告国民党中派诸领袖》、巨缘《帝国主义与反革命压迫下的孙中山政府》、伍豪《最近二月广州政象之概观》等等。

工农群众对商团的倒行逆施义愤填膺,积极支持孙中山的革命行动,决心组织、武装起来,同商团"决一死战"!总工会在罢市开始后,立即发表《劝告商民复业书》,诚以"勿为谣言所惑",要求"先行复业"。广州工代会在通电中声讨了商团的累累罪行,表示"誓为政府之后盾",要求将所扣枪械"全数没收,拨为组织工团军农团军之用"①。为了发动更多的工人共同向商团斗争,还组织了"劳工同盟救国会"。8月26日,工团军首次进行编制和训练。"人数有300人,直接受工人部的指挥。"②广州附近各属农会纷纷组织农民自卫军,配合和参与了反商团斗争。这支同反动乡团相抗衡的农民武装,共有3000枪支。③广东农民运动讲习所的学员也建立了农民自卫军,警卫廖仲恺主持的省长公署。④工团军和农民自卫军800余人于29日向孙中山请愿,要求明令讨伐商团。广州革命政府掌握和影响的四所军官学校的2000余名学员们大都斗志昂扬,特别是黄埔学生军更为爱憎分明,扣械事发后"全体学生表决将其扣留,并准备与商团作战"⑤。广州的市民则组织了平粜委员会,准备接管粮店和罢市的商铺。广大革命群众纷纷集会游行,支持孙中山对商团的果决措施。8月26日,工农群众还组织宣传队前往佛山。显然,中国共产党和革命群众的积极支持,给予孙中山以力量和信心,促使他对国内外反动派的进攻采取反击的态度。

事与愿违。商团的胁迫并没有吓倒孙中山和广州革命政府,反而激起了群众斗争的新浪潮;陈廉伯之流的处境十分孤立,面临着溃灭的命运。在这种形势下,英帝国主义不得不从幕后走到前台。狡猾的英帝国主义早已通过陈廉伯等紧密地控制着商团,并在幕后操纵其活动。他们把沙面提供给陈廉伯作为罢市指挥机构的驻所,并参与了商团的一系列"秘密策划"。然而走狗黔驴技穷,孙中山宣布"要以武装削平祸乱",于是主子被迫登台——英帝国主义乞灵于传统的炮舰政策,公然出面干涉中国的内政。8月28日,英舰集中于白鹅潭并将炮口指向中国军舰。当晚,领事团向廖仲恺提出"警告"和"抗议"。29日,英国驻广州总领事向大元

---

① 参见《广东扣械潮》(卷2),《华字日报》1924年版,第38～39页。
② 《中国国民党全国党务概况》,载《政治周报》第3期。
③ 参见巨缘《帝国主义与反革命压迫下的孙中山政府》,载《向导》第85期。
④ 湖南省党部农民部编:《广东农民运动概况》,1927年版,第49～50页。
⑤ 《广州前敌通信》,载《向导》第110期。

帅府发出最后通牒，竟然蛮横地宣称"奉香港舰队司令之命，如遇中国当道有向城市开火时，英国海军即以全力对待之"①。但是，英帝国主义的张牙舞爪并没有达到预期的目的。9月1日，孙中山为抗议英帝国主义支持商团叛乱发表对外宣言，尖锐地指出："……20年来，帝国主义各强国于外交上精神上及以种种借款始终一致的赞助反革命……盖今有对我政府之公然叛抗举动，其领袖为在华英帝国主义最有力机关之一代理人。我政府谋施对付此项叛抗举动之唯一有力办法，而所谓英国工党政府者，乃作打倒我政府之恐吓！此是何意味乎！盖帝国主义欲毁坏之国民党政府，乃我国中唯一努力图保持革命精神之政府，乃唯一抗拒反革命之中心，故英国之炮欲对之而发射。"明确表示："从前有一时期，为努力推翻满清；今将开始一时期，为努力推翻帝国主义之干涉中国，扫除完成革命之历史的工作之最大障碍。"② 同时，对英国麦克唐纳政府"干涉中国内政提出严重抗议"③。在这期间，孙中山还在同外国记者的谈话中重申："帝国主义……不仅是我们走向独立自由的道路上的主要障碍，而且是我国的反革命中最强有力的因素。"④ 孙中山的义正词严的声明维护了中华民族的尊严，体现了广大人民反帝的意愿，因而，也赢得了国际无产阶级和世界人民的支持。苏联的《真理报》发表文章，认为"孙中山之打倒反革命，非仅中国蒙其利益，且将影响世界全局"。共产国际发表《告欧美工人暨全世界被压迫民族书》，号召各国工人支持广州人民的反帝斗争。⑤ 在不屈的革命人民面前，英帝国主义的政治恫吓和军事讹诈遭到破产。

然而，这场短兵相接的搏斗不能不加剧国民党内和广州革命政府内的矛盾和斗争；而革命营垒内部的分歧和争端，必然在很大程度上影响着事变进程。这种状况是不可避免的。辛亥革命后的国民党是一个松散的、良莠不齐的组织，一些官僚、政客、军阀和投机分子混迹其中。尽管孙中山后来意识到"国民党正在堕落中死亡，因此要救活它，就需要新血液"⑥。但是，他在中国共产党帮助下所主持的改组并没有把这些腐朽反动分子彻

---

① 《广东扣械潮》（卷2），《华字日报》1924年版，第91页。
② 孙中山著：《孙中山选集》（下卷），人民出版社1981年版，第870～871页。
③ 同上书，第872页。
④ 《广州公报》1924年9月8日。
⑤ 参见上海《民国日报》1924年9月11日、10月18日。
⑥ 宋庆龄：《宋庆龄选集》，人民出版社1966年版，第109页。

底清除。他们由于历史渊源或其他原因,这些人依然窃据要职和起着不容忽视的消极作用。加以反帝反封建斗争的迅猛发展,工农群众运动风起云涌,致使"党内革命空气陡见紧张"①,促进了国民党的分化与组合——进一步形成了右派、左派以及中派。左派是孙中山实行新三民主义、贯彻三大革命政策的依靠力量,主要成员为廖仲恺、宋庆龄和何香凝等。他们代表了资产阶级、小资产阶级的革命倾向,是中国共产党的忠实战友。右派大抵是官僚、政客、军阀、地主豪绅、买办和投机分子,它的阶级基础是地主阶级和买办阶级,"这些阶级代表中国最落后的和最反动的生产关系,阻碍中国生产力的发展……特别是大地主阶级和大买办阶级,他们始终站在帝国主义一边,是极端的反革命派。其政治代表是国家主义派和国民党右派"②。右派"口中虽高唱国民革命",实际上"唯恐得罪帝国主义,以致住不成租界;唯恐彻底打倒军阀,致自己无所依附……常左袒资产阶级,以压迫农工阶级"③。至于所谓中派,多为"元老"。他们摆出一幅中庸平和的架式,似乎不同于大肆叫嚣反共、反苏的右派,但往往"不得不屈服于右派包围之下,时与反动势力妥协"④。中派实际上是右派的盟友,二者之间并没有原则的差别。总之,国民党和广州政府内部是畛域分明的,因为当时"在广东左就是广州,右就是香港。站在广州旗帜之下他必定反对香港,站在香港旗帜之下他必定反对广州,陈炯明率领反革命派军人、政客、买办阶级、土豪劣绅齐站在香港旗帜之下,国民党左派率领工农兵学商各种革命民众一齐站在广州旗帜之下"⑤。

在整个商团的叛乱过程中,国民党右派充当了商团的内应。他们之间或是勾勾搭搭,或是"心有灵犀一点通"。"扣械潮"起,右派政客就反对孙中山对商团采取的果决手段,要求"和平审慎",鼓吹"和平解决"。伍朝枢等还阻止工团军、农民自卫军的建立,不同意群众革命组织或省署接管粮食贸易和罢市商店。握有兵权的右派——滇军的范石生、廖行超和盘踞广州珠江河南地区的李福林等,更直接同商团相勾结。应当指出,广州革命政府当时在名义上辖有军队10万人左右。其中,滇军约3万人、

---

① 《中国国民党中央执委会严驳北京党员之违法会议》,载《政治周报》第1期。
② 毛泽东著:《毛泽东选集》,人民出版社1966年版,第3页。
③ 参见农工旬刊社编印《双十特刊》,1924年广州版,第1页。
④ 陈潭秋:《国民党的分析》,载《中国青年》第59期。
⑤ 《向左还是向右》,载《政治周报》第2期。

湘军2万人、桂军7000人、川军3万人、赣军2000人、豫军1000人、许崇智部7000人、李福林部3000人、梁鸿楷部1万人。① 其中，以滇军实力为较强。驻扎广州地区的范石生部（第二军）和廖行超部（第二师），则是滇军的主力。他们同盘踞珠江河南地区的李福林部，成为广州的军事统治者。除警卫军、豫军和许崇智部外，各军大都不听孙中山的调遣。这些"军队派别复杂，各不相容；初则客军与粤军争，继则客军与客军争，粤军与粤军争。军饷不能统一，苛税日以增加"。他们"假革命之名，以行盗贼之实"，以致"革命政府不特不能资以为用，且受其牵制，使一切革命政策无由实行"。② 右派军阀在商团叛乱中的作为，完全属于这种性质。商团为了掩人耳目而向军政部领取的运械护照，未曾"呈请帅座，或经政务会议通过"。哈佛轮抵广州后，陈廉伯又贿买了部分军队准备"秘密起卸"。由此可见，右派军阀还在运械阶段就已经同商团狼狈为奸。随着斗争的开展，右派军阀的面目暴露得更加清楚。他们"……想借此与商人接近，讨好商人，然后从中剥削"③。所以廖仲恺主持的省署准备"管理西关粮食"，范石生、廖行超乃以"他们可以负责"为名制止，理由堂皇，"其实这就是保护商团"。④ 在8月26日的军政联席会议上，范石生等公然反对孙中山准备强制商团复市的主张，胡说什么"有人破坏秩序"，必将"尽力之所能及迎头痛击"⑤。他们更"施展两面手法，一面勾结商团，反对政府；一面又与政府敷衍，责备商团，以调停人自居"⑥。29日，范石生等同商团达成了交易，炮制了所谓调停六条件——全部发还扣械，商团联防总部"改组"后批准立案，撤出调入广州驻军，取消陈廉伯、陈恭受的通缉令；商团终止罢市，报效军费50万元。右派军阀以"调兵入省"和"独立"的"半兵谏"方式，图谋胁迫孙中山接受。对于这种——如同共产党人所指出的——实际上是出卖孙中山、向反革命势力投降的协议，汪精卫、伍朝枢等竟然表示赞同，主张接受调

---

① 参见丁文江《广东军事记》，载《近代史资料》1958年第3期。
② 参见《中国国民党召集第二次全国代表大会宣言》，载《政治周报》第3期。
③ 伍豪：《最近二月广州政象之概观》，载《向导》第92期。
④ 参见公侠《帝国主义军阀买办右派共同宰割之下的广州革命政府》，载《向导》第82期。
⑤ 《广东扣械潮》（卷1），《华字日报》1924年版，第47页。
⑥ 莫雄等：《广州商团叛变事件见闻》，载《广东文史资料》第2辑。

停条件，以"和平解决"为上策。中派的表现"可以'犹夷妥协，居中取巧'八个字包括之"①，他们"幻想维持政权而又不敢接受平民群众之赞助的"，结果，"便间接而又间接地助长了妥协派以致反动派的气焰"。②右派以及中派的妥协、退让和投降的倾向，给孙中山和左派造成了很大的压力。就在右派军阀提出调停六条件的当天，"力持打倒商团""提倡工人组织工团军"③ 的廖仲恺，被迫向孙中山面辞省长职务，表示了自己的抗议。孙中山依然没有屈服，他在31日召开的国民党中央全体会议上谴责了范石生等"阳拥政府，阴护商团"的罪行，坚决否认六项条件，表示要"存一点天地间的正气！"④ 然而，在右派和中派的包围、阻挠和实力要挟下，孙中山的革命主张难以贯彻，武装镇压商团的方案未能实现。这就使得形势发生了逆转，尽管"表面上不露痕迹"——右派、中派仍旧"与商团之最接近政府者联络，再设法使商团'就范'改组，使实际上得着同样的结果"。⑤ 8月底，持续了一个月的紧张形势似乎趋于和缓。广州和各埠于30日先后复业。李福林和"接近政府"的商团军干事李朗如分别担任了广州市长和公安局长。除了扣械尚待发还之外，好像一切矛盾都已解决。然而，叛乱的阴谋正在平静的氛围中加紧进行着。这是合乎逻辑的结果。右派、中派促成了妥协的局面。而这种局面则导致了军阀、买办和右派的掌权。在反动势力的羽翼和纵容下，商团正在磨刀霍霍，窥测时机，以便把革命淹没在血泊中。

形势极其严峻，在似乎平静的氛围中正策划着一场希图推翻广东革命政权的叛乱。

孙中山所致力的国民革命，面临着十分尖锐的挑战。摆脱危机的唯一出路，在于革命领导者的英明决策。

三

正在这时，江浙战争于9月3日爆发。卢永祥在浙江发难，揭开了反

---

① 和森：《警告国民党中派诸领袖》，载《向导》第85期。
② 参见巨缘《帝国主义与反革命压迫下的孙中山政府》，载《向导》第85期。
③ 中央党部工人部：《为纪念廖仲恺先生告工人》，见《廖陈二公周年纪念册》。
④ 公侠：《帝国主义军阀买办右派共同宰割之下的广州革命政府》，载《向导》第82期。
⑤ 参见巨缘《帝国主义与反革命压迫下的孙中山政府》，载《向导》第85期。

直战争的序幕。9月17日，直奉战争开始。由于孙中山同皖系、奉系订立过反直联盟，所以决定参与讨直战争。9月4日，他召开了北伐筹备会议，确定赣、豫军全部出师，滇、粤军部分参与。迁大本营于韶关，在广州设留守府，以胡汉民为代帅并兼广东省长。5日，发布《讨贼宣言》和《对粤宣言》，表示"翘日移师北指，与天下共讨曹吴诸贼"，希望全省人民"踔厉奋发，为民前驱，扫除军阀，实现民治"。① 12日，移大本营于韶关并亲往督师。18日，中国国民党发布《北伐宣言》，申明北伐目的"不仅在覆灭曹吴，尤在曹吴覆灭之后，永无同样继起之人，以持续反革命之势力。换言之，此战之目的，不仅在推倒军阀，尤在推倒军阀所赖以生存之帝国主义"②。20日，在韶关举行北伐誓师典礼，各军旋即分两路向湘、赣出发。

在当时的形势下，孙中山的北伐决策无疑是缺乏积极因素的。显而易见，这是右派包围和影响的结果。"右派因为恐怕中山与英国帝国主义冲突而打破他们的巢穴，因为要成功与陈炯明的调和以巩固他们与左派对抗的武装势力，因为要讨好段、张、唐继尧等军阀以遂其蝇营狗苟奔走南北升官发财的勾当。"③ 所以，他们竭力怂恿孙中山北伐。这项决策的制定不仅是仓促的，而且具有"孤注一掷"的性质："急撤东江防军，不惜舍弃广州要地。"④ 中国共产党当然不能赞同北伐的决策，并且对这种战略部署作了详尽的分析，说明不可通过北伐实现"推倒军阀"及其"所赖以生存的帝国主义"，而只会给当前的反帝反封建斗争带来严重的消极后果。

从北伐战争本身来说，这次军事行动不可能具有鲜明的反帝反封建性质。北伐是为讨直，盟友则是皖系、奉系军阀和唐继尧等西南军阀。然而，直、皖、奉和西南军阀之间的争端，不过是为了地盘和权利的角逐，并且反映了帝国主义之间的在华矛盾。孙中山固然是为了反对封建军阀和帝国主义而参战，但并没有真正的"革命军"作为基本力量，所以不能从根本上改变战争的性质，却在相当程度上削弱了自身的革命影响。甚至，在某种意义上"只能助日本帝国主义及反直军阀张目呐喊"⑤。至于

---

① 参见《讨贼宣言》，载《建国粤军月刊》第1期。
② 孙中山著：《孙中山选集》（下卷），人民出版社1981年版，第873~875页。
③ 和森：《北伐呢？抵抗英帝国主义及反革命呢？》，载《向导》第83期。
④ 《北伐声中的西南团结》，载《东方杂志》第21卷第18期。
⑤ 和森：《北伐呢？抵抗英帝国主义及反革命呢？》，载《向导》第83期。

战争的结果，也是可以预期的。不论何方胜利，窃踞北京政府首脑的只能是军权在握的"武人"。辛亥革命后十余年来的政治、军事史，已经分明地昭示了这条规律。孙中山希望"此次一出"，"中原可为我有"，"百年治安大计，从此开始"，显然是难以实现的幻想。可以断言，孙中山的北伐本身是不会获致什么积极成果的。

需要着重指出的是：北伐加剧了广州局势的逆转。孙中山在离开广州前，向广东人民宣告实行三项重大措施，除北伐外，其他两项是广东"自治"（包括广州市长"民选"）和免除"一切苛杂捐税"。① 他希望由此得以"改弦更张，以求与人民合作"。但是，三项措施并未改善广州的形势。孙中山计划"悉调各军，实行北伐"，实际上只有警卫军、湘军、豫军和朱培德部的直属滇军随行。滇、桂军和李福林部继续盘踞广州，扰害人民，与商团相勾结。以广州市长"付之民选"作为"全省自治之先导"，也是没有实际意义的。李福林和范石生、廖行超已经控制了广州的军政大权，"自治""民选"完全有名无实。归根结蒂，"一切改组商团民选市长等条例便在他们手里"。因此，"所谓以广东还诸广东人民便是以广东还诸英帝国主义的走狗陈炯明及买办阶级"②。至于免除"苛杂捐税"，则是根本行不通的。尽管孙中山三令五申，廖仲恺积极"整顿财政"，但"……饷源在握的各军长不但不能遵令取消，且更借北伐巧立名目，加抽各种捐税。滇军军阀如是，粤军、桂军、湘军等军阀亦莫不如是"。9 月 17 日，廖仲恺被迫辞去军需总监、财政部长和财政厅长等职。可见，孙中山离穗前的措施未能稳定、改善广州的局势；反之，由于孙中山"全力用于毫无结果的军事行动上面，党务以及在民众间的发展完全因此停止"③。

更为严重的问题是商团本身。北伐并未打消其反革命叛乱的谋划。恰恰相反，这种决策所包含的回避、退让和妥协的因素在客观上纵容了商团头子们。事实上，孙中山在右派、中派的包围和影响下高估了帝国主义和国内反动派的力量，以为广州"不能一刻再居"，原因有三："英国的压迫"；"东江敌人之反攻"；"客军专横，造成种种犯孽"。结论则是"宜

---

① 参见邹鲁《中国国民党史稿》（第 4 册），商务印书馆 1944 年版，第 1154 页。
② 和森：《北伐呢？抵抗英帝国主义及反革命呢？》，载《向导》第 83 期。
③ 伍豪：《最近二月广州政象之概观》，载《向导》第 92 期。

速舍去一切，另谋生路"，而"现在之生路，则以北伐为最善"。① 正是在这种思想状态下，孙中山把他认为十分棘手的商团问题交由胡汉民、汪精卫处理，因为他们"长于调合现状"，"现在之不生不死局面，有此二人，当易于维持"。② 孙中山在此期间对有关商团问题也作出一系列不明确的乃至前后矛盾的指示——时而认为商团接受"民团条例"、报效北伐军费后可以发还扣械，时而又命令以部分扣械武装北伐部队。至于留守广州的右派和中派，对于商团更是采取纵容的政策。9月18日，胡汉民派代表偕同商团头子前往黄埔军校察看扣械。20日，政府取消了陈廉伯等的通缉令。30日，范石生、李福林将部分扣械从黄埔运回广州，存放江防司令部，准备发还商团。只是在获悉商团接济陈炯明军费并唆使其进攻广州的消息后，才暂中止。

广州当局的这种"柔软"态度（孙中山语），招致了商团的益发猖獗。9月14日，商团散发反动传单，叫嚣什么"赤化亡党""共产在即"，并酝酿第二次罢市。10月初，商团以扣械未还作为扩大事态的借口。4日，全省188个商团在佛山开会，决定举行大规模罢市和停止纳税，准备以"直捷手段"③ 对付革命派和广大群众。在此前后，地主阶级、买办阶级和各种反动势力纷纷出笼，建立形形色色的组织，大造反革命声势。"广东商业联合会"通电海外，煽惑华侨反对孙中山。买办豪绅们拼凑的"广东省临时大会"甚至乞怜于国联，控告孙中山为"破坏国际善意之叛徒"。9日，商团发出了总罢市的通牒。一场反革命叛乱，已经迫在眉睫。

在这关键的时刻，代帅兼省长的胡汉民的态度却是软弱妥协。为了使商团不致罢市，他在10月10日晨将黄埔所存扣械运到广州发还。商团趾高气扬地拿到私运的武器，却拒不履行报效北伐军费的协议；同时，继续煽动、胁迫商民罢市。远在韶关的孙中山忙于北伐事务，但仍密切地注视着广州局势的变化和不断地作出反应。他为商团的蛮横猖獗感到愤怒和焦虑，只是还未能立刻下决心镇压。韶穗之间，函电交驰。然而，孙中山对广州有关人员的指示并非前后一致。他意识到了广州形势的极端严重性，

---

① 参见冯超编：《中山外集》，中央图书馆1927年版，第31页。
② 参见孙中山著《孙中山选集》（下卷），人民出版社1981年版，第876页。
③ 《申报》1924年10月7日。

感到姑息养奸和任用非人业已造成危险的后果，所以，他手谕蒋介石成立革命委员会。并在复函中对蒋介石将汪精卫、胡汉民拉入革命委员会的企图予以否定，指出"革命委员会当要马上成立，以对付种种非常之事……当出快刀斩乱麻，成败在所不计"；认为"汉民、精卫不加入未尝不可，盖今日革命非学俄国不可，而汉民已失此信仰，当然不应加入，于事乃为有济。若必加入，反多妨碍……精卫本亦非俄派之革命，不加入亦可。我党今后之革命，非以俄为师，断无成就"①。但是，就在同日却又电饬蒋介石依照胡汉民转来李福林拟定的妥协办法发还商团枪支。甚至在另一份电报中要求"舍去黄埔"，将"所有枪械与学生，一齐速来韶关，为北伐之孤注"。② 就在孙中山尚在犹豫未决的时候，商团却以屠杀革命群众开始了蓄谋已久的叛乱！

四

10月10日，中共广东区委发动广州的革命群众在第一公园举行武昌起义纪念大会。

与会者有工人、农民、革命军人、学生和市民。会场上高悬着"打倒帝国主义""打倒军阀"等标语。群众团体的代表们在发言中声讨了帝国主义和封建军阀的罪行，揭露了商团的反革命面目，共产党人周恩来代表民族解放协会讲话，强调指出"团结起全中国的革命民众向反革命派进攻，也就是团结起今日到会的工人、农民、兵士、学生、商人向四周围的反革命派进攻"，就能够实现"真正独立，真正共和"。③ 会后，数千群众举行了示威游行。当队伍行至太平路时，预伏的商团突然开枪扫射，前后夹击，四面追袭，甚至凌辱被难者的尸体，残暴地斩首剖心。革命群众当场死伤数十人，落水失踪者为数甚多。现场正是李福林和廖行超所部的防区，在场的福军竟然会同商团兜捕游行群众。帝国主义走狗一手制造的血淋淋的惨案，就在光天化日之下发生在革命策源地的心脏！

"双十"惨案的枪声，立即激起了革命人民的极大义愤。中国共产党

---

① 孙中山著：《孙中山选集》（下卷），人民出版社1981年版，第876页。
② 参见电报原件，藏于中国第二历史档案馆。
③ 参见农工旬刊社编印：《双十特刊》，1924年版，第7页。

广州地方执委会和中国社会主义青年团广东区执委会发表《告民众书》，号召人们进一步认清反革命势力的狰狞面目，团结起来，彻底革命，"抗军阀，抗帝国主义，抗一切反革命派"。并且要求国民党"扫除向日妥协的空气"，积极领导广大群众英勇奋斗，"解除商团武装，实行国民革命"。① 参加10月10日游行的16个团体组织了工农兵学革命大联盟，坚决要求解散商团，严惩凶手。并在宣言中指出"双十"惨案是英帝国主义、买办阶级、商团军、陈炯明以及广州反动军阀制造的，号召群众"与反革命决以最后死战"②。广大工农群众和革命军人一致要求以严厉手段镇压商团，甚至小商人也起来反对商团"胁迫"罢市，要求"打倒陈逆"③。

在中国共产党的帮助下，在广大革命群众的推动下，孙中山面对反革命叛乱的严重威胁，终于下定了镇压商团的决心。10月10日，孙中山在给胡汉民和各军司令的电报中指出："商人罢市，与敌反攻（指陈炯明部的蠢动——引者），同时并举，叛迹显露。"所以"万难再事姑息"，"唯有当机立断"，"切勿犹豫，以召自杀"。④ 同日，成立了以孙中山为首的革命委员会，作为镇压反革命叛乱的权力机构，以取代广州当局。11日，孙中山在获悉"双十"惨案的消息后，当即电饬胡汉民"立即宣布戒严，并将政府全权付托于革命委员会，以对付此非常之变，由之便宜行事以戡乱"⑤。致电广州40余个群众团体，告以"已令省长、许总司令、民团统率处处长严行查办"⑥。在批示蒋介石来电中，重申对商团"严行查办"⑦。但是，孙中山当时还没有认识到必须回师讨逆，仍然以为"北伐重要，不能回省戡乱"。他指示蒋介石收束军校，将扣械和苏联支援的武器运韶。

然而，广州形势急剧地恶化。右派和中派虽然对事态的发展也感到震动，不愿意商人政府和陈炯明取代现在的广州当局，但依旧"奔走调停"，以为"双十"的屠杀是什么"误会"，公然警告革命群众"不得借

---

① 参见农工旬刊社编印：《双十特刊》，1924年版，第39～41页。
② 香港《中国新闻报》1924年10月14日。
③ 农工旬刊社编印：《双十特刊》，1924年版，第46页。
④ 参见谭延闿《总理遗墨》（第2辑），1930年影印版。
⑤ 转引自蒋永敬《胡汉民先生年谱稿》，见《中国现代史丛刊》（三），1961年台北版，第206页。
⑥ 农工旬刊社编印：《双十特刊》，1924年版，第24页。
⑦ 电报原件，藏中国第二历史档案馆。

端生事",否则"定必按法严惩"。这种对策助长了商团的气焰。他们继续罢市,张贴"驱除孙文""打倒孙政府"的传单和标语,封锁市区,构筑工事,沿街布防,武装巡行。12日,商团发出最后通牒。13日,陈廉伯指使其弟陈廉仲在沙面召集商团头子开会,策划扩大叛乱,决定"新老城团友一律于14日下午5时,集中西关待命",以便"15日拂晓开始行动,收复省署、公安局及各财政机关"。① 陈廉伯则在香港策动陈炯明进攻广州,要求英帝国主义出面干预。与此同时,陈炯明部驱使石龙土匪进窥石滩。大局的趋势已经十分明显:"不出两途:一是政府塌台,一是商团解散,绝对没有妥协的余地。"② 孙中山面临着最后的抉择——或是回师广州,全力扑灭商团叛乱;或是放弃广州,使煞费心血经营的革命策源地毁于一旦。形势要求立即作出答案,容不得任何犹豫和拖延。

中国共产党的态度是非常鲜明的,在这紧要的关头更是主张当机立断:"立即以少数可靠的革命军力向一切反革命的商团和军阀下总攻击,以决最后的死战。"③ 工农群众和工团军、农民自卫军斗志昂扬。黄埔军校学员"全体决议出发广州作战",决心"与帝国主义者和军阀拼一个你死我活"。④ 国民党左派则是一贯支持孙中山对商团采取果决手段的。正是在这种情势下,孙中山下了极大的决心:坚决消灭反革命商团,保卫革命策源地。12日,他命令黄埔军校当局"立即起义杀贼,绝无反顾";"必尽灭省中之奸兵奸商,以维持革命之地盘"。13日,根据孙中山的手令,革命委员会饬令胡汉民解散广州商团机关,并将商团军缴械。同时,警卫军及湘、粤军各一部连夜回师广州。14日,再次电令胡汉民及驻广州各军迅速"收缴商团枪枝"⑤。15日凌晨,商团首先向警卫军射击。警卫军还击,工团军、农民自卫军、黄埔学生军以及粤、湘、桂、赣军纷纷投入战斗。滇军的范石生、廖行超部迫于形势,也不得不向商团开火。各军分五路包围西关,勒令商团缴械。商团凭借铁木栅栏和高楼顽抗,各军于是分头进攻。仅仅经过几个小时的战斗,耀武扬威的反动商团军就被全歼。少数流窜郊区,也未逃脱覆亡的命运。事实证明,帝国主义及其走狗

---

① 参见香港《中国新闻报》1924年10月21日。
② 惠仙:《广州革命派与反革命派的大激战》,载《向导》第89期。
③ 伍豪:《最近二月广州政象之概观》,载《向导》第92期。
④ 参见《广东前敌通讯》,载《向导》第110期。
⑤ 原件,藏中国第二历史档案馆。

们在组织、武装起来的人民面前都不过是纸老虎!

商团叛乱的弭平,具有重大的积极意义。

坚决镇压商团,不仅消除了广州革命政府的"心腹之患";同时,也意味着对英帝国主义和军阀、右派的沉重打击。确是大长了革命人民的志气,大灭了反革命势力的威风,革命策源地得到了巩固和发展,并为广东地区的统一创造了条件。孙中山没有再蹈两次护法运动的覆辙。在他长期的斗争生涯中第一次有了可资凭靠的革命根据地。孙中山的北上和后来的北伐战争,都是以广东作为出发点。

当然,扑灭商团的历史意义"决不仅止于保存广州政府"。在这场尖锐复杂的斗争中,各个阶级和政派都作了充分的表演。特别值得注意的是:商团叛乱表明"近年来买办阶级的发展,已成为卖国卖民专助帝国主义侵略的阶级"。既然"广州买办阶级为了香港英资本家的利益,竟会以武装暴行摧残民众,以助英国铲除革命政府,其他地主的买办阶级自然也会如此"①。这样,就有助于革命政党和广大群众进一步认清新民主主义革命阶段中的阶级分野——"……一切勾结帝国主义的军阀、官僚买办阶级、大地主阶级以及附庸于他们的一部分反动知识界,是我们的敌人。工业无产阶级是我们革命的领导力量。一切半无产阶级、小资产阶级,是我们最接近的朋友。那动摇不定的中产阶级,其右翼可能是我们的敌人,其左翼可能是我们的朋友——但我们要时常提防他们,不要让他们扰乱了我们的阵线。"② 显而易见,对于这个革命运动的基本规律的认识、掌握和运用,无疑对革命政党和人民具有极其重大的作用。

(原载《学术月刊》1979 年第 10 期)

---

① 双林:《孙中山辛亥革命后之第二功绩》,载《向导》第 107 期。
② 毛泽东著:《毛泽东选集》(一卷本),人民出版社 1966 年版,第 9 页。

孙中山与宋庆龄

一

一伟大的时代，孕育和塑造伟大的人物。

当然，人物总是环境的产物和社会关系的总和，他们的活动离不开历史的舞台，是以"时势造英雄"。但是，杰出人物大抵又是一定社会思潮和社会运动的代表，从而影响了事变的进程，并且留下了自己的印记，因之"英雄造时势"的论断也反映了这种双向关系的又一侧面。

在堪称发生"天崩地解"般的"千古未有之变"的19—20世纪的中国，诞生了两位巨人——孙中山先生与宋庆龄女士。他们的名字密不可分，宛如深邃天幕中光辉灿烂的"双子星座"。他们是时代和民族的精英，对近代中国产生了重大积极影响。

以1840年鸦片战争为发端，中国社会从封建末世入于近代时期。然而新阶段的到来既非由于社会生产力的飞跃，亦非因为波澜壮阔的革命运动；史剧帷幕的开启，竟然是被英国发动的侵华战争所拉动。这种强烈的外铄作用，深切影响了近代中国社会的基本性质和进展过程。中国固有的封建主义依然严重存在于各个社会领域，因为帝国主义在促使中国殖民地化的同时竭力保存中世纪的腐朽事物，甚至与之相结合，互为靠山和墙脚。这种极端反动的联盟，严重桎梏了近代中国社会的发展。

摆在中国人民面前的首要任务，就是粉碎帝国主义与封建主义的统治，解放和发展社会生产力，建立民主政治，使半殖民地半封建的中国臻于独立、民主和富强。近代中国社会的基本性质决定了中国革命必须分为两步走：第一步只能是民主革命，第二步才是社会主义革命；前者是后者的必要准备，后者是前者的必然趋势。作为第一步的民主革命又分为新旧两个阶段。旧民主主义革命持续了80年，建立了可歌可泣的业绩，但是，包括辛亥革命那样正规的、全国范围的斗争都以悲剧告终，事实证明，殖民地附属国的资产阶级不可能在帝国主义时代引导革命走向胜利；只有新民主主义革命才能完成历史的使命，因为它是由无产阶级领导的新式民主革命。作为第二步的社会主义革命和建设则是新民主主义革命的深化和拓展，它将把新生的人民共和国导向光辉的彼岸——富强的、民主的、文明的社会主义现代化强国。

从备受压榨的、贫困落后的旧中国上升为社会主义现代化的新中国，必须继旧民主主义革命之后，攀登两个台阶，即实现两次马克思列宁主义与中国实际相结合的"历史性飞跃"。找到新民主主义革命道路，实现了第一次"历史性飞跃"，形成"建设有中国特色社会主义道路"，则是第二次"历史性飞跃"。中国共产党领导各族人民继承和发展了孙中山的未竟之业，用28年完成了第一次"历史性飞跃"，然后，不停顿地为实现第二次"历史性飞跃"而继续奋斗。历史证明，"马克思列宁主义的普遍真理一经和中国革命的具体实践相结合，就使中国革命的面貌为之一新"。只有社会主义（包括作为它的必要准备的新民主主义）才能拯救和发展中国，乃是为实践所检验的颠扑不破的法则。其他的救亡图存和振兴中华的理论和方案，总是难以避免悲剧性的命运。

这就是历史的必由之路。先进人士的首要任务就在于探求、把握和实践。

孙中山从19世纪90年代开始他的政治生涯，以近40年的艰苦卓绝的革命活动在广阔的时空舞台上演出了多幕悲壮史剧。他的战斗历程延伸过两个世纪和贯串于近代中国民主革命的前后阶段。他的足迹和活动涵盖了亚洲、欧洲和美洲的许多国家。他力图使自己的祖国挣脱殖民主义和封建主义的双重枷锁，从中世纪入于近代化。他始终站在历史潮流的前面，给时代留下了自己鲜明的印记。

孙中山不愧为一代巨人，他的思想和实践是多方面而又内涵丰富的。他几次环行世界，能操数种语言；他求索于古今中外的思想宝藏以熔铸救国拯民的真理，并在难得的间歇中思考宇宙、人生和价值的真谛；他始终与时俱进，从不在奔腾的"世界潮流"中故步自封；他感受过胜利的欢欣，目睹共和制诞生于封建君主制的废墟；他经历了更多的顿挫，迭遭通缉和绑架；他曾有过"槁木死灰"的心境，却又能够"愈挫愈奋"……当然，他的形象并非完满无缺，因为他不是光环笼罩的神祇，只是一位"大写的人"。

在近代中国的历史舞台上，孙中山扮演了民族英雄、革命先驱的重要角色。他必须在两个世纪的交接时刻担负起开拓的重任，因为严峻的现实是：无论波澜壮阔的农民战争，抑或资产阶级维新运动，都不能拯救和发展中国，而难免以悲剧告终。他积极响应了时代的召唤，勇敢地超越了前行者——制定具有比较完全意义的民主革命政纲，建立资产阶级革命政党，开展反清武装斗争，从而使近代中国民主革命运动由准备阶段入于正规阶段。当革命新时期——新民主主义革命到来后，他积极地迎接了急湍的时代大潮，让自己的思想和实践经由检验和扬弃达到前所未有的高度：把旧三民主义发展为新三民主义，确立了"联俄、联共、扶助农工"的三大政策。孙中山的一生宛如上升的阶梯，迈进不停，攀登不已，无论是声望、威信或年龄的增长，都未曾导致思想僵化和盲目性。他从爱国和热衷社会变革的青年，成长为民族民主革命领袖；又从旧三民主义发展为新三民主义，一直是时代潮流的指导者。

孙中山建树了不朽的丰功伟绩：高举民主革命的旗帜，领导推翻了帝制、建立共和国的辛亥革命；实行了第一次国共合作，推动了国民革命的进展。他的全部政治生涯形象地呈现为一个加半个"弧形"：第一个"弧形"是他在旧民主主义革命时期活动的写照，从兴中会到同盟会构成升弧，辛亥革命为其顶点，二次革命、中华革命党反袁斗争和护法运动则显示为降弧；第二个"半弧形"反映了他在新民主主义革命时期的业绩，其顶点为中国国民党第一次全国代表大会召开、弭平广州商团叛乱和北上。他的非时逝世，中断了"弧形"的高扬。

为了拯救和建设祖国，孙中山奉献了自己的一切。在为"新世界"诞生的艰苦卓绝的战斗历程中，他的精神状态一直保持在"悲剧的高度"——为崇高的理想而献身，虽然事业未能及身而成。在这种意义上他不愧为中华民族的伟大的儿子。同时，他的思想和实践体现了人类进步的必然趋向，"世界大同"作为他的终极奋斗目标，因之获得了不同社会制度和发展层次国家、民族和地区的人们的认同。所以，他也理所当然地属于世界。

孙中山的战友、学生和伴侣——宋庆龄被誉为 20 世纪最伟大的女性之一。她是中国人民的优秀女儿，堪称中华民族的瑰宝；同样，她也受到不同社会制度和发展层次国家、民族和地区的人们的理解和赞颂。

宋庆龄在中国革命中的特殊地位，在于她是以孙中山的战友、学生与伴侣的身份参与、继承、捍卫和发展了孙中山的思想与事业；宋庆龄对中国革命的特殊贡献，则是由于她在新的革命阶段发掘和赋予孙中山思想以更深广的内涵，使孙中山思想具有不衰的生命力，而与不同时期的历史任务接轨。她始终高擎孙中山的旗帜，将不同阶层及不同意识形态的爱国进步人士和群体凝聚于孙中山的旗帜之下，成为中国革命大军中不可缺少的力量，并引导他们投入中国共产党所领导的新民主主义革命以至社会主义革命和建设的洪流。甚至她的崇高品格的魅力也成为一种强大的感召力量，为中国人民的革命事业赢得了广泛的国际支持。

应当指出，宋庆龄与孙中山的名字是分不开的。他们之间的密切关系虽然有着主从之分，但影响却是双向的。在他们携手走过的艰难征程中，彼此相濡以沫，互相扶持、砥砺和促进。孙中山作为宋庆龄的战友、导师和伴侣，对她的成长起了重大的促进作用；但是宋庆龄对于孙中山的积极影响，也是不能忽视的。特别是在孙中山逝世后，宋庆龄继续高举他的旗帜，继承、捍卫和发展了他的思想和事业，跨越了半个多世纪，贯串了新民主主义革命阶段和社会主义革命及建设时期。她努力使孙中山的思想和事业同奔腾不息的历史潮流融会起来，赋予孙中山的旗帜以新的生命力；同时，也给现实斗争注入了更多的凝聚力。孙中山迄今仍未离开现实的舞台，继续鼓舞人们奋进，以完成振兴中华、统一祖国的大业，宋庆龄的作用显然是十分重要的。这不仅是时代与斗争的要求，也是他们的共同思想与相互关系逻辑发展的结果。

宋庆龄与孙中山生活在矛盾错综复杂和事物急剧变化的年代，跨世纪的峥嵘岁月包含了两个革命时期——民主革命时期和社会主义革命与建设时期，而前者又分为旧民主主义革命阶段和新民主主义革命阶段，两个革命阶段之间还存在着必然的联系和重要的歧别。中国近百年的历史进程几乎浓缩了西方几个世纪的社会内涵：往往一次革命运动方才失败，另一次规模更大、意义更为深远的革命运动又随即而起；一种新思潮、新理论刚刚出现，很快又被另一种更先进的思潮和理论所代替。因此，现实便向站在时代前列指导潮流的人物提出了十分艰巨的任务——他们的思想和理论必须及时总结、不断扬弃并自我超越，以便与时俱进。任何停顿都会使其沦为时代的落伍者，甚至倒退为激流的障碍。在斗争实践中，他们还须非常注意保持革命新旧阶段的连续性——将前一阶段革命成果在下一阶段加以发展，把前一阶段的经验教训作为下一阶段的借鉴。先前的革命队伍则往往由最有能力、威望和凝聚力的先进人物率领，经过分解整顿后投入新的斗争。这种承续在很多方面都是必要的，对新阶段的斗争大有裨益。宋庆龄不愧为炽烈的爱国者和战斗的民主主义者的楷模，对祖国和人民的义务感使她不断攀登，以矫健的步伐义无反顾地跨越了两个时期、三个阶段，始终站在历史潮流的前面起着先驱的作用。更为重要的是：作为孙中山的忠实的、亲密的战友、学生和伴侣，她的奋进成为连接贯通不同革命时期的津梁和纽带。她在长期的艰苦岁月中奋力撑持、高举孙中山的旗帜，赋予了孙中山的精神遗产以时代精神，使之在新民主主义革命乃至社会主义革命和建设事业中仍然起着作用，显示了不同革命时期和阶段的不可分割的连接性和贯通性：先前的、初级的革命阶段，是后来的、高级的革命阶段的准备；后来的高级革命阶段，则是先前的、初级的革命阶段的发展。孙中山的未竟事业，为后继者们所推进。他的崇高的理想和宏伟的计划，已经和正在实现。这种连接和贯通具有重大意义：不仅使过去革命斗争的传统、经验和教训为当前革命所吸收，并使更高层次的革命斗争能够比较顺畅地获得广泛的认同。正是在宋庆龄的影响和感召下，许多仁人志士从孙中山的旗帜下出发，走进了新的革命行列，跨入了新的革命斗争时期。

二

孙中山在 19 世纪末叶踏上了社会政治舞台。

他面临着低抑的现实。在西方，1789 年的汹涌澎湃的法国资产阶级革命早已过去，1848 年的不彻底的欧洲资产阶级革命则告一段落；在东方，19 世纪 60 年代的俄国只能凭借自上而下的农奴解放发展资本主义，日本的明治维新也具有渐进的性质。只有 1871 年异军突起的巴黎公社，预示了无产阶级革命时代的到来。日益投靠外国侵略者的中国封建统治者甚至不允许温和的社会变革，对戊戌变法进行了血腥镇压。然而，许多殖民地附属国终究在新世纪的曙光中觉醒。而由于"新精神"和"欧洲思潮"在中国的强有力的发展，所以中国的旧式的骚动必然会转化为自觉的民主运动。正是在这样的历史背景下，孙中山以自己的思想和实践超越了同时代中国所有的进步思潮和运动，实现了从民主革命准备阶段进入正规阶段的第一次重大飞跃。这个受过"欧洲式教育"的青年，很早就要用西方的先进思想来"改良祖国，拯救同群"。他曾经受过农民战争和维新运动的影响，早年经常以"洪秀全自况"，并同许多著名的维新人士相结交，在他的最初的政治活动中很明显地留着农民战争和维新思潮的印记。但是，他的出身和教养又不同于农民战争领袖和维新志士，使他的思想中蕴蓄着更多的民主主义因素，未曾局囿于先驱者的范畴。1894年夏，他怀着改革的热望上书李鸿章失败后，便毅然跨出决定性的步伐，立志实行革命以改造中国。从此百折不挠，勇往直前。

毫无疑义，上书的挫折给孙中山以极大的刺激，使他"积渐而知和平之手段，不得不稍易以强迫"。他在甲午战争的炮声中前往檀香山，并在这年11月组建了中国资产阶级革命民主派的第一个团体——兴中会。兴中会宣言号召人民奋力"振兴中华"，拯救危亡。入会誓词则规定为"驱除鞑虏，恢复中国，创立合众政府"。这个已具雏形的民主革命纲领显然具有划时代意义，成为近代中国民主革命进程中首次出现的共和国方案。与农民阶级和资产阶级维新派的纲领相较，孙中山的政治构想更为圆满地回答了历史的课题——它继承了农民战争对封建暴政的不妥协精神，却摒弃了"皇权主义"的陈腐；它接受并发展了维新人士仿效西方、重视社会改革的主张，却排除了"君主立宪"的糟粕。孙中山政治生涯中的首次飞跃不仅使中国民主革命开始获得了新的内涵，也使他自己成为亚洲的激进民主主义革命家。

在兴中会长达10年的活动中，孙中山和他的战友们进行了极其艰苦的斗争。他们展开了革命的宣传和组织活动，并且发动了两次武装起义——1895年的广州之役，虽然"流产"，却堪称为他的革命的"战争事业"的发端；1900年惠州之役，再次失败，但革命党人的英勇战斗和壮烈牺牲令人振奋，显然产生了积极的政治影响。孙中山在战斗历程中丰富和发展了自己的纲领，形成了以"独立"、"民主"和"富强"为主题的三民主义思想体系，扩大了革命民主派的影响，并成为公认的革命领袖。这样，当革命浪潮随着新世纪的到来而开始高涨时，孙中山终于在1905年建立了统一的、全国性的资产阶级革命政党——同盟会，并以"驱除鞑虏，恢复中华，建立民国，平均地权"为其政纲。同盟会的成立，把民主革命运动推向新的历史阶段。从此，"始信革命大业可及身而成"。

同保皇派进行一场原则性的大论战，是同盟会在政治、思想上的重大功绩。这场论战围绕着革命与保皇的根本性课题展开，革命党人有力地批驳了保皇党人的各种谬论，"扫除保皇邪说"，发展了三民主义政纲，广泛传播了民主革命思想——民族主义的基本内容为"反满"和力求避免"瓜分""共管"的厄运；民权主义的基本内容为经由"国民革命"途径推翻封建帝制以建立民主共和国；民生主义的基本内容为使中国臻于繁荣富强。论战以革命民主派的胜利告终，致使它的对手也不得不承认"其旗帜益鲜明，其壁垒益森严，其势力益磅礴而郁积"，从而为革命高潮的到来准备了政治、思想上的条件。孙中山在这场斗争中成为革命民主派的旗手。

策划、组织和发动反清武装斗争，则是孙中山和他的战友们的主要革命实践活动。从1907年到1911年，他在两广和云南地区领导了八次武装起义——或是依靠会党、新军和防营，或是借助群众的自发斗争。这些起义虽然由于缺乏群众基础和其他条件而失败，却在政治上给予清朝政府以沉重打击，促进人民觉醒，激励群众斗志。广州"辛亥三月二十九日之役"，更成为辛亥革命的前奏。不断扩大的保路风潮，又把斗争推向高峰。席卷全国的革命风暴终于到来。

1911年10月，湖北革命党人在武昌首举义帜。各省纷纷响应，形势迅猛发展。腐败透顶的清朝政府土崩瓦解，这是革命党人流血牺牲和人民群众奋起斗争的结果。孙中山被选为中华民国首任临时大总统，在南京组织和主持了临时政府。新政权在短短的几个月内制定了具有民主主义性质的"与宪法等"的《临时约法》，颁布了多项除旧立新的法令。辛亥革命的伟大历史意义在于它是中国近代化的重要的步伐：打倒了充当帝国主义走狗的清朝政府；结束了绵延2000余年的封建帝制；在政治、思想领域中造成了一次民主主义的启蒙，为后来的变革打开了闸门。从此之后，任何帝制复辟都只能是一幕短命的丑剧！

然而，共和制度的实际生存期非常短暂。反动势力并未受到致命打击，形势的逆转迫使孙中山不得不辞去临时大总统的职务。大地主大资产阶级的代表袁世凯在国内外反动势力支持下夺取了政权，旧秩序在新形式下恢复。这个窃国大盗肆无忌惮地践踏和毁弃共和制度，乃至公然称帝。在他同他的洪宪残梦被抛进历史的垃圾堆后，把持北京政府的北洋军阀头子们又继承了死去的独夫、民贼的衣钵。民国依然徒具虚名，政权的实质是"地主阶级的军阀官僚的统治"。"民犹斯也，国犹斯也，无分南北；总而言之，统而言之，不是东西。"当年流传颇广的这副对联，深刻地表达了人们对徒有其表的"民国"和走马灯式更迭的"总统"的鄙视。

孙中山被迫展开捍卫共和制度的持续斗争，再次举起"武装革命"的旗帜，由是有二次革命、中华革命党反袁斗争和两次护法运动。这些艰苦的战斗取得了某些具体的成果，但不能实现共和主义真谛。面对着帝国主义和封建主义的相对强固的统治，软弱的资产阶级不可能真正把共和国方案付诸实现。西方共和制在中国的翻版，只能以形似而非神似，以致在长达10年的捍卫共和制度的战斗历程中，几乎每个回合都充溢着浓郁的悲剧色彩。

正是在捍卫共和制度遭到第一次严重挫折后，孙中山于流亡东京的极其困难的时刻与宋庆龄会见。他们的始点颇不相同——一位来自岭南濒海的南粤山村；一位诞生于正在崛起的东海之滨的大都市上海，民主革命浪潮使得他们得以汇聚。

对于宋庆龄来说，历史在她的生活历程中提供了特殊的机遇。由于封建专制主义的长期君临，闭关自守、妄自尊大成为旧中国的痼疾。把目光投向世界，吸取资产阶级民主主义思想，以冲决封建主义罗网，使中国趋于近代化，是时代提出的迫切要求，也是近代中国先进人物成长的必备条件。宋庆龄的开放的家庭状况在当时的中国是罕见的，使她能够在少年时代就漂洋过海，走向广阔的世界，接受了"欧洲式的教育"，认识了许多新鲜事物，最重要的是受到了民主主义的洗礼。还在负笈异域的少女时期，宋庆龄就憎恶中世纪的观念和陋习，认为清帝国的统治"意味着具有最野蛮的制度而又道德沦丧"，切望祖国挣脱桎梏而走在世界的前列。

随着年龄与阅历的增长，炽烈的爱国主义成为这位就读于美国卫斯里安女子学院的留学生的思想的主流。日益深重的民族危机，激起了所有先进人士救亡图存的热望。因之，爱国主义几乎毫无例外地成为当时进步社会思潮和社会运动的共同特点。事实上，还在宋庆龄的童年时代就发生了甲午中日战争和八国联军的侵掠，中国最终陷入半殖民地半封建社会的深渊，沦为帝国主义的附属国。她深切地感受到民族灾难，为祖国遭受到瓜分、共管的厄运而悲愤。她的民族自尊心使她不能忍受在课堂讨论中那种"看不出中国还有什么希望"的观点，因为她确信只要"唤起全民族的精神"，中华民族就会有"真正的进步"。

封建专制制度的朽败和野蛮，民众的贫困和无权，使她在痛苦中思索，由是萌生了社会变革的热望，她亟望人民摆脱"奴役"，获得"生存、自由和对幸福的追求"的权利。为此，她日渐坚信必须改变现存的社会秩序，要求更新和进步，消灭"残酷压榨和自私自利"的罪恶统治，使得中国从"贫困不堪"变为"繁荣昌盛"。正像许多同代人一样，她从爱国走向变革。这是合乎逻辑的，具有完全意义的爱国主义应当是激情与理性的结合：激情促进了理性，理性升华了激情。挚爱祖国的山川、历史、文化和人民，必然会奋力探索救亡和富强之路。

宋庆龄满怀爱国激情和变革热望进入了青年时期。迎接她的是剧变的中国和世界。然而，被她满怀激情所称颂的辛亥革命犹如昙花一现，共和国在摇篮中就被扼杀，革命的大潮已经消退，斗争的果实被帝国主义、封建主义的代表袁世凯所攫夺。"二次革命"未能获得广泛的响应，共和国的缔造者孙中山和他的少数战友（包括宋庆龄的父亲宋耀如）再次流亡日本，在十分艰苦的处境中策划新的斗争，以捍卫共和制度。宋庆龄未能从大洋彼岸回到离别五载的祖国，辛亥革命——她称之为"20世纪最伟大的事件"——并没有如她所期望的那样给古老的中国带来真正的生机和活力，学成归国后改革和建设祖国的抱负，更是无从施展。宋庆龄只得于1913年夏从美国径直前往革命党人集中的东京，不久即担任了孙中山的助手，成为伟大革命家的战友和学生。年轻的文学士在政治生涯开始时，即刻"接近了革命的中心"。宋庆龄的政治素质无疑具有决定性意义，宋氏家族与孙中山的友谊则是重要的机缘。当宋庆龄还是一个小女孩的时候，父亲的评述使这位献身崇高事业的巨人给她留下深刻的印象。在其后艰苦的斗争中，他们更结成为生死不渝的同志和伴侣。

三

但是，历史的行程并不因"顿挫"而停滞。旧民主主义革命的降弧已经趋于终点。世界无产阶级革命的新时期正在到来，1917年的俄国十月社会主义革命开拓了人类历史的新纪元。两年后爆发的五四运动成为中国民主革命新阶段——新民主主义革命的开端。无产阶级作为自觉的政治力量和领导阶级迈上历史舞台，中国共产党的诞生使中国革命的面貌焕然一新。在这革命阶段新旧交接的关键时刻，孙中山表现出了伟大革命家的卓识、气魄和胆略。他对自己先前的理论和实践进行了深刻的总结，使长期以来从事的斗争适应历史的潮流。他积极地迎接了新时代的到来，实现了他的政治生涯中的第二次飞跃。

孙中山热烈赞扬十月社会主义革命，在1918年年初就曾致电列宁，表示对他的事业"十分钦佩，并愿中俄两国革命党团结共同战斗"。他支持五四运动，认为青年学生发起的这场斗争定会"收绝伦之效果"。当国际无产阶级和中国共产党向他伸出热情的双手时，他把他们引为忠诚的战友。事实上，孙中山于1921年年底在桂林军次就已会见经由共产党人李大钊介绍前来的共产国际代表马林，讨论了关于中国革命的重大问题，其中包括马林提出的建议——组织一个能够联合各个进步阶级和阶层的政党，建立真正的革命武装。而当孙中山在陈炯明叛变后从广州抵达上海时，刚刚参加了确定同中国国民党合作方针的中共中央二届二中全会的李大钊便来拜访，双方进行了认真的讨论，中心内容是"振兴国民党以振兴中国"的"种种问题"。1923年年初，孙中山和廖仲恺同苏俄代表越飞又进行了多次会谈，发表了著名的"联合宣言"，确定两国密切合作以推动中国反帝反封建斗争的原则。此时，讨贼军与滇桂联军逐走了盘踞广州的陈炯明。孙中山便于2月下旬回粤，在穗设立了元帅府。他决心"另为彻底之革命运动"，与时俱进地赋予三民主义以明确的反帝反封建内容，实行"联俄、联共、扶助农工"的三大政策，改组了中国国民党，建立了以国共合作为核心的民族民主革命统一战线，培训革命军队，镇压了反革命的买办武装——商团的叛乱，巩固和扩展了广东革命策源地，开创了实行北伐的大好局面。可以断言，在新民主主义革命阶段的初期，孙中山已经把自己的思想与实践提到了前所未有的水平，表现了革命民主主义者的高度进步性，在新的时代建树了新的业绩，并为后来的斗争开拓了道路。在持续的战斗过程中，宋庆龄给他以积极的支持、鼓励和影响。

至于宋庆龄与孙中山并肩走过的征程，堪称"艰难顿挫"和奋进不已的10年：先是为捍卫共和制度——主要是反袁与两次护法运动——而斗争，历尽险阻而回天乏术；然后是迎接"新世纪的曙光"，与时代的大潮俱进。年轻的爱国者、民主主义者宋庆龄正是在旧民主主义革命的尾声中走进了革命队伍，当孙中山处于极度困难的时候选择了他和他所代表的革命事业。流亡异域，开府广州，颠沛流离，战祸频仍……正是在这艰苦备尝的日子里，孙中山成为宋庆龄长达70年的革命生涯中的第一位导师，他以"亲身体验"帮助宋庆龄深化对"旧中国农村悲惨生活"和其他方面的认识，为她逐步正确地理解旧中国的基本国情打下了坚实基础。这些，大大有助于日后宋庆龄正确判明中国革命的性质、任务以及领导力量、主力军等一系列革命成败攸关的问题。他是宋庆龄正式踏上中国民主革命道路的引路人,带领她为捍卫共和制度而奋斗,使她在不断的失败与探索中经受严酷的考验和磨砺,而得以在政治上迅速成熟起来。

但是,作为学生的宋庆龄,与她的导师孙中山的相互关系并非限于单向,他们之间的作用显然是双向的。在革命濒于低潮和孙中山处于逆境的时候,宋庆龄带着蓬勃朝气和爱国主义与民主主义信念,满怀温柔和深情地来到孙中山的身旁,她给孙中山的支持和慰藉,无疑成为激励他在挫折中与时俱进的动因之一。宋庆龄与孙中山的结合,是中国革命的奇妙的产物。因之,对中国革命也产生独特的影响。在历史发展的转折关头,这种作用尤为明显。

两次护法战争的失败——特别是陈炯明的叛变,表明旧民主主义革命已临绝境;五四运动的爆发及中国共产党的诞生,宣告了新民主主义革命阶段的到来。在中国民主革命新旧交替的转折关头,作为坚定的革命民主主义者的孙中山与宋庆龄,经受着严峻的考验,并在新时代的曙光中看到了"大希望",要"另为彻底之革命运动"。他们自觉地作了深刻的反思和总结,检验过去的理论和实践。孙中山的晚年达到了其政治生涯的高峰——把旧三民主义发展成为新三民主义,确立了"联俄、联共、扶助农工"的三大政策,实现了第一次国共合作,推动了北伐战争。由此,中国的民主革命新阶段涌起了第一个高潮。

革命形势的迅速深化和发展,必然导致队伍的分化及思想的冲突愈趋激烈。孙中山致力国民革命"凡四十年",自同盟会时期就开始形成了一个以他为核心的领导集团。随着革命进程中不同阶段的更替,他的主要助手们往往有所变化。从开始追随孙中山革命直至他逝世,对他的思想与事业都能深切理解并始终支持的成员并不是很多,而参与革命事业较晚的宋庆龄,无疑是其中突出的一个。她在革命的低潮中选择了孙中山和他所代表的革命事业,从此义无反顾。对于孙中山后期活动的理论和实践的重大进展,宋庆龄起着不可忽视的积极作用——不仅由于她承担了许多实际工作,更重要的是在思想领域方面相互探讨、切磋以至共同抵御来自右翼的干扰。在民主革命新旧交替的转换时刻,他们在政治、思想方面的交流和促进日益强化。宋庆龄的炽烈的爱国主义和激进的民主主义,执着的进取精神,对于新事物的敏感和接纳……成为她与孙中山共有的精神财富,并体现在他们与时俱进的活动中。这一切对孙中山在新时期观念的更新和决策的形成和制定，有着十分重要的积极作用。正是在相互扶持及砥砺中，他们应合着时代脉搏走向了更高的革命阶段。

四

然而，正当国民革命的风暴从南方升腾起来的时候，孙中山却因积劳成疾，非时逝世。使得极度悲痛的宋庆龄更为忧虑的，则是革命的前途与命运。在那艰难的日子里，宋庆龄坚毅地迎向错综复杂的斗争，以政治家、革命家的身份和不妥协的战士的精神面貌，独立地投身于时代的激流。

由于革命队伍内部发生叛变，加以中国共产党主要领导者的路线错误，轰轰烈烈的大革命遭到夭折，代表买办资产阶级和地主豪绅阶级利益的新军阀攫取了革命的果实。1927年春夏之交，革命在腥风血雨中转入低潮。但是，辛亥革命的悲剧不再重演，革命只是从城市转向广阔的农村，然后再以农村包围城市。因之，革命在退却中向着纵深发展。在革命的危急关头，宋庆龄高举孙中山的三大政策的旗帜，向叛徒们进行了坚决的斗争，力挽狂澜。而在革命失败已成定局后，她竭尽全力揭露和批判那些自称是孙中山的"追随者"们的叛徒嘴脸，指出他们已经背弃了孙中山的事业，走上了反动的道路。她断言"目前已经进入反动时期"，而造成这种可悲局面的罪魁祸首则是"那些所谓国民党的'领袖们'——如出一辙的小政客们"。他们倒行逆施，所依赖的是"新军国主义"。这些人根本"违背了孙中山的意思和理想"，推行的是与孙中山的革命原则"相反的政策"。她愤怒谴责叛徒们"操纵利用国民党"，打击残杀"农民、工人、共产党"，断言国民党已经走向了反面，"丧失了革命性"而"不再是革命的党"。为了同国民党右派划清界限，她表示"暂时引退以待更贤明的政策出现"。她当时还寄希望于国民党左派，切盼他们能够团结起来，继承孙中山改组后的国民党的革命精神，因为她确信"还有许多人将继续忠于孙中山为指导与推进革命工作所制定的三大政策"，相信"正确地配合运用三大政策所产生的革命力量，国民党人才能获得真正的成功"；只有这样的国民党才是"中国惟一有资格承受孙中山留下来的革命称号的党派，是惟一忠于他的主义和政策的党派"。她呼吁"用革命的方法改正错误"，把右派从国民党中清除出去，将革命力量重新团聚起来,继续和推进孙中山未竟的事业。宋庆龄在革命的关键时刻,把握住孙中山新三民主义的精髓——"联俄、联共、扶助农工"的三大政策,以此作为检验革命与反革命的"试剂"。对国民党右派进行揭露和批判,大大有助于中国和世界人民认清逆转的形势以及判明革命的走向。

在严酷的现实面前进行认真的学习与反思,使宋庆龄的观念不断更新,辨清了当时中国的社会政治形势的分化及变易,不再寄希望于国民党的再生,确认它已变质和崩解。在1929年从欧洲返国参加孙中山的国葬仪式时,她为新军阀的暴政所震惊:贫富悬殊;"投降日本和外国帝国主义"……她斥责蒋介石的南京政府全部"出卖"了孙中山的遗嘱,相信任何了解真相的人都不会再"以为南京政府是代表中国人民"。稍后,她明确地断言:"当作一个政治力量来说,国民党已经不复存在了。"从此,她把目光集中于工农大众,寄希望于中国共产党领导的革命斗争。她认为孙中山的民主主义确定了工农阶级的地位,"这两个阶级在我们打倒帝国主义、废除奴役我们的不平等条约和有效地统一全国的斗争中,都是我们力量的基础。他们是建设自由新中国的新柱石"。她把人民群众——首先是工农的奋起,视为民主革命胜利的基本条件,认为"全国工农参加革命"才能使"革命具有生命力",坚信"中国的亿万民众——在工人阶级领导下的广大农民群众——如果联合起来为粮食和土地而与帝国主义及国民党作斗争,那是不可抗拒的"。宋庆龄从捍卫孙中山的新三民主义和三大政策出发,终于科学地确认了中国革命的领导者和革命主力军。这对曾在西方民主主义的熏陶下成长的宋庆龄,是十分难能可贵的深刻转变。

为了挽救中国革命,中国共产党在"宁汉合流"后立即向全党发出通告,指出"中国革命进到一个新阶段——土地革命的阶段"。不久后的"八七会议"再次肯定了这个通告,重申中国革命进入了土地革命时期。宋庆龄对于中国共产党领导的土地革命有着越来越深刻的理解,并且按照中国共产党的革命总目标调整斗争的步伐和策略。她在1927年9月访问苏联时于莫斯科发表声明,对中国共产党关于进行土地革命的决策给予了热情的回应和坚决的支持:"没有土地革命就不可能推翻封建制度;土地革命如果不能实现,整个革命就不可能有任何进展。因此,谁反对土地革命,反对千千万万的农民获得经济解放,谁就站在反革命阵营那边。"她确信"以一个新的现代化的国家代替那存在了一千年以上的中世纪制度",必须"用革命的方法来完成"。这是为客观存在所决定的:"国内军阀的腐蚀和外国帝国主义的侵略内外夹攻，不允许我们有那样漫长的时间来采取逐渐改进的办法。"宋庆龄强调必须使用的"革命的方法"，就是正在开展的"土地革命"。在新的革命阶段到来的时候，宋庆龄高举孙中山民生主义的旗帜，把握住民生主义的核心问题——土地问题与实现耕者有其田，加以丰富和阐发，号召孙中山事业的继承者支持和投入土地革命。这样，宋庆龄便将孙中山作为社会经济改革纲领的民生主义——他曾经将这种经济改革称之为"社会革命"——发展成为"以社会的基本变革为基础"的完全意义的社会革命纲领。确信中国社会革命应该是"要把中国的广大群众从外国帝国主义、从国内军阀和剥削阶级的压迫下解放出来"的革命，也就是人民大众的反帝反封建的革命。在中国革命刚刚进入由中国共产党独力领导人民大众进行土地革命的初始阶段，在毛泽东和他的战友对于中国革命问题（土地革命、以农村包围城市以及武装的革命反对武装的反革命等等）的论述和与之相应的创举还未被广泛认同的时候，宋庆龄高举孙中山的旗帜，对中国共产党领导的土地革命表示深刻的理解和积极的支持，这正是宋庆龄忠实于爱国主义和人民革命事业的必然表现。

　　经过了大革命血与火的磨砺，进行了深刻的反思，考察了苏联和欧洲几个主要的资本主义国家，认真学习了马克思主义著作……宋庆龄的思想发生了巨大的飞跃。20世纪30年代初，宋庆龄的理论与实践表明，她已经完成了自我超越，从旧民主主义跨入了新民主主义——社会主义的范畴，从革命民主主义者转变为共产主义者。她以新的思想与风貌，迎向新的民族独立和社会解放的风暴。

　　宋庆龄在第二次国内战争时期的活动，是她的政治生涯中"最突出的一段"。她以民族和国家利益为重，同人民大众同呼吸共命运，不畏强暴，不徇亲情。她坚决反对新军阀的统治，从不停息争取民族独立和人民民主的斗争。她尊崇中国共产党为领导核心，积极支持土地革命。她继承和捍卫了孙中山的革命事业，对歪曲孙中山的思想和实践的各种伎俩予以揭露与回击，丰富和发展了孙中山的新三民主义和三大政策，并在孙中山的旗帜下凝聚了广泛的进步力量，团结在中国共产党的周围。她向全世界宣传中国的革命斗争，争取国际友人的充分理解和支持；同时，她也积极投身于世界反法西斯斗争。至于妇女运动和少年儿童的保育、教育事业，始终为她所关注。在此期间，她备受国民党反动派的中伤和打击，身心遭到摧残，甚至生命危殆。来自革命队伍中的"左"倾机会主义的错误态度，更使她感到痛楚和困惑。然而，"在风雨飘摇的30年代，她艰苦奋斗，如千丈巨岩，顶着一浪高似一浪的冲击，在狂风暴雨中巍然屹立"。

  国民党政府的腐败统治和媚外政策，使日本军国主义得以肆无忌惮地践踏中国的大地。宋庆龄对于蒋介石政权是帝国主义在中国的代理人的本质有着清醒的认识，指出正是"蒋介石政府奉行的政策……使今日中国濒于全部分裂、沦为帝国主义属国的境地"；而"蒋介石和国民党的其他领袖从来就不曾作过认真抵抗的准备"，"它总是想对帝国主义妥协，因为它怕武装的人民甚于帝国主义侵略者"。正是由于西方列强对中国进行"瓜分豆剖"，使以孙中山为代表的先进人物"集会众以兴中，协贤豪而共济"，起而革命。孙中山逝世后，救亡任务迄未完成。在国家处于生死存亡的关头，宋庆龄高举孙中山的民族主义旗帜，把握孙中山重新解释过的民族主义的核心——反对帝国主义，指出中国人民争取民族独立和解放的斗争必将"是一个广泛的反帝斗争，最后将汇合起来成为武装人民反对日本及其他帝国主义的民族革命战争"。当中国面临沦为日本殖民地厄运的时候，宋庆龄认为实现孙中山民族主义的标志就是"要抵抗侵略我们国家的日本军阀"。民族危机上升为主要矛盾的形势，促使宋庆龄迅速作出科学的判断和正确的抉择："国难当头，应该尽弃前嫌。必须举国上下团结一致，抵抗日本，争取最后胜利。"她坚决支持中国共产党提出的关于建立抗日民族统一战线的决策，为实现全民抗战而努力。她在促成国共两党实现第二次合作，争取西安事变的和平解决，建立抗日民族统一战线，并在民族解放战争过程中坚持团结、进步和抗战，反对分裂、倒退和妥协等方面，完成了大量的卓有成效的工作。同时，宋庆龄清楚地认识到民族独立绝不是孤立的问题，而是与社会和阶级解放事业联系在一起的："抵抗侵略，提高民权，改善民生，有同样的重要性，应该同时并进的。孙中山先生的主义，全部实现之日，也便是国家独立的真正实现之时。"因此，她在整个抗日战争时期不断地同国民党的一党专制作斗争。她反复地指出必须马上实现孙中山的民权主义，"建立一个真正的反对日本帝国主义的统一战线"。在抗战的全过程中，宋庆龄不断地对孙中山的新三民主义和三大政策进行阐发，使其成为促成、巩固和发展抗日民族统一战线的思想基础之一，起到动员和组织全国人民参加抗战的重要作用。同时，她在为挽救民族危亡而从事的斗争中，总是密切结合新民主主义革命的总目标,为促其早日实现而奋斗。她更以自己在海内外的崇高威望和巨大影响,广泛地宣传抗日民族解放战争的实绩,并阐明它对于世界反法西斯战争的重大意义——"中国不仅是为它自己而战斗,并且也为全人类而战斗",努力在中国和世界的反法西斯斗争之间架设相互支持的桥梁,为中国人民的反侵略斗争积极争取各国和各方面的援助,对战胜日本帝国主义侵略者和世界反法西斯战争的胜利做出不朽的贡献,不愧为英勇的民族斗士和伟大的国际主义者。

中国人民经过长期的浴血奋战,终于赢得了抗日战争的胜利。饱受战乱苦难的广大人民热望早日实现和平统一,重建家园。国民党统治集团却坚持实行独裁统治,决心以暴力手段消灭共产党。伴随着抗日战争胜利的临近,国民党统治集团越来越把力量放在反共和反对国内其他民主力量方面。蒋介石在1945年5月召开的国民党第六次全国代表大会上赤裸裸地表达了发动内战,以消灭共产党的罪恶企图:公然叫嚣"今天的中心工作,在于消灭共产党!"美国则出于自己"全球战略"的考虑,支持蒋介石发动内战以便在中国建立一个从属美国的政府。中国共产党代表中国人民的意愿,为实现和平建国作了巨大努力。宋庆龄毫不犹豫地站在中国共产党和广大人民群众一边,孙中山的新三民主义则成为她动员人民反对内战、争取实现人民民主的武器。她坚决反对罪恶的内战,认为"这个灾难必须趁它一开始的时候就加以阻止"。解决的办法就是"正确地理解孙中山的三民主义——民族主义、民权主义、民生主义,并且在今天正确地运用它"。宋庆龄尖锐地指出,"国民党必须通过联合政府、人民民主和土地改革执行它的历史任务";否则,"就是负担掀起内战的责任"。宋庆龄的声明发展了孙中山的新三民主义理论,使它与中国共产党在战后关于和平建国的政治主张相一致。这个声明在国内外引起了重大的反响,推动了国内反饥饿、反内战的民主运动的高涨。当蒋介石将中国人民推入内战的血海的时刻,宋庆龄更以全部热情和力量投身埋葬蒋家王朝、建立新中国的斗争。她在自己熟悉的战线上发挥了独特的积极作用,经历了三年的奋战后迎来了胜利的曙光。

中华人民共和国的建立,标志着中国人民百余年来反帝反封建的民主革命取得胜利。使宋庆龄深感快慰的是,由于新中国的诞生,"使孙中山的民族、民权、民生三大主义的胜利实现,因此得到可靠的保证"。正是中国共产党领导中国各族人民继承了孙中山的事业,经过艰苦卓绝的战斗，使得"孙中山的努力终于结了果实，而且这果实显得这样美丽"。宋庆龄以她近40年的光辉革命生涯和不朽业绩，当之无愧地成为新中国的缔造者之一。

在中华人民共和国成立后，经历了不长的过渡阶段，又开始进入了新的历史时期——社会主义革命和建设时期。中华人民共和国在各个方面所取得的成就是巨大的，但前进的道路仍然存在曲折和顿挫。宋庆龄作为国家领导人，长期担任中华人民共和国副主席、全国人大常委会副委员长、全国政协副主席，并任中华全国妇女联合会名誉主席、中国人民保卫儿童全国委员会主席、中国福利会会长等职，还当选为世界保卫和平委员会执行局委员、世界和平理事会理事、亚洲及太平洋区域和平联络委员会主席等。宋庆龄从事了大量的国务和社会活动，为振兴中华、统一祖国大业做出了重要贡献。此外，为中国人民的伟大事业争取广泛的世界支持依旧是她的主要任务。与过去的岁月一样，她仍把反对帝国主义战争、保卫世界和平作为己任。与此同时，她把许多精力投入妇女、儿童及其教育工作——这些工作具有深远的社会意义，关乎祖国的未来。

在孙中山逝世半个多世纪后，宋庆龄在90高龄时离开了她所挚爱的祖国和人民。他们毕生梦寐以求和为之奋斗的振兴中华、统一祖国和造福人类的理想，今天正在实现。正如孙中山在20世纪初满怀信心所预言的："一旦我们革新中国的伟大目标得以完成，不但在我们的美丽的国家将会出现新纪元的曙光，整个人类也将得以共享更为光明的前景。"

孙中山和宋庆龄对祖国的无限忠诚，他们对人民的真挚深情，他们对革命的"不息的热忱"，他们"愈挫愈奋"的坚毅意志，他们与时俱进的开拓精神，他们"鞠躬尽瘁，死而后已"的崇高品格，他们对人类进步事业的执着追求……成为中华民族的文化瑰宝，永远放射着灿烂的光芒，照耀着人们前进的道路，激励着人们奋发向上。时光流逝，物换星移，他们的形象和业绩，却未有所淡化。恰恰相反，他们的思想和实践得到了不同社会制度和发展层次国家的人们的广泛认同。

孙中山——伟大的爱国者、民主革命先行者、近代化前驱。

宋庆龄——伟大的爱国主义、民主主义、国际主义、共产主义战士。

（选自张磊、萧润君、盛永华主编《孙中山与宋庆龄》，"前言"，广东人民出版社1997年版）

论朱执信的民主革命思想

一

朱执信是中国资产阶级革命民主派的杰出的理论家和活动家。他的革命生涯经历了旧民主主义革命高涨、低潮和终结以向新民主主义革命转变的发轫阶段。

朱执信名大符,诞生于 1885 年。他的童年和少年时代是在广州度过的,帝国主义的侵略和清朝政府的统治所造成的深重民族危机和窳败社会状况在他的胸中激起了爱国救亡与变革现实的热望。1902 年,他考入当时新式的教忠学堂。他热衷于探求新知识,并且和一些志同道合的朋友组织了"群知社"。这个阶段,他阅读了《扬州十日记》《嘉定屠城记》和蒋氏《东华录》等书籍,十分服膺于王船山的学说;同时,也接触了西方资产阶级的诸如《天演论》《原富》《民约论》等著作;此外,在国外发行的《浙江潮》等革命刊物也给他以深刻影响。这些,滋育了朱执信的最初的革命思想。①

1904 年,朱执信以官费留学生前往东京研习经济。在这个中国留学生与革命分子聚集的中心,他结识了孙中山和其他著名的革命活动家,并且迅速卷入了沸腾的斗争生活,成为这个群体中的积极成员。翌年,朱执信就成为中国同盟会的最早的盟员之一。在他当时所从事的革命活动中,理论宣传工作显然具有特别重要的意义。他担任了同盟会评议部议员兼书记,参与了《民报》的编辑和撰述工作,写下了一系列著名的政论,有力地阐发和传布了孙中山所倡导的、为革命民主派奉为政纲的三民主义,沉重地打击了立宪派的反动谬论。在 1905—1907 年间发生的革命民主派与保皇派的大论战中,朱执信的具有激进民主主义色彩的理论活动起了积

---

① 参见朱秩如《朱执信革命事迹述略》,见《广东辛亥革命史料》,广东人民出版社 1981 年版,第 426～427 页。

极的战斗作用，使他跻于革命民主派的主要理论家之列。

1906年返粤后，朱执信就积极进行实际革命活动。他以广东法政学堂的教职作为掩护，而着力于联络、发动民军和新军的工作。在1906—1911年间，朱执信参与了多次起义的策划和战斗，其中包括1908年发动民军、新军和巡防营攻击广州的举措，1910年著名的"新军之役"，以及成为辛亥革命前奏的广州"三月二十九日之役"，以及反袁护法诸役，确是如《朱执信先生墓表》所称："凡广东革命诸役，无一不与"。①

武昌首义的枪声传来，朱执信把主要精力放在发动民军和新军的工作方面，立即准备响应。由于革命形势的高涨，使得广东基本上"兵不血刃"光复。军政府成立后，朱执信任总参议，从事编练军队，准备北伐。南北和议达成后，朱执信被委为"广阳绥靖处"督办和"广东核计院"院长，着手遣散民军和整饬财政。在当时革命党人涣散蜕化和革命形势迅速消弭的情况下，朱执信实际上未能有所作为。

孙中山在1913年点燃了反袁的"二次革命"火焰，广东成为宣布独立的省份之一。朱执信在这个严峻的时刻采取了颇为坚决的态度，曾经力主加强西江防务。但是，在粤的国民党军政领导人物——如陈炯明等却犹豫观望，未能采纳朱执信的意见，致使"反正"时期率军退驻梧州的桂军统制龙济光得以根据袁世凯的密令迅速进窥广州。朱执信只得前往上海，在那里参与了吴淞的举义。"二次革命"失败后，朱执信和许多民国的创建者们被迫流亡日本。1914年7月，孙中山建立中华革命党以继续进行反袁斗争。是年秋天，朱执信潜返广东策划反对龙济光的战斗。他把主要活动放在运动社会下层分子——"绿林"方面，并且亲自领导了湛江、佛山地区的起义。反龙斗争失败后，朱执信赴南洋进行宣传和募款。稍后，再度前往日本，在极其艰苦的处境中，加入了中华革命党。尽管朱执信当时主要从事实际革命活动，但他仍然为《民国》杂志撰述了一些旨在捍卫共和、反对袁世凯反动统治的政论。

1916年，朱执信再赴广东，在那里策划了几次规模不大的武装斗争。其时，护国运动已经急剧扩展。由于缺乏明确的政纲、正确的组织原则和广泛群众基础的中华革命党难以承担反袁斗争的领导重担，西南军阀和国民党右翼分子则乘机攫取权益。结果，护国运动的胜利使得桂系军阀取代

---

① 参见《朱执信集》（增订本下册）中华书局2013年版，补编第105页。

了龙济光在广东的地位,朱执信和他的战友们却遭到排斥和冷落。中华革命党的反袁斗争,没有达到预期的效果。

1917年,孙中山举起了旨在反对段祺瑞解散国会、毁弃临时约法的护法旗帜。在孙中山主持广州军政府期间,朱执信一直是他的主要助手。然而,缺乏实力的军政府难以有所作为,致使孙中山也不得不在桂系军阀、政客的排挤下于1918年5月赴沪。朱执信当时正在福建漳州协助陈炯明编练粤军,闻讯后也前往上海。作为孙中山的忠实战友,朱执信一方面从事准备逐走桂系军阀的活动,另一方面进行宣传工作,承担了《建设》杂志的编辑和撰述任务。十月社会主义革命和五四运动给朱执信带来了希望和信心,促使他进行不懈的探索和追求。朱执信热切地学习俄文,准备到新生的苏维埃国家去探求救国救民的真理。① 这样,他一生中的最后阶段的理论活动就达到了前所未有的高度。尽管他的观点基本上仍未越出民主主义的藩篱,但时代的新因素毕竟在这个不断追求进步的、忠于革命事业的战士的著述中得到了反映。

1920年秋,孙中山决心驱除窃据广东的军阀。朱执信被派赴漳州敦促粤军西进。9月21日,朱执信为策划虎门炮台守军反正被桂系军阀杀害,结束了宛如彗星般的短促而光辉的斗争的一生。② 孙中山在沪闻悉噩耗后十分悲痛,称赞"执信是革命中的圣人"。

二

1905—1908年是民主革命形势高涨的年份,也是朱执信理论活动的开始时期。他把宣传孙中山所倡导的三民主义作为主要任务。朱执信在这个阶段所写的政论,在绵延两年之久的两派大论战中有着重大的战斗作用,传播了革命民主派的思想和纲领,驳斥了保皇派的反革命谬论,揭露了清朝政府的"假立宪"骗局。

这一时期,民族主义无疑是朱执信在他的著述中阐发的中心课题。与保皇派为清朝政府的民族压迫进行狡辩的谬论针锋相对,朱执信在《论

---

① 参见何香凝《我的回忆》,见《辛亥革命回忆录》(第1集),人民出版社1961年版,第30页。

② 参见朱秩如《先兄朱执信行状》(手稿)。

满洲虽欲立宪而不能》《驳〈法律新闻〉之论清廷立宪》等政论中宣扬了强烈的"反满"思想。朱执信认为民族矛盾是不容抹杀的。满洲统治者残酷地奴役和压榨广大汉族人民,致使"中国之民,久受困苦于此恶劣政府"①。满洲统治者对外丧权辱国,使得中华民族面临着严重危机:"彼视汉人土地,不甚爱惜,何靳以贻之列强。宁有警以为外患,复谋自新之事哉。"朱执信确信清朝政府不可能进行诸如"立宪"之类的真正社会改革。因为,第一,满洲统治者与汉族人民"相视如仇雠","侵侮无所不至"。第二,任何真正的社会改革将会导致统治者所享有的特权——如"特任之官,特廪以禄"的取消,这是朽败已极的满洲统治者绝对不能接受的,"其所志无过金玉奢靡,则不惮以贪婪为业"。朱执信告诫人们要摒弃对清朝政府的幻想,并且尖锐地揭穿了"假立宪"之类把戏的反革命性质。必须抛弃以"为人所征服之国家为国家"的、旨在抹杀民族矛盾的保皇派谬论,即所谓的"国家主义",因为,这实质上就是"奴隶主义""服从主义"。为了进行"政治革命"和"免外国之侵凌",就必须坚持"反满","驱除鞑虏",高举民族主义的大旗。

朱执信对于民族主义的阐发是有着战斗意义的。"反满"成为民族主义的重要内容,不仅由于满洲统治者与汉族和其他少数民族之间存在着矛盾,清帝国实际是一个民族"宰制于上"的"民族牢狱";还因为以满洲贵族为首的清朝政府的统治所造成的落后状态为侵略者开辟了道路,而其自身则充当列强在华统治的工具。在这种情况下,任何真正的社会变革都不能不首先触动内忧外患的渊薮——以满洲贵族为首的清朝政府。只有把社会改革和避免瓜分厄运的内容与"反满"口号联系起来,才能充分估计这个口号在整个民主革命高涨时期的广泛而巨大的动员意义。然而,如同大多数革命党人一样,朱执信对民族主义的阐发也有着严重的缺陷。首先,其民族主义缺乏明确的反帝内容。严峻的现实乃是:帝国主义与中华民族的矛盾正是半殖民地半封建的中国社会诸矛盾中最主要的矛盾,帝国主义的侵凌则是中国社会沦于贫困、落后的最重要的原因。因此,必须提出鲜明的反帝口号,才能科学地概括民族运动的任务,把广大群众的自发反帝斗争汇成一股巨流;反之,把避免瓜分厄运的企图归结于"反满"口号之中,甚至幻想在不触动帝国主义在华权益的条件下会出现"中国

---

① 朱执信:《驳〈法律新闻〉之论清廷立宪》,载《民报》第3号。

而有革命,新为组织,则其感情足及于外"的情景,则不能不给予革命运动以消极影响。其次,大汉族主义倾向乃是其民族主义的另一缺陷。在"今之革命,复仇其首"的偏激倾向影响下,与赞颂汉族成为鲜明对照,满族在中国历史发展过程中的作用遭到抹杀,而被称为"贱种"与"鞑虏",被视作"不可扶植者,与之合同,适以自累"。① 显然,这不仅表现了资产阶级民族主义的狭隘性,而且过分强烈的"反满"色彩也产生了模糊人们认识近代中国社会两个基本矛盾——帝国主义与中华民族的矛盾和封建主义与人民大众的矛盾——的消极后果。虽然这种局限性是可以理解的,但几乎一整代革命党人都未能避免这种缺陷。

民权主义乃是朱执信从事理论活动的另一主要课题。在他看来,清廷只是实施"暴政""虐政"的"恶劣政府"。在封建君主制度下,"吾人犹奴隶耳"。② 因此,必须通过"政治革命"而建立一个民主立宪的共和国。他尖锐地批驳了保皇派的"开明专制"主张,认为这不过是借"开明之号"以行"专制之实"。应当指出,朱执信在传播民权主义的过程中着重发挥了"国民革命"的思想。他确信"现时革命亦绝不以豪右为中心点","细民"才是斗争的主力。"今后革命,固不全恃会党,顾其力亦必不出于豪右而出于细民。"③ 所以如此,乃是因为"中国富族对于政治革命什九持两端"。与这种把"细民"视作革命主力的进步观念相联系,朱执信在批驳保皇派诋毁群众的"贫民当政"论时表述了他对人民政治能力和作用的相当信心。他向对人民群众抱着鄙视和仇恨的保皇派提出尖锐的质问:"贫民无石储者,何以无为议员之资格乎?议员一用贫民厕入,则秩序立乱乎?犹是耳聪目明,犹是横目两足,独以缺此阿堵故,不得有此权利。"④ 不仅如此,朱执信还进一步指出:由于"贫民者居大多数",而"若为大多数之人代表者,则其议决势不得私";"富者居少数也",而"居少数者欲自利,则可背公而为不正之议决"。

朱执信对民权主义的阐述是有着积极作用的。这种"带有建立共和制度要求"的民主主义思想的传播具有重大的理论和实际意义。在此以

---

① 参见朱执信《论满洲虽欲立宪而不能》,载《民报》第1号。
② 参见朱执信《心理的国家主义》,载《民报》第21号。
③ 朱执信:《论社会革命当与政治革命并行》,载《民报》第5号。
④ 同上。

前，人们或者以为推翻清帝国的目的在于光复汉族帝国，或者以为在清廷统治下实行立宪就能拯救国家；在此以后，人们愈益清楚地认识到上述途径是走不通的。正是由于政治思想领域中的这个划时代的变革，才使得鸦片战争后人民群众的自发反抗汇成了民主革命的巨流，而成为其高潮的辛亥革命所达到的结果，则是绵延2000余年封建帝制的最后崩溃。朱执信关于"细民"为革命主力的观点和他对"贫民当政"的辩护，更鲜明地显示了迥异于维新派"君子们""跪着的造反"的激进民主主义色彩。毫无疑问，这是十分卓越的思想。当然，其民权主义也烙有阶级的、历史的局限性的印记：首先，朱执信对于作为楷模的西方资产阶级民主制度采取了几乎是毫无保留的倾慕态度，虽然"代议政治"的虚伪性和反动性，正随着自由资本主义过渡到帝国主义而日益加强。其次，尽管朱执信斥责了保皇派对人民参与政治活动的污蔑与否定，但是，人民在未来共和国的地位并无明确的相关论述，因为，以西方为典范而构建的资产阶级共和国方案是不可能体现真正的民主的。

为了反击保皇派的诋毁，朱执信把自己当时理论活动的重点集中于有关民生主义的诸课题。他认为民生主义的倡导和实行是必要的。西方国家的状况可资借鉴：那里，由于社会经济组织不完全——"放任竞争"和"绝对承认私有财产"，迅速出现了"贫富悬隔"的现象，形成"资本跋扈""富豪跋扈"①的局面，致使"社会之痛苦，遂无暂已之期矣"②。因而，"二次革命"即"社会革命"成为不可避免。中国虽然不同于西方——"贫富之分"还"不可以为悬隔"，但这正为"防患于未然"提供了便利条件，"当其未大不平时，行社会革命，使其不平不得起，斯其功易举也"，加以中国"政治革命"的"主体"不是"社会革命"的"客体"，更利于"以一役而悉毕其功"，即令社会革命与政治革命同步并行。所以，"社会革命"对于中国是必要与可能的。而与中国社会近代化的历史趋向相适应，土地和资本问题成为朱执信在民生主义中所阐述的重点。"平均地权"—"土地国有"乃是民生主义的主要内容，在他看来，这是防止垄断和谋求社会福利的首要手段——"文明日进，地租日增……推测土地为一、二私人独占之效果，因谋求救治之本，而令其渐增之益归之

---

① 朱执信：《英国新总选举劳动党之进步》，载《民报》第3号。
② 朱执信：《北美合众国之相继税》，载《民报》第4号。

社会全体。"① 考虑到社会革命"非夺富民之财产以散诸贫民",而"土地之价值总额过大"到不能以"单纯一时收买之方法为满足",所以,朱执信认为实施"土地国有"的主要方法有二:"先给国债券而后偿还";"划定价值后有增价悉之归官,然后随时依价收买"。朱执信确信"土地国有"一经实现,则可"尽废诸税",而以"土地收入,得使国有",使人民负担大为"轻减"。至于朱执信在资本问题上提出了"铁道国有"的主张,与"土地国有"的目的相类似,"铁道国有以抑制私营自然独占事业者之专横为目的,而其抑制之原因,则以欲致社会上幸福"。② 朱执信认为不能容忍"已失人性"的资本家"肆其淫威而恫喝一世"和"益复朘削劳动者",因为这与"国民之福利"相矛盾。

十分明显,民生主义乃是革命民主派思想武库中最为鲜明地反映其所属阶级的历史地位和特性的重要部分。历史的辩证法在于:当年轻的中国资产阶级踏上政治舞台并且准备以西方国家为楷模进行变革的时候,欧美资本主义列强却已经处于社会主义革命的前夜。资本主义发展到帝国主义阶段,而曾经参与过资产阶级民主革命的"第四等级"则已成为现代资本主义的冲击者、掘墓人。这样,仍然处于"向上发展"阶段的中国资产阶级革命民主派,在解决历史所提出的现实任务即反对中世纪的陈腐制度的过程中,却熔铸了包括对于资本主义社会溃疡的某种批判和同情社会主义内容的主观社会主义——民粹主义。于是,民粹主义在这里成为对民主主义的"特殊补充"。毫无疑问,民生主义的倡导是有着积极意义的。首先,作为"社会革命"中心内容的"土地国有"政策实质上是最大限度地发展资本主义的纲领。列宁在《中国的民主主义和民粹主义》一文中指出:"即以亨利·乔治式的什么单一税来实行土地国有……使'增加'的'土地'价值'成为'人民财产',也就是说把地租即土地所有权交给国家,或者说使土地国有化……消灭绝对地租,只保留级差地租。"而这一切只是意味着"尽量铲除农业中的中世纪垄断和中世纪关系,使土地买卖有最大的自由,使农业有最大的可能适应市场"。③ 事实上,朱执信的土地方案也是亨利·乔治的"单一税"论和约翰·穆勒的"土地国有"

---

① 朱执信:《土地国有与财政》,载《民报》第15号。
② 参见朱执信《从社会主义论铁道国有及中国铁道之官办私办》,载《民报》第4号。
③ 参见列宁《列宁全集》(第18卷),人民出版社1959年版,第155~156页。

主张的混合物。亨利·乔治认为贫富悬殊源于"土地价值的日往上升"和这种社会进步造成的物质利益为"地租"所吞没,因此,必须征收单一的、等于地租额的土地税。约翰·穆勒则主张对全国土地予以估价,然后把因社会进步而增殖的土地价值以赋税形式交给国家。这种方案既非真正的社会主义,也不可能彻底解决农民的土地问题。正如恩格斯曾在《美国工人运动》中所指出:"亨利·乔治所主张的,则是丝毫不动目前社会的生产方式。"同样,"铁道国有"也只是意味着国家干预和经营企业,在一定的条件下,这种措施会对资本主义发展起积极作用。正如"土地国有"一样,铁道国有亦非社会主义,因为,国有的属性在最大限度上取决于它存在的社会的基本生产关系和国家性质。其次,民生主义在主张发展生产力中包含着对于资本主义社会溃疡的批判和对于资本家贪婪暴虐的揭露,以及由此产生的对于社会主义的同情。这在当时的社会政治、经济、思想领域中有着某种启蒙意义。此外,朱执信的有关著述中也表露了他对劳动人民生活状况的关怀。减轻人民负担,是他在"土地国有"政策中的企望;而在阐发"铁道国有"的优越性时,"职工保护"问题也被提出。当然,朱执信所宣扬的民生主义也存在着严重的缺陷。首先,朱执信在他的著述中未能把"土地国有"与农民问题——农民挣脱封建主义桎梏和获得土地问题密切地联系起来。在他看来,防止垄断和把增长的地租转交国家乃是民生主义的要义。他的目光难免集中于城镇及其郊区的土地,即是"吾人所以主张以土地为国有者,其主要之目的全在宅地"。然而,农民解放——"耕者有其田"的问题乃是旧民主主义革命的根本内容之一,而没有广大农民的奋起,民主革命运动——包括"社会革命"——的彻底胜利是不可想象的。其次,其民生主义中的主观社会主义色彩也有其消极方面;幻想由于中国社会的落后而利于"预防资本主义",这是有悖于历史趋向的臆测,而力求使"政治革命"与"社会革命"毕其功于一役的主张,难免混淆革命步骤。中国革命必须分两步走:民主革命和社会主义革命,并为一步的观点是为真正的革命家所不取的。

应当指出,朱执信还是最先在中国介绍马克思、恩格斯和马克思主义的人士之一。"在同盟会中,朱执信是真正研究马克思主义的人。"① 这是

---

① 何香凝:《对于孙中山先生的片断回忆》,载《人民日报》1956年10月29日。

完全可以理解的：热衷于"社会革命"的革命民主派成员必然会——如同列宁所指出的——"真挚地同情欧洲的社会主义"。在《德意志社会主义革命家列传》一文中，朱执信片断地介绍了马克思、恩格斯的革命活动和《共产党宣言》《资本论》的某些内容。朱执信对马克思主义有其赞扬的方面，他十分称道关于阶级斗争的学说，"马尔克素欲以阶级斗争为手段，而救此蚩蚩将为饿莩之齐氓"。但是，历史与阶级的局限性使得他难以对马克思主义有着比较正确、全面的理解：以致强调了"社会救济之策"，而未能对科学社会主义进行全面的介绍；夸大了在价值规律基础上产生的小生产者的分化，却忽视了为资本主义诞生过程所绝对必需的血腥的原始积累，因之得出马克思关于资本"从掠夺得"的论点对于"资本起源"阶段"不无过当"的评语；此外，把马克思与拉萨尔并列以及对拉萨尔的介绍，也表明了同样的缺陷。

由于缺乏相应的社会基础，朱执信对马克思主义的评介在当时并未引起深远的反响。

三

作为孙中山的忠实战友，朱执信在辛亥革命后的坎坷岁月中始终站在斗争的前列，除了进行实际革命活动外，朱执信在这个阶段——主要是在1914年期间——写下了一系列著述。

反对袁世凯的暴政，是朱执信理论宣传的中心。首先，朱执信尖锐地揭露了袁世凯反革命统治的实质，指出这不过是"少数阀阅富豪，戴以独裁总统"①。其次，朱执信把矛头指向秉承袁世凯旨意，为"帝制自为"制造理论根据的帮凶或帮闲们——从美国顾问古德诺直到所谓的"六君子"——的各色谬论。他着重批驳了喧嚣一时的"开明专制论"，并且指出了这种谬论包藏着恶毒的政治阴谋，"其志固在专制而不在开明也"。②显然，在当时的社会条件下，揭露袁世凯的反革命面目和准备"帝制自为"的鬼蜮心肠，具有实际的战斗意义。

捍卫共和制度，坚持民权主义——这是朱执信在他的政论中着重阐述

---

① 朱执信：《暴民政治者何》，载《民国》第2号。
② 参见朱执信《开明专制论》，载《民国》第4号。

的另一重要内容。针对当时与政治逆流相呼应的反民主谬论，朱执信给以有力的反击。他驳斥了反动的"暴民政治"论，指出这种谬论的政治目的在于使除"彼富贵之一集团"外的"不得富贵之国民"成为专制主义的奴隶——"徒为贵族供其奔走，献其衣食，待其摧残，伺其喜怒，不得议政治之短长。"与反动分子诬称"革命者"和民主政治为"暴民"、"暴民政治"的谰言相反，真正"屠戮最多，无恤暴之本义"者，正是袁世凯及其爪牙们。

针对当时革命党人内部和群众中间存在着犹疑、动摇和失望的情绪，朱执信在他的著述中力求鼓舞人心和推动斗争。他反复地说明袁记政权的稳定乃是表面的、暂时的现象，"今日民心之恶袁而匿之者又甚于昔"；一旦"国民举出而于表面反对……则袁之倒久矣"。① 因此，"又生第二之共和"乃是"无疑"的趋势。至于"今日吾人所应致力者"，主要"在促进人民之觉醒"。朱执信反对"曲全苟安"的思想，号召人们为将来而斗争，在他看来，这才会使生活具有意义和推动社会发展："夫为将来而牺牲现在者，能使现在有现在以上之价值，故其进步不息。"②

朱执信的理论宣传活动密切结合实际，具有积极战斗风格。在那个沉郁的时代，这些政论算得上是斗士的呐喊。但是，朱执信的思想在这个阶段中并未获致长足的进展：在一些论点上，如对民权主义诸课题的阐述没有明显超出《民报》时期的水平，先前理论活动中的缺陷也大抵未能有所克服。首先，朱执信也像许多革命党人一样相信清朝政府的瓦解意味着民族主义的实现，因而不曾继续高举民族主义的旗帜，把理论斗争的矛头指向中华民族的大敌——帝国主义。反之，却对帝国主义存在着一定程度的幻想和轻信。例如，竟然认为列强支持袁世凯，只是要使"中国安定"以便"经济之竞争"，并且幻想革命"成功迅速而干涉无由而至"。其次，朱执信在捍卫共和制度的过程中并未发展民权主义。他仍然相信欧美"代议制度"是完善的，未能看透它们日趋反动的实质；辛亥革命以来的社会政治生活中的"顿挫"，也未曾使他考虑资产阶级共和国在中国的现实性。最后，朱执信对人民群众的认识和估计也是带有片面性的。在革命处于低潮的阶段，他痛感人民精神面貌中的消极方面："只知有共和，而

---

① 参见朱执信《革命与心理》，载《民国》第4号。
② 朱执信：《未来之价值与前进之人》，载《民国》第1号。

于共和之内包（各属性），初未尝领会"；甚至，对于政治似"若不相关"。但是，却未能理解这完全是统治阶级所造成的恶果，而人民群众将在变革现实中改造主观世界。显然，上述情况并非偶然，它表明旧民主主义革命已经走到自身的终点，即将为新的革命运动所代替，而革命民主派持之的理论、纲领和方案则面临着历史进程的扬弃。

四

1919—1920年的革命转变年份，是朱执信理论活动的繁荣与高峰期，他写下了约40万字的著述，超过他一生著述数量的1/2。朱执信在此期间曾把较多的精力投入宣传工作，但更主要的原因在于革命形势的急剧发展打破了辛亥革命失败以来的沉郁氛围。正如同朱执信所指出："民国以来，到现在，总要算这个时候最有光明。"① 沸腾的社会政治生活，纷至沓来的新问题……迫切地要求革命运动的指导者认真思考，予以概括、阐释和解决。朱执信的紧密地反映社会生活实际和当前斗争的著作显示了其思想的发展，在当时的社会条件下发生着重要的积极作用。当然，这也是世界革命浪潮高涨——特别是十月社会主义革命影响的结果。

有关三民主义诸课题的新的阐释，构成了朱执信这一时期著述的主要内容。

民族主义在朱执信的阐述中得到了很大程度的发展。首先，给人类带来巨大灾难的世界大战和战后帝国主义列强宰割殖民地附属国的卑鄙行径，迫使朱执信把如何认识和对待"文明的"侵略者的问题提上议事日程，在《伯达铁路之过去与将来》《朝鲜代表在和会之请愿》等政论中强烈谴责了殖民主义，确认帝国主义国家乃是弱小民族"自由意志"的压迫者和"倚恃资本"的剥削者。严酷的现实使得他作出了这样的论断：西方列强的"国家主义"（即狭隘的资产阶级民族主义）业已发展为"军国主义""帝国主义"，而帝国主义则意味着"对于国内要求大部分国民之牺牲……对于国外以统治异民族为根本政策"。② 从这种认识出发，朱执信告诫被压迫民族决不能在自身利益攸关的问题上依赖帝国主义。至于

---

① 朱执信：《不合时宜之调和论》，见《朱执信集》下集，中华书局1979年版，第526页。
② 参见朱执信《国家主义发生及其变态》，载《建设》第1卷第2号。

中国山东问题的有关决议，表明了聚议在巴黎和会中的列强业已抛弃了"民族自决之主义"；同样，波斯也不可能借法国而摆脱英国的奴役。① 然而，殖民统治的命运是不会长久的。在论及朝鲜独立时，朱执信指出帝国主义的侵略必然引起反抗——"朝鲜独立运动"的"原动力"正是由"日本资本家，逐日以压榨形成"。② 被压迫民族一旦具有充分的"抵抗之意志"，懂得"非有武力，不能反抗"，并意识到"联络之必要"，则作为"世界革命的一部分"的"独立运动必将胜利"。他在《朝鲜代表在和会之请愿》等论著中反复申称："于此二十世纪，一民族中之少数人，尚欲倚其与之反对之劳农所组成之武力后援，以拥护其握有他民族奴隶使之之特权，真如燕巢幕上，决无长久理也。"其次，对于国内范围的民族问题，朱执信提出了"民族自决"的原则，在他看来，不应当以"多数民族之主张"强迫"少数民族绝对服从"。③

朱执信关于民族主义的阐述增添了颇有意义的新因素。首先，把认识和对待帝国主义——殖民主义的问题提上日程，谴责列强的野蛮掠夺，同情和赞扬民族解放运动，确信殖民统治必将瓦解，这种观念具有重要的现实意义，突出显示了朱执信的思想发展。国内范围的"民族自决"原则的提出，则意味着大汉族主义倾向的消除。这种主张体现了民主主义的精神，较之孙中山在1920年所提出的以汉族为中心的民族"同化""融成"论更为符合实际。当然，其民族主义的局限性仍然存在。朱执信对于帝国主义的认识还是比较模糊的，在他看来，帝国主义只是一种恶劣的"政策"，而未能把它科学地理解为资本主义发展的最高阶段。这样，朱执信也就不可能把殖民主义视作帝国主义社会经济、政治的必然产物；反之，却在猛烈鞭挞本国统治者祸国殃民的暴政时作出了客观上冲淡帝国主义侵略罪行的论断——"侵略之争，虽发于人，其所以招致侵略之原因，固在自身。"④ 而在《侵害主权与人道主义》一文中，竟然认为领事裁判权乃"以立法司法之不良而诱起"。其次，对待资产阶级"国家主义"的考察也表明了朱执信的局限性。他从严峻的现实中得出了资产阶级的"国

---

① 参见朱执信《英国与波斯之新协约》，载《建设》第1卷第5号。
② 参见朱执信《朝鲜代表在和会之请愿》，载《建设》第1卷第4号。
③ 参见朱执信《不可分的公理》，载《星期评论》第16号。
④ 朱执信：《伯达铁路之过去与将来》，载《建设》第1卷第4号。

家主义"已发展为穷兵黩武的"军国主义"或以"统治异民族为根本政策"的"帝国主义"的论断,但是,却未能把这种变化与资本主义的发展过程联系起来,反而主观和片面地认为"其病皆在于只知国家有目的,不知人类有目的,只知国民要为国家牺牲,不知国家要为人类牺牲"。在这种未能触及本质批判的基础上,朱执信只能提出补苴式的、臆造的诸如"絜矩的、相容的国家主义"的主张,不能也不可能得出反帝的明确结论。最后,朱执信关于国内民族的"自决"原则也未越出资产阶级民主主义范围,只能是空泛地提出"平等"问题。

民权主义,主要是关于"直接民权"思想,是朱执信在这个阶段中所传播的重要政治理论。在继续揭露和斥责各派军阀践踏"民主"与"共和"、积极捍卫"民国"的同时,朱执信把"直接民权"作为一种新的民主政治方案而大加宣扬。在他看来,"直接民权"乃是"一劳永逸之计,根本解决之法"。① 人民只要握有选举、罢免、复决、创制四权,就可以使"主权在民"的原则充分体现于政治生活。同时,朱执信还强调了实施"地方自治"的重要性,在他看来,没有"地方自治"则"民权政治,无由发生"。②

应当指出,朱执信积极宣扬孙中山在1916年所提出的"直接民权"主张并不是偶然的。一方面,朱执信的目光愈益触及了日趋反动的资产阶级政治和议会制度的溃疡。现实生活迫使他承认"代表制自身缺点,加以政党之助长,所以信用全失,责备诸多焉"③。为了补救这种缺陷,朱执信在政体方面进行了探索。另一方面,由于资本主义国家中无产阶级的壮大,宪法不能不在一定程度上有所反映,加以资产阶级国家行政机构业已成长为庞大的军事官僚集团,呶呶空谈的议会日益丧失了蒙蔽人们的作用。因此,西方的政治家再次唱出了卢梭的原则,耍弄起诸如"公民投票"之类的伎俩。这样,在欧美国家——尤其是美国和瑞士——腾起了甚嚣尘上的"直接民权""全民政治"的声浪。于是,又呈现出一种颇有意味的社会现象:作为西方救治"民主制度"衰败的"直接民权",却被中国的革命民主派当作新的民主政治方案。这里,正是评价"直接民权"

---

① 参见朱执信《请愿与民权》,见《朱执信集》(下集),中华书局1979年版,第505页。
② 参见朱执信《我们要一种什么宪法》,载《星期评论》1919年双十节纪念号。
③ 朱执信:《国会之非代表性及其救济方法》,载《建设》第1卷第4号。

的关键。不容否认,朱执信宣扬"直接民权"是有着一定积极意义的,表明了他忠实于民主主义,力求以"主权在民"的精神来消除资产阶级"代议政治"的缺陷。《中国国民党第一次全国代表大会宣言》曾经予以肯定,指出"直接民权"的实施"既以济代议政治之穷,亦以矫选举制度之弊"。但是,它的局限性也是十分明显的。首先,政体的探究是民主建政不可或缺的,但朱执信没有把政体和国体问题密切地联系起来,因而无从对所提出的任务给以科学的论断和真正的解决。事实上,资产阶级共和国根本不能实现"主权在民"的原则。所以,撇开国体而单纯着力于政体探究,难免流于形式主义的泛论;而企图以政体的某种变革作为解决民主政治问题"一劳永逸之计",则只能在很大程度上陷于空想和侈谈。其次,"直接民权"的主张表明了朱执信的目光始终未能脱出资产阶级"议会政治"的窠臼。尽管他目睹资产阶级政治制度的溃疡,但却仍然认为"国会仍为当采之制度"和"今代民治基础"。这种情况,影响了其民权主义思想向纵深发展。

民生主义、"社会革命"的有关课题,也在这个阶段中得到阐述。和过去所持的论点一样,朱执信把"平均地权"视为"实行社会主义的第一步",认为"用地的权,是人人有的"。在他看来,"社会的改造,从破除独占作用起";而"土地的独占性最大","掠夺本领最多"。土地问题解决后,"其他的问题都很容易解决"。① 当然,关于中国工业化问题的论述也在民生主义中占了相当比重。朱执信认为必须迅速地改变"工艺没有发达、自然资源没有开发"的现状,实现孙中山所制定的"实业计划"。在如何实现"实业计划"的问题上,朱执信未作比较详细的阐述。然而,值得注意的有下列几点:第一,他不相信资本家的"提倡实业"能够救中国的"贫""弱"②。第二,朱执信认为如铁路修建、港口辟筑之类的巨大企业应由国家经营。第三,朱执信谴责了资本家对工人的"朘削",主张改善劳动人民的生活状况。他认为"中国的劳动者……所受的痛苦,比别的国民也要加几倍"③,必须实施"减少工时""工厂改

---

① 参见朱执信《恢复秩序与创造秩序》,见《朱执信集》(下集),中华书局1979年版,第871页。
② 朱执信:《实业是不是这样提倡》,《星期评论》第39号。
③ 朱执信:《野心家与劳动阶级》,载《建设》第2卷第2号。

良""疾病保险""废疾年金"等举措。

朱执信的上述主张有其积极的一面。除去发展实业的经济纲领外,需要着重指出的是:他在这个阶段的有关民生主义的阐述中,对于资本主义的批判较前有所深入;而对人民群众生活状况的关怀,也比过去有所进展。在《兵的改造及其心理》一文中,朱执信构想了"寓兵于工"的"理想区":工人"摆脱隶属关系";"主要的工厂管理权都要叫工人参与";虽然在"私有制还不能废止"的时候要承认"资本的利息",但"决定产额、价格、工钱的权要分给工人"。朱执信尽管未曾以上述主张作为社会经济纲领,但这种新观念却反映了苏维埃国家的影响。然而,其民生主义的局限性仍然存在。平均地权的主张依然未能和农民解放的课题密切联系起来,实施的手段也具有社会改良主义色彩。同时,预防资本主义的臆想和混淆革命步骤的主观社会主义也并未消弭。关于工业化的思想中包含着一些模糊的观念:其一,对于中国的民族资本主义缺乏科学的认识,因而也就不可能给予正确的评价;其二,未能把实现工业化与推翻现存社会制度联系起来,因而就使"实业计划"难免成为"纸上谈兵"。

除去有关三民主义的论述外,朱执信的思想发展还集中表现在下列几个重要的课题上:

在现实生活的推动下,朱执信对于人民群众的作用和意义有了进一步的认识。"民意战胜金钱武力"——这就是他在第一次世界大战结束后从沸腾的政治生活(首先是俄国和欧洲各国的革命运动)中所作出的论断。稍后,朱执信更在一系列政论中发挥了这种思想。在他看来,人们"是要由不觉悟走到觉悟的"①,而"以其主义主张结合其众",则是不可抗拒的力量。所以"国家之中最有力者为人民,人民所归向者,始谓之实力";反之,貌似强大的军阀却是"旦夕可以倒坏的"②。不过,朱执信仍然在很大程度上把群众视作需赖"先知先觉"引导的被动力量。他较多地看到人民精神面貌中落后愚昧的一面,而未能把它理解为正是剥削统治者所造成的恶果,并且,群众将在改造客观世界的斗争中变革主观世界。朱执信对义和团运动的偏颇理解表明了这点,他片面地苛责人民"无知

---

① 朱执信:《倒叙的日俄战争史》,载《民国日报》1920年3月3日。
② 朱执信:《所谓实力派之和平》,见《朱执信集》下集,中华书局1979年版,第479～480页。

识与无适当之主义"，以致"以同情而生仇教"，"以爱国而成拳匪"。①

在有关革命斗争的诸课题上，朱执信曾经作出了一系列卓越的论述。他强调了阶级斗争的观点，而反对章行严等人所散布的投降主义的"调和论"。在他看来，"不争是永远没有的"，"斗争是永远没有了期的"。② 以这种理论观点考察社会政治生活，朱执信同意"社会主义者的主张"，即"历史上的事迹，都是阶级斗争的表现"，至于"要绝灭阶级斗争，不能不先绝灭阶级；要绝灭阶级，还要借斗争的一个阶级的力量"。③ 在革命运动主要依靠谁的问题上，朱执信的目光愈益转注于工农群众。他对资产阶级不抱期望，"中国的商人，我不敢希望他的团体有打破环境的举动"；而"中等社会""中产阶级"的"没落"，也是不可"防止"的趋势；此外，"没有农工帮助"的"学界"也是"没有真正的力量"。④ 在他看来，"一天增加一天"的"工人的力量"是中国革命"难免"的主要因素，同时，必须"运动乡下人爱国才有用"。关于革命斗争的方式和手段，也是朱执信论述的重要课题。显然，他逐渐意识到武装斗争和建立革命武装力量的巨大意义。这不仅是对旧民主主义革命的教训进行初步总结的结果，更为重要的是苏维埃国家的直接启示。朱执信十分重视并认真研究了俄国革命的经验，他称颂列宁的伟大业绩和布尔什维克的"为社会牺牲的精神"。他翻译了列宁颁布的《劳动军法规》，把"防卫主义的武力"和"共同经济建设的先锋"的"赤卫军"视为楷模，认为"现在俄国的赤卫军，就是俄国劳农阶级的乳母"。⑤ 朱执信以为斗争的方式和手段是多种多样的，但单纯的从事"劳工运动"、"教育"事业、"工农互助团新村运动"或"请愿"难以达到变革社会的目的。由于革命的敌人握有"兵"和"钱"，所以，革命阵营必须具有自己的武装力量，以之作为斗争的重要方式和手段。朱执信还强调指出革命斗争所依赖的武装力量

---

① 参见朱执信《舆论与煽动》，载《建设》第1卷第1号。
② 参见朱执信《不合时宜的调和论》，见《朱执信集》下集，中华书局1979年版，第528页。
③ 参见朱执信《新文化的危机》，见《朱执信集》（下集），中华书局1979年版，第879～880页。
④ 参见朱执信《野心家与劳动阶级》，载《建设》第2卷第2号。
⑤ 参见朱执信《匈俄苏域政府的兵》，载《建设》第2卷第2号。

必须是崭新的,即"有民主的、有希望的、不突然过劳的、精神上平等的"①军队。这种崭新的武装力量,只能属于"俄国的劳动军"类型,它的英勇无敌是毋庸置疑的,苏维埃国家的赤卫军和参加赤卫军的中国战士的光荣业绩即为明证。

朱执信在有关革命斗争问题上所持的新观念具有重要的积极意义。在阶级斗争、革命斗争的论述中,科学的成分有所增长。而在论及革命运动应以何种社会力量为基础时,朱执信发展了过去以"细民"为革命主力的观点。关于武装斗争和建立革命武装的思想,则对革命运动有着迫切的理论和实践意义。当然,上述观念依然有着不容忽视的缺陷。例如,工农群众仍被视为需要资产阶级、小资产阶级革命家"唤起"和"扶助"的对象,而建立革命武装的方案则包含着不少空想成分。

朱执信关于社会运动的一系列著述是不可忽略的。他对五四运动前后的汹涌澎湃的群众运动采取了积极态度,不仅投身其中,并竭力给予引导。朱执信热烈地参与了新文化运动,他以进化、发展的普遍观念作为向腐朽事物挑战的武器:宇宙万物"无所谓永远,无所谓绝对","一切事实皆应于人生进化之道路以为评价"②,僵死的"宗教信条"必须"打破",政治、法律和道德"亦应随社会以改变"。"秩序是永远有的,永远的秩序是没有的。"这样,世界才会"有进化、有革命、有改造"③。同时,朱执信还就新文化运动本身提出了中肯的意见:既反对了不务实际的空谈,也反驳了胡适的"多研究些问题少谈些主义"的错误论调,确信"真要研究问题,自然也研究到一个主义上来,没有可以逃得过的"。学生运动也为朱执信所关注,他充分估计了学生运动的作用和意义:"为之唤起言论,为之率先实行";"博一国之同情,生绝大之效果"④。同时,指出青年学生切不可使运动限于"学界"和"拘于"一隅,而应使之"遍于各阶级各地方";青年学生必须懂得"没有农工的帮助","学界"

---

① 朱执信:《兵的改造与其心理》,载《建设》第3卷第5号。
② 朱执信:《神圣不可侵与偶像打破》,载《建设》第1卷第1号。
③ 朱执信:《恢复秩序与创造秩序》,见《朱执信集》(下集),中华书局1979年版,第864页。
④ 朱执信:《学生今后之态度》,见《朱执信集》(上集),中华书局1979年版,第373页。

也没有真正的力量的道理,所以,要去"运动乡下人爱国"。对当时各种破坏学运的谬论进行反驳时,朱执信强调了学生的社会义务,指出对国事的淡漠有悖于"国民之资格",求学的目的在于"办事",而"真正的学问是要同社会有脉络贯通的"。① 朱执信告诫青年学生切勿为宗教所"毒害",形成慢性的精神自杀。② 此外,他对妇女运动也提出了一些有益的意见。这些紧密结合当前斗争的政论在社会政治生活中发生了积极作用,它们是朱执信后期著述的重要组成部分。

令人扼腕痛惜的是,过早的牺牲中断了朱执信的思想发展进程,使得他的创作的繁荣期成为极其短暂的阶段,其许多卓越的见解还处于萌蘖状态,没有得到比较充分的发挥。

[选自张磊著《跨世纪的沉思——历史、文化、人物》(上卷),广州出版社2002年版,第463～484页]

---

① 参见朱执信《求学与办事》,见《朱执信集》(下集),中华书局1979年版,第885页。
② 参见朱执信《青年学生应该警戒的两件事》,见《朱执信集》(下集),中华书局1979年版,第885页。

为中国民主革命献身的伟大革命家
——廖仲恺

伟大的爱国主义者、激进的民主革命家廖仲恺,为了中国的独立、统一、民主和富强而献出了全部精力、智慧和生命。

在深重的民族危机的激励下,诞生于美国旧金山的廖仲恺经历了不断的探索和追求,从爱国走向革命,为拯救和发展祖国而奋斗终生。他在孙中山的领导下,为旧民主主义革命做出了重要的贡献。当历史进程由旧民主主义革命跨入新民主主义革命时期以后,他又与时俱进,坚定不移地执行孙中山所制定的"联俄、联共、扶助农工"的三大政策,积极促成了第一次国共合作,为反帝反封建的国民革命建树了丰功伟绩,成为国民党左派的一面光辉旗帜。

十分明显,在一整代民主革命家中,他以对爱国主义和民主主义的忠实、坚定和思想激进的特色而著称于世,形成他在近代中国民主革命史上的重要地位和作用。

在探求和后来长达20年的革命征程中,廖仲恺几经"艰难顿挫"。他于中日战争爆发的1894年回到故乡——广东惠州府归善县学习"中学"。两年后,又往香港学习"西学"。1902年,他赴日本留学。翌年,他同他的战友和伴侣何香凝在日本会见了孙中山,从此踏上民主革命的道路,积极为推翻清廷、创立共和国而英勇斗争。1911年爆发的辛亥革命导致了清帝国的崩溃,但旧秩序迅速在新形式下恢复:半殖民地半封建社会性质没有根本改变,大地主大资产阶级的代表袁世凯统治着"民国"。廖仲恺追随孙中山继续战斗,参与了捍卫共和制度的二次革命、中华革命党反袁斗争和两次护法运动。然而,多次斗争都未能取得真正的成果。二次护法运动更以陈炯明的叛乱而告终,孙中山仅以身免,廖仲恺则一度身陷囹圄,备受折磨。

严峻的现实迫使孙中山、廖仲恺和几乎所有革命民主派进行反思,他们终于意识到改弦易辙的必要性。历史进程也为他们的转变提供了可能性:十月社会主义革命开拓了人类历史的新纪元。五四运动和中国共产党的成立则标志了以无产阶级领导的、工农联盟为基础的、人民大众的、反帝反封建的新民主主义革命时期的到来。正是在这个革命阶段的转折点，中国共产党人和国际无产阶级向孙中山及其战友伸出了双手，热切期望结成革命的联盟，以完成中国民族民主革命的大业。在中国共产党和国际无产阶级的帮助下，孙中山制定了"联俄、联共、扶助农工"三大政策，把旧三民主义发展为新三民主义，并作出国共合作的英明决策。在这个过程中，廖仲恺自始至终都是孙中山最得力的助手。毫无疑问，这是廖仲恺毕生政治生涯的高峰。

在此期间，廖仲恺的政治思想发生了重大的变化，对民主革命的两大任务——反帝反封建有了更加深刻的认识，斗争益发坚决。他认为，"帝国主义侵略实为万恶之源"，"必须与帝国资本主义者战"，而封建军阀官僚之流，同帝国主义一样是"全国人民的敌人"，"欲打退帝国主义"必"先与国内军阀战"。廖仲恺将中国民主革命的任务概括为："在殖民地半殖民地的国民革命运动，对内要打倒官僚军阀及一切反动力量，对外要抵抗帝国主义的重重压迫。"这都体现了他对中国民主革命认识的新高度。他之所以竭尽全力去宣传、贯彻和捍卫孙中山为实现中国民主革命根本任务而提出的三大政策，主要原因正在于此。

廖仲恺十分重视联俄政策。当十月社会主义革命的消息传来后，他就敏锐地意识到事变的伟大意义。他赞颂列宁为"打破帝国主义的实行家"，因为"他所做的事都是为被压迫民族奋斗，为无产阶级奋斗"。所以，他认为列宁领导的苏维埃国家才是中国人民的真正朋友，为了中国革命事业的进行，应该同新生的社会主义国家"携手"。

他确认联合中国共产党对国民党和国民革命具有关键意义，因为国民党内部成分复杂、涣散无力，必须输入新血液。他竭力主张共产党员加入国民党，认为这"是本党一个新生命"，所以"要打倒帝国主义，非与共产党亲善不可"。[①] 对于右派分子在联共问题上的攻击和破坏，他给予坚决的回击，要求人们提高识别能力，因为"现在我党中所有的反革命者皆自诩为老革命党"[②]。

他坚持扶助农工的政策，认为"占我国人口最多的是农工阶级"，因

---

① 参见《工人之路》特号，1925年8月28日。
② 何香凝、廖仲恺：《双清文集》（上卷），人民出版社1985年版，第759页。

而，如何对待农工的态度便是革命与反革命的分界线。他多次宣称："那一派人替农工阶级打销压迫他们的力量，便是革命派。反而言之，凡与军阀帝国主义者妥协，并压抑农工的人们，便是反革命派。"① 他尤其十分重视农民的工作，认为"吾人其不欲国民革命成功则已，否则必先去干农民运动"。他还多次指出农工联合的重要："如果农民想获得解放，必须同工人齐心合力奋斗！"

要执行三大政策，必须改组国民党，以实现国共合作，建立革命的统一战线，才能推动革命运动的迅猛发展。这在当时无疑是一桩非常艰巨的任务，必然引起国内外反动势力的破坏。廖仲恺作为孙中山最忠实的助手和卓越的政治活动家，果敢地挑起了这副重担。在协助孙中山改组国民党、促进国共合作的过程中，态度鲜明，立场坚定，不畏艰险，被誉为是"始终赞助最力的一人"。他从1923年秋开始，即几乎把全部精力投入改组国民党以实现国共合作的活动中去。他被孙中山委任为改组委员，负责国民党的改组事宜。稍后，他又成为临时中央执行委员会的成员。在这段时间里，他反复宣传改组国民党的重要意义，指出国民党自辛亥革命后"多在失败地位，皆由根本不稳固，其因实由于组织尚未严密。今日必须改组，根本整顿，本党方有起色"。同时，还来往于沪穗之间，主持起草宣言、党纲、章程等草案，积极筹备中国国民党第一次全国代表大会（以下简称"一大"）的召开。1924年年初中国国民党"一大"的召开，标志着国共合作的正式形成，成为国民革命高潮的发端，廖仲恺为此做出了重大的贡献。在关乎党的纲领和党章等关键问题的争论中，他协助孙中山坚持了革命原则，排除右派分子的干扰，促使大会圆满完成了历史任务。

国民党"一大"胜利闭幕后，廖仲恺立即全力以赴地贯彻大会精神。他同共产党人和国际无产阶级的代表们密切合作，赤诚相见。他积极支持工农运动，制定了一系列的有关宣言、条例和法规。三大政策的实现，有力地推动了革命运动的发展。与此同时，他还鼎力创办黄埔军校以建立革命的武装。对于帝国主义支持的反动商团叛乱，则采取严厉镇压的手段。国共两党的发展，工农群众运动的展开，革命武装的建立，对帝国主义及其走狗的反击……为巩固孙中山主持的革命政府统一广东革命策源地创造

---

① 何香凝、廖仲恺：《双清文集》（上卷），人民出版社1985年版，第759页。

了必要条件，从而为北伐战争准备了基本前提。

孙中山逝世后，廖仲恺不遗余力地为执行他的革命遗教而奋斗。他坚决捍卫三大政策，回击右派分子的背叛。他积极参与了讨伐陈炯明的东征，镇压了滇、桂军阀头子杨希闵、刘震寰发动的叛乱。廖仲恺坚定不移的革命精神和革命实践，招致了反动派的仇视，终在1925年8月20日被右派分子指使的凶手暗杀于国民党中央委员会门前。

廖仲恺的被害引起了人民的悲痛和愤怒，对他的悼念形成了一场革命的政治斗争。廖仲恺的一生是不断奋进的革命的一生，他的光辉业绩和革命精神永远铭记在中国人民的心里，激励他们为振兴中华、统一祖国而奋斗。

[选自张磊著《跨世纪的沉思——历史、文化、人物》（下卷），广州出版社2002年版，第485～488页]

论刘思复

在近代中国政治、思想史的领域中，无政府主义的引进和传播无疑是一种复杂的、意味深长的现象。

作为国际工人运动中的小资产阶级的反动思潮，无政府主义形成于19世纪上半叶的欧洲。初时，它的主要代表人物是德国的施米特和法国的蒲鲁东。19世纪60年代后，俄国的巴枯宁和克鲁泡特金成为重要角色。这种披着共产主义外衣的"改头换面的资产阶级个人主义"，曾经受到马克思主义经典作家的批判。然而，直到19世纪末还在许多国家的工会运动中"有一个立足点"，仍然发生着相当的影响。之所以如此，主要是因为第二国际的错误路线所导致。无政府主义思潮在中国的开始传播，就是直接得到日本、法国等无政府党人支持的。

为什么发轫于资本主义欧洲工人运动中的假共产主义，竟会在半殖民地半封建中国的资产阶级革命民主派中也找到了"立足点"呢？这种似乎颇为奇异的现象，其实是可以理解的。

向西方学习，从西方借取思想素材，乃是近代中国先进人士的普遍特色，也是要求社会变革的各种思潮和方案的一致倾向。特别是到了19世纪末期，这种趋势简直形成了一种热潮。正如毛泽东同志所指出的："那时候，求进步的中国人，只要是西方的新道理，什么书也看。"近几个世纪在欧美形成的形形色色的思潮，几乎都在中国得到了简陋的再版。资产阶级革命民主派也正是从西方广泛引进了民主主义思潮，以之作为变革现实的精神武器。"自由"、"平等"、"博爱"的口号，像春雷一样震动了神州大地。然而，当他们认真观察自己仿效的楷模时，却发现了"文明""富足"的资本主义国家的肌体上存在着业已十分明显的溃疡：周而复始的经济危机，丑态百出的"议会政治"，无产阶级的"同盟大罢工"乃至武装起义……这样，就在为数众多的革命民主派成员的头脑中产生了"对社会主义的同情"。由于历史的和阶级的局限，他们不可能确切地认识、了解和辨别各派社会主义的真面目。于是，无政府主义也就被视为社会主义的一支流派而被介绍到中国。

从中国社会的状况考察，无政府主义的滋蔓也不是偶然的。长期以来，封建专制主义君临着贫困落后的中国。残酷的经济剥削，横暴的政治压迫，严密的思想钳制……确是——如无政府主义者所指斥的——"尸横肉狱，成何世界！"体现这种野蛮社会制度的国家政权，引起了广大群众的极端憎恶。迫切地要求摧毁反动统治，乃至否定一切政权——这种强烈的思想和情绪，就成为无政府主义在革命民主派成员中找到"立足点"的重要思想条件。正是在这种意义上，孙中山认为无政府主义"乃发生于最黑暗之专制国"。同时，近代中国社会的小资产阶级汪洋大海般地存在着，它的政治、思想代表——主要是摆脱了制艺帖括之学的枷锁、要求社会变革的知识分子，在 20 世纪发端时期大量地增加起来。他们迫切地要求改变现存的社会秩序，以便摆脱深重的民族危机和朽败的社会制度，从而改善自身每况愈下的处境。这种要求打破现状的迫切愿望同他们固有的狂热性、偏激性相结合，使得他们易于与无政府主义之类的激烈高调混为一谈。国际工人运动中的小资产阶级反动思潮，正是在中国的一些小资产阶级知识分子的精神世界中首先找到了土壤。

在最早出现于革命民主派行列的无政府主义者中间，刘思复占有重要的地位。所以如此，主要是因为以《天义报》派和《新世纪》派闻名于当世的无政府主义鼓吹者李石曾、张静江和吴稚晖等，实际上不过是混迹革命队伍中的官僚政客。他们并不笃信民主主义，也不崇奉无政府主义，当然，更未能够身体力行。他们一度热衷于宣扬无政府主义，在很大程度上是借以惑众而自重。章太炎在《再复吴敬恒书》中就曾揭露了吴稚晖的真面目，指出他"非革命党也，非无政府党也"。正是这样，他们的活动给同盟会带来了不仅仅是思想分歧的危害。刘思复则不同于这些人，他真诚地信仰民主主义，而在转向无政府主义后则是毕生身体力行，在辛亥革命前后的社会政治、思想领域中留下了不容忽视的印记。在这种意义上，刘思复无疑是旧民主主义革命时期的中国无政府主义者的"范本"之一。对他的剖析，将有助于我们正确的认识和评价近代中国社会的无政府主义思潮。

一

刘思复，原名绍彬，字子麟，庠名绍元。1884 年生于广东省香山县

(今中山）石岐镇。1904年赴日本留学时更名思复，后又改为师复。1912年组织"心社"时废姓，遂称师复。

青少年时代，刘思复在故乡受着传统的封建教育。1899年和1901年，曾两次应童子试和乡试：第一次得补博士第生员，第二次则落第。然而，他对制艺帖括之学并无兴趣，"学而优则仕"也不能吸引这个聪慧的少年。相反，中日战争和八国联军之役后的深重民族危机却在他心里激起变革现实的热望。就在乡试落第这年，他开始研读谭嗣同的《仁学》，并与一些志同道合的朋友在邑城设立演说社，进行关于社会变革的宣传活动。①

1904年，刘思复赴日本留学。当时在革命知识分子聚集的东京，这个热衷于变革现实的青年迅速投身于革命浪潮，并成为同盟会最早的成员之一，积极在华侨和留日学生中进行政治宣传。刘思复后来这样回溯当时自己的思想和活动："记者之入同盟会，在东京同盟会最初创立之时，彼时可谓纯粹的政治革命党。"② 不过，无政府主义在这时已经给予他不可忽视的影响。刘思复与俄国、日本的虚无党人有所接触，曾向俄国无政府主义者学习制造炸弹的技术。日本著名的无政府主义者幸德秋水主编的《直言报》和《帝国主义》《基督抹煞论》《广长舌》等著作，则留给他以深刻的印象。③ 这种状况反映了同盟会会员中的思想分歧和复杂性，著名的《荡虏丛书》中就包括——与《孙逸仙》等著述并列——张继编写的《无政府主义》一书。④

1905年年末，刘思复由日返粤，参与了香港《东方报》的编辑工作。同时在石岐创办了当地的第一所女学——"厪德女学"，又设立了"武峰阅报社"，销售革命报刊和掩护革命活动。1907年春，革命党人准备在潮惠地区发动武装斗争，由于刘思复在日本曾经学会制造炸药，因而派遣他到广州谋刺水师提督李准。但因装配炸弹不慎而引起爆炸，刘思复受了重伤，以致遭到警吏的拘捕，并在医疗过程中割去了左手。对于清吏的审讯，刘思复伪造了掩蔽真相的供词，后来被李准的一个幕僚、与刘思复有

---

① 参见冯自由《中国革命运动廿六年组织史》，商务印书馆1948年版，第63页；参见郑佩刚《师复年谱》（手稿）。
② 师复著：《师复文存》，革新书局1928年版，第225页。
③ 参见郑佩刚《师复传》（手稿）。
④ 参见《民报》第10号，《荡虏丛书》出版广告。

隙的郑荣识破，终以嫌疑罪名被判回原籍监禁。

在香山监狱中，刘思复被拘禁了两年。但他并未停止活动，坚持为他的同志们所办的《香山循报》写了不少文章，鼓吹反对清廷和立宪派；另外的一些札记，则表明他身陷囹圄中对佛教进行了研究。其时，巴黎出版了李石曾、吴稚晖等主编的无政府主义刊物《新世纪》，东京则有张继、刘师培等创办的《天义报》《衡报》和"社会主义讲习会"，作为传播无政府主义的工具。刘思复对于这种情况十分注意，并与他们建立了联系。显而易见，谋刺李准的失败和入狱，对无政府主义的研讨……给予小资产阶级知识分子刘思复以深刻影响，成为他最终踏上无政府主义道路的转折点。正如他后来所自述："入狱两年余，经种种刺激及研究，而余之思想一变。"①

1909 年，由于各方面的营救而出狱的刘思复并赴香港。从这时到辛亥革命前夕止，他的主要活动集中在两个方面："专研究巴黎新世纪报倡导之无政府主义"②；积极从事暗杀活动。他于 1910 年的"新军之役"失败后在香港组织了"支那暗杀团"，团章把宗旨归结成为"反抗强权"。先后加入这个组织的有十余人，其中包括高剑父、林冠慈等。暗杀团先后策划了谋刺李准和凤山的行动，还准备入京刺杀摄政王。一般来说，这类个人恐怖手段对革命事业并无裨益，反而妨碍了革命党人组织、发动群众的重要工作，"阻我他种运动之进行"。不过，"唯与革命事机进行相应，乃不致摇动我根本计划者，乃可行耳"！（孙中山语）刘思复及其领导的暗杀团的活动乃是独立进行的③，他实际上已从同盟会中分化出来："自是之后（指组织暗杀团之后——引者），余虽未尝标揭无政府之主张，然自信确为反抗强权之革命党，而非复政治之革命党。"④

1911 年武昌起义后，刘思复在广东参与策动民军的活动。广东光复之后，他又与暗杀团的成员北上谋刺摄政王载沣，过上海时，以清朝政府崩溃而止。革命形势的逆转显然给刘思复以很大的刺激，他于 1912 年春解散了暗杀团，旋与他的同志们前往西湖游览，并在白云庵居留月余，酝

---

① 师复著：《师复文存》，革新书局 1928 年版，第 225～226 页。
② 参见冯自由《革命逸史》（第 2 集），商务印书馆 1945—1947 年版，第 210 页。
③ 参见郑佩刚《关于刘思复之暗杀活动》，见广州市政协文史资料研究委员会编《广州文史资料》（第 5 辑），第 28 页。
④ 师复著：《师复文存》，革新书局 1928 年版，第 226 页。

酿拟定了"个人进德"的一系列条例,实即后来"心社"社约的张本。

4月,刘思复返穗。对于革命的失望,错认当前的首要任务为"社会革命"……这些,促使他在广州建立了国内第一个无政府主义组织——"晦鸣学舍"。稍后,又建立了"心社"。这两个组织的活动范围和任务是有区别的——前者揭橥出纲领性的八条:包括"共产主义;反对军国主义;工团主义;反对宗教主义;反对家族主义;素食主义;语言统一;万国大同",侧重于对外活动,主要任务是传播无政府主义。后者则制定了属于"个人进德"性质的十二条社约,包括"不食肉;不饮酒;不吸烟;不用仆役;不乘坐人力车轿;不婚姻;不称族姓;不作官吏;不作议员;不入政党;不作海陆军人;不奉宗教",它侧重于内在活动,促成社员精神上的一致。①

"晦鸣学舍"和"心社"的成立,标志着无政府主义者在国内活动的新阶段。由于刘思复认为达成目的的主要手段是宣传,因而在这方面进行了积极活动。在1912—1914年间,他主持辑印了《新世纪丛书》《无政府主义粹言》和《无政府主义名著丛刊》,再加上其他小册子——如《军人之宝筏》等,发行量达数万册。此外,又于1913年8月创办了《晦鸣录》(后更名《民声》周刊),共刊行了28期。这些书刊的主要内容是传播无政府主义——特别是以巴枯宁为代表的无政府工团主义和以克鲁泡特金为代表的无政府共产主义,在当时的社会政治、思想领域中所起的作用基本上是消极的。刘思复还积极倡导借以宣传无政府主义的工具——世界语,先后在上海、广州创办过世界语讲习班等机构。②

刘思复和他的同志们在广州的活动并不长久。随着二次革命的失败,原为国民党人所控制的广东被袁世凯的爪牙龙济光所窃踞。在政治逆流汹涌的时刻,无政府主义者也被列为迫害对象。"晦鸣学舍"遭到查封,刚出版了两期的《晦鸣录》也被禁刊。刘思复和他的同志们亡命港澳,并在澳门继续出版更名后的《民声》。然而,由于葡萄牙殖民当局接受了袁世凯和广东省长的要求,《民声》出版两期后,再度被禁。刘思复和他的

---

① 参见金中炎《我所知的无政府主义者活动片断》,见广州市政协文史资料研究委员会编《广州文史资料》第5辑,第17~18页。

② 参见王炎《无政府主义者与世界语》,见广州市政协文史资料研究委员会编《广州文史资料》第5辑,第40~41页。

同志们被迫赴沪。

在上海，刘思复继续进行多方面的活动。通过《民声》杂志和其他出版物，更为系统地宣扬无政府主义；同时，他的组织活动也进入一个更广泛的阶段。1914年，刘思复主持成立了旨在与国内外"传播主义，联络同志"的机构——"无政府共产主义同志社"。不久，广州、南京和广东的一些地区也都建立了无政府主义团体。① 此外，刘思复还开始把领导工团（工会）的问题提上日程，为后来无政府主义者进行"工人运动"提供了理论根据。

1915年3月27日，刘思复因肺病逝世。他被葬于浙江杭州西湖烟霞洞旁。他的著述大抵见于《师复文存》《无政府主义讨论集》《伏虎集》和辛亥革命前出版的《香山循报》。

二

在辛亥革命以前，作为同盟会的活动分子的刘思复主要从事实际革命活动，又被囚禁两年，所以著述不多。反映他的思想并得以保留下来的作品，大抵写于石岐狱中并以各种笔名发表在《香山循报》上，由于刘思复是在狱中撰述，文章又得发表在当地的报纸上，因此，他不可能直接地、鲜明地宣传革命思想。但从他那一系列借古讽今、旁敲侧击的短论和札记中，仍可透过"伊索式的语言"而窥见民主主义的思想光芒。传播民族主义和民主共和国观念，揭露清廷的"伪立宪"，批驳保皇派的谬论和封建儒学，构成了他在这个阶段著述的基本内容。

刘思复公开宣称："余固执民族主义"，"反满"，则是他的民族主义的主要内涵。在他看来，民族主义的首要任务在于摆脱满洲统治者"宰制于上"的民族压迫。刘思复认为清朝的建立和存在意味着巨大的灾难："国民之经营生息于此土者已千百年，乃复有一异族来自他方，覆其宗祀，据其疆土，欺压其种族，蹂躏其政治，攫夺其生产，此乃谓之亡国。"满洲贵族统治集团实施的民族压迫政策，则是无所不用其极："入关以来，既以兵力降服其众；而恐遗民逸老之或萌叛志也，则大开博学鸿词、山林隐逸之征辟以网罗之……大兴文字之狱以戒慎之。又复扬尊君亲

---

① 参见师复著《师复文存》，革新书局1928年版，第19页。

上之义，辟科举利禄之途，以驯化反侧者之心，而消磨有志者之气。"近几年来，尽管清廷颁布了所谓满汉通婚和变通旗制的诏令，但其实质未尝改变——"最重要之军政，更悉使亲贵操之。"① 为了破除清朝政府的民族、政治和经济压榨，他呼吁"为国民者，当大张六师，以图光复"②。同时，刘思复的民族主义中也包含着摆脱殖民主义枷锁、救亡图存的内容。他意识到帝国主义乃是"弱小民族"生存的严重威胁，指出"近世帝国主义之贪暴，殖民政策之狠毒，动以海陆军工商业亡人国家"③，并且谴责英国侵夺印度的野蛮行径。为了避免沦为"殖民政策"的牺牲品，他提出以"知耻"作为砥砺"民族气节"的依据，反对崇外的奴才思想，认为"明乎第一事（即'知耻'——引者）……神圣外人者可以休矣！"④ 此外，由于中国是一个多民族国家，国内民族问题的解决，也就不可避免地成为刘思复的民族主义中的应有之义。他认为在"光复"后的新建国家中，民族主义的倡导者不应对国内弱小的少数民族"鼓天演论之利声，而煽殖民家之毒焰"，必须根据民族平等的原则，处理国内民族间的关系。例如，对待苗、瑶等少数民族，"吾汉族当施以同等之教育，为之更化，及其程度之高，力能自治，即予……平等自由之权利"⑤。

应当指出，刘思复所宣扬的民族主义具有积极意义。首先，构成民族主义思想基本内涵的"反满"主张，反映了以满洲贵族统治集团为核心的清朝政府同汉族人民和其他民族人民的矛盾。在当时的历史条件下，以满洲贵族统治集团为核心的清朝政府乃是"罪恶的渊薮"：一方面，它的昏庸糜烂的统治为帝国主义侵略中国开拓了道路；另一方面，它的对内民族压迫政策又使得清帝国成为民族牢狱。因此，任何具有进步意义的社会变革都不得不触动这个统治集团，而民族主义的现实意义和动员作用，也不能与"反满"口号须臾离。其次，对帝国主义的谴责和对崇外思想的批判具有战斗作用。归根结蒂，反帝仍是民主革命的头等任务，革命党人不能回避这个主要课题，而应在最大限度上赋予人们的活动以救亡色彩。最后，刘思复提出的解决国内民族问题的准则，显示了民主主义的精神，

---

① 刘思复：《立宪之里面》（抄本）。
② 刘思复：《民族与国土》（抄本）。
③ 刘思复：《寒柏斋滕言》（抄本）。
④ 同上。
⑤ 同上。

有利于国内各民族之间的团结。

但是，刘思复的民族主义——同一整代革命党人一样——也包含着严重的缺陷。首先，表现为他未能在民族主义中提出鲜明的反帝要求和政纲。然而，在错综复杂的近代中国社会诸矛盾中，帝国主义和中华民族的矛盾，乃是各种矛盾中最主要的矛盾。帝国主义的侵略威胁着中华民族的生存，并使中国沦于半殖民地半封建社会的悲惨境地。因此，民族主义必须把反帝列为头等任务，才能科学地反映和概括民族解放斗争的基本任务，把存在于人民群众中的朴素反帝思想和自发反帝斗争汇合成一股势将冲毁侵略者堤防的巨流。其次，存在着大汉族主义倾向：第一，中国是一个多民族国家，但刘思复却在很大程度上把中国历史的发展归结为汉族历史的发展，他在无批判地强调和赞颂汉族"神明之遗制""前代之典章文物"时①，却抹杀了其他少数民族——特别是满族的历史地位和作用。第二，在鼓吹"反满"斗争时，把"华夏"与"夷狄"——满族对立起来，甚至宣称要"振大汉之天声"。②这就不能不模糊了"反满"斗争的社会阶级内容，为之涂上"种族主义"的色彩。显然，片面地强调"反满"和由此派生的大汉族主义倾向是会给革命运动带来消极后果的，正如参与过反清斗争的老同盟会员吴玉章所指出："'反满'这个口号……把一切的仇恨集中在满族统治者身上，其中掺杂着汉族人民的种族主义情绪，而没有真正提高全国人民的民族意识，结果放过了一个真正的民族敌人——外国侵略者。同样，对于汉族祖先的光荣传统的宣传也太简单了，没有批判、反对那长期统治中国的汉族封建主义，这就又放过了一个内部大敌人，也就是支持了清朝统治的汉族封建势力。"③

宣传自由平等观念，反对封建专制主义，则是刘思复的民主主义思想的另一个重要组成部分。他反对把社会政治制度视为永恒不变的观念，认为社会政治制度必将随着社会发展而相应地改变。在他看来，曾经有过一个历史阶段，"君主立宪之制，乃政体进化所必经阶段，东西各国皆不能免此"④。但是，"至于今日，政俗之败坏，已不可方物"⑤。这种一度曾

---

① 参见刘思复《净慧室随笔》（抄本）。
② 参见刘思复《香山循报发刊词》（抄本）。
③ 吴玉章：《辛亥革命》，人民出版社1961年版，第7页。
④ 刘思复：《庵澜语》（抄本）。
⑤ 同上。

是"本无足责"的社会政治制度,业已变得"与欧美民主之制固相去万里"。对当今时代来说,"……国之内,人人平等,其权利义务无一不均者,斯之谓文明国";反之,"若门阀互异,阶级厘然者,斯之谓野蛮国"。① 而清帝国正是这种"野蛮国"。他罗列了清朝专制政权的罪状:"禁制言论出版集会之自由……必令一国之人,皆钳口结舌";"外部之交涉,纯主秘密,不许国民之容喙";"审判也,曰秘密";"财政也,曰秘密";"剥夺信仰自由"……要之,清朝政府的全部政治制度和措施,都在于使皇权君临于上,而令"国民权利,日缩减少"。② 显而易见,刘思复是坚决主张以共和国代替现存的君主专制制度的。此外,从民主主义的原则出发,刘思复批判了社会生活中的封建观念和陋习,要求予以扫除。他是一个"女权"论者,坚决反对"男尊女卑"的陈腐思想,谴责束缚妇女的封建礼教:"入宗法社会,三从七出学说潮出,野蛮陋风,视为公理。"③ 他坚决主张恢复"女权",使男女臻于平等。此外,对于其他社会陋习,如歧视疍民、堕民和蓄"世奴"等,也主张将之作为野蛮现象而加以消除。他欢迎一些地区释放"世仆"和为疍民倡办学堂的活动,把这些举措视为人们"平等观念日渐发达"④ 的标志。

刘思复的民主主义思想在那个历史阶段显然具有启蒙的进步意义。对于"民主共和"制度的倡导,意味着社会政治和思想领域中的重大变革:它既消弭了认为推翻清帝国的目的在于复兴大汉族的主张;也否定了"君主立宪"制度可以挽救中国的呓语。至于倡导"女权""人权"等,也抨击了封建主义的上层建筑,促进了人民的觉醒,有利于社会变革事业的实现。但是,历史的、阶级的局限性在这里留下了印记——刘思复所倡导的自由、平等、共和制度等,毕竟属于资产阶级民主主义范畴,它自身带有不可避免的狭隘性,不可能包括彻底解放人民群众的内容。

在倡导民主主义的同时,刘思复批判了儒家思想——封建传统文化。他确信"新学说"的输入并不等于孔教的"不攻自破",在当前的社会思想领域中,旧意识还由于"专制之政府倡之于上,无识之学者和之于下"

---

① 参见刘思复《民族平等观念之发达》(抄本)。
② 参见刘思复《立宪之里面》(抄本)。
③ 刘思复:《净慧室随笔》(抄本)。
④ 刘思复:《民族平等观念之发达》(抄本)。

而有"死灰复燃之势"。因此,揭露和批判儒家思想就有重大意义。刘思复指出儒教是为封建统治阶级服务的,长期得到了"独尊"的地位:"儒术……得汉武帝而统于一尊……历史帝王利其便已,而与推崇。"清廷的倡导理学,也正是"利用孔教尊君之说,以愚黔首"①。儒教的危害主要有两个方面:其一,使得人们"务虚名,营禄位";其二,束缚学术的发展——"学术所由日隘也。"显然,刘思复的批判接触到了儒家的反动本质及其消极作用。如何打破儒家的藩篱?刘思复主张首先剥夺儒教经典的神圣光环,他发挥了郑康成"六经皆史"的观念,认为"夫经者,古之典籍也。有历史焉,有政书焉,有文学焉……不当概而名之曰经,尤不当置经于一切典籍之上"②。只要"经之名既废",则"孔教之藩篱乃破",于是"学界得各发抒其思想之自由……学术以是光大"。应当指出,刘思复对儒教的批判尽管不够深刻,但是,较于当时很多革命党人无批判地强调汉族过去的光辉文化,而立宪派则唤起孔子的亡灵来"托古改制",特别是顽固派崇奉儒学,还是有着不容忽视的积极意义的。

刘思复尖锐地揭穿了当时清廷玩弄的"伪立宪"伎俩。他指出政府宣布预备立宪的目的,在于使形成"大火燎原"之势的革命"销声匿迹";究其实质,则是"表面立宪而里面专制",因为,政府两年以来的实际行动,"无一不违反立宪……无一不足以破坏立宪"。同时,对于成为革命民主派对手的保皇派,刘思复也加以揭露和抨击,指出了康有为之流的理论的杂乱:"灭裂圣经,剽窃佛语,取泰西哲学、政治,乃至公羊三世之说,而附会之……无有是也。"③也斥责了立宪党人"务虚名,营禄位"的卑劣行径,认为他们这种"浮音无耻,实儒术有以养成之也"。④由于客观条件的限制,刘思复未能在这个具有迫切现实政治意义的课题上多加阐述。

应当指出,刘思复在这个阶段的著述内容虽然大抵属于民主主义范畴,同孙中山所倡导的三民主义大体一致,与同盟会的政纲也基本符合;但是,无政府主义的深刻影响已经在他的理论和实践活动中显示出来——

---

① 刘思复:《民族平等观念之发达》(抄本)。
② 同上。
③ 同上。
④ 参见刘思复《庵谰语》(抄本)。

热衷于个人恐怖手段，宣传鼓动工作中的虚无主义色彩日益强烈，都已表明他在政治、思想上的转向——从民主主义战士蜕变为无政府主义者。

这种极端主义的政治、思想分化，在革命民主派的队伍内部为数不多。

但是，刘思复的蜕变过程，无疑具有深刻的社会根源，并且带有鲜明的时代色彩。

三

1911年爆发的辛亥革命虽然写下了旧民主主义革命史的光辉篇章，但在根本意义上——未曾改变半殖民地半封建社会秩序——却以失败告终。辛亥革命的悲剧结局，对刘思复的思想发展进程产生了强烈的影响。

辛亥革命后虽然建立了有名无实的"中华民国"，以袁世凯为代表的大地主大资产阶级依然统治着中国。民族未能独立，人民没有获得民主和富裕；反之，各派军阀之间的角逐，促使社会的政治经济情况进一步恶化，整个中国呈现出一幅极端动荡混乱的画面。许多资产阶级、小资产阶级知识分子陷入悲观失望中，其中一些人开始探求新的途径。严酷的现实促进了刘思复思想的转化，这个在香山狱中已向往虚无主义、出狱后又较系统地研读过无政府主义著述的小资产阶级知识分子，离开了先前崇奉过的民主主义的轨道，迅速地由信仰无政府主义进而变为中国无政府主义最早的积极宣传者和组织者。

在辛亥革命后的两三年间，刘思复在他的同志们所办的刊物——主要是《民声》上发表了一系列文章，系统地阐述了他的无政府主义观点和主张。通过特定的途径建立一个无政府共产主义社会，构成了他在这个阶段著述的基本内容。他宣称无政府共产主义的内涵是"主张灭除资本制度。改造共产社会，且不用政府统治"，"即求经济上及政治上之绝对自由也"。① 稍后，又在《无政府共产党之目的与手段》这篇纲领性的文章中作了更为明确具体的表述。

消灭阶级和"废绝财产私有权"；"一切生产要件"和"劳动所得之结果"，"均为社会公有"——乃是刘思复倡导的无政府共产主义的重要

---

① 参见师复著《师复文存》，革新书局1928年版，第53页。

组成部分。在他看来,"阶级制度者,平等自由之大敌也";而正是私有财产制度的存在,使社会出现"富人与平民之阶级"。① 因为"富人垄断生产机关(土地机器),坐享大利,工人则为之奴隶,仰给其工资以度活,不平莫甚于此"②。他认为私有制罪莫大焉,举凡好逸恶劳、知识低下、科学落后、进化停滞……归根结底,都是社会上私有财产制度所导致的。为此,只有"剿灭私产制度,实行共产主义,人人各尽所能,各取所需",才能出现理想的社会:"贫富之阶级既平,金钱之竞争自绝,此时生活平等,工作自由,争夺之社会,一变而为协爱。"③

反对任何政府和强权,"凡为统治制度之机关,悉废绝之";主张人民完全自由,"不受一切统治"——构成刘思复的无政府共产主义的又一重要部分。他把政府看成"剥夺自由、扰乱和平之毒物"④,完全是"民之蟊贼"。而"强权"则是与政府不可分离的东西,因为"政府实为强权之巨擘,亦为强权之渊薮"。所以"有政府一日即有强权,有强权一日即不能有真幸福"⑤。显而易见,"政府""强权"和自由、幸福,被刘思复片面地置于根本对立的地位。从这个原则出发,"人类道德之不良""社会之恶劣""教育之不能普及""经济之不平等"的消极现象,一律归咎于"政府"和"强权"。正是这样,他不加具体分析地主张反对任何政府,反对一切强权,并认为"自由之意志及互相之热诚"乃是处理社会事务的根本准则。

与否定阶级、私有财产、政府和强权的同时,反对宗教迷信以及婚姻、家族也在刘思复的思想中占有重要位置。他对中国封建传统思想作了进一步的抨击,把宗教迷信、婚姻、家族和强权联系起来。他认为迷信与强权,"二者皆革命之要点",因为"宗教为保护强权之利器,导人安贫守分,服从强权"。⑥ 他又特别撰写了《废婚姻主义》《废家族主义》两文,系统地表述了自己反对婚姻、家族的观点。在他看来,家族的产生,

---

① 参见师复著《师复文存》,革新书局1928年版,第101、186、3、1、14、166页。
② 师复著:《师复文存》,革新书局1928年版,第101、186、3、1、14、166页。
③ 同上。
④ 同上。
⑤ 同上。
⑥ 参见师复著《师复文存》,革新书局1928年版,第41、115、116、167、254、255、280页。

同时意味着人类私有观念的形成,并进而导致"今日贫富悬绝黑暗悲惨之社会";家族还使人们缺乏独立人格,并随之而出现"专制政体"。而婚姻制度则是酿成"家族之根源"①,又是"强者欺压弱者"的工具。他特别着力谴责作为中国封建传统思想核心的"三纲"——君为臣纲,父为子纲,夫为妻纲,视之为宗教迷信和伪道德。他接过了"家庭革命,圣贤革命,纲常革命"的口号,作为无政府共产党人思想革命的中心课题。

综上所述,刘思复的无政府共产主义的主张在中国可算相当系统和全面。它主要是巴枯宁、克鲁泡特金的思想的融汇,即无政府工团主义与无政府共产主义的混合物,这些观点概括地描绘了他们所要建立的"新社会"的轮廓,表明了他们所要追求的最终目的。至于实现的途径,刘思复也作了反复详尽的阐发。他把"传播"(包括报刊、演说、学校等)、"激烈行为"(包括抗税、抗兵、罢工、罢市以及暗杀、暴动等)和平民大革命——世界大革命三项,视为实现无政府共产主义的具体手段。但就其实质而言,刘思复所重视的手段主要是"传播"。"传播乃吾人无时无地可以或息之事业,由今日以至于无政府成功皆所谓传播时代也。"② 在他看来,无政府共产主义能够成为现实,必须具备两个前提条件,而"无政府共产主义传播已广,赞成此主义者已居多数"③ 则被列于首位。要之,"传播"被他看成是压倒一切的手段,甚至在某种意义上,"激烈行动之作用,一方面为反抗强权伸张公理;一方面为鼓动风潮,迅速传播,其用意则无非欲使多数人明白无政府之真理,赞成无政府之组织也"④。显而易见,刘思复相信只要反复宣扬无政府共产主义思想,逐步得到多数人的赞同,无政府共产主义社会就会自然而然地出现。

应该肯定,在辛亥革命后,中国社会的政治、思想领域处于沉寂低抑时期,在马克思主义尚未传入中国的特定情况下,刘思复所宣扬的无政府主义理论的某些方面对当时的思想界产生过一些积极的影响。首先,他指责了阶级社会存在的不合理现象,并要求消灭阶级压迫和私有财产。他揭露了剥削者的凶残面目,对劳动者遭受"富人"的压迫抱不平。他还以

---

① 参见师复著《师复文存》,革新书局1928年版,第41、115、116、167、254、255、280页。
② 同上。
③ 同上。
④ 同上。

劳动为准则，指出其时中国社会的阶级分野："凡不劳动而亦能生活者，谓之富贵阶级，申言之则地主、商业家、工厂主、官吏、议员、政客以及其他等等是也；凡必赖劳动而后能生活者，谓之劳动阶级，申言之则农人、手工家、工厂工人、苦力、雇役以及其他等等是也。凡家无恒产之教师、医生、工程师等亦属此类。"① 这些关于阶级与阶级压迫的言辞，对人们进一步认识中国社会的阶级对立是有裨益的。其次，他宣传了社会主义的某些初步知识。尽管这些知识具有很大的片面性，甚至是被歪曲的，不过，他毕竟给人们描绘了社会发展的远景——建立无阶级的、各尽所能和按需分配的共产主义社会。同时，他还批驳了江亢虎的伪社会主义谬论，指出这个政客实际上"是直不知社会主义共产主义为何物"②，在某种程度上对社会主义理论作了一些澄清。无政府主义同科学社会主义当然有着本质的区别，但前者对中国人民接受后者多少起过一些引导作用。最后，他从多方面抨击了当时仍然在中国思想界占有统治地位的封建传统思想。虽然他谴责封建传统思想在很大程度上是从反对强权出发，这种不科学的观点贬低了他的反封建斗争的积极意义，但是，他敢于公开地、大胆地揭露封建儒学的假面，把纲常、伦纪、圣贤、慈孝等视为阻碍"人道之进化"、败坏"人类之幸福"和"遗害于博爱平等"的"蟊贼"，对当时思想界是有着一定积极意义的，并为后来爆发的以反封建思想为中心课题的新文化运动起过某种先导和启迪作用。

刘思复在辛亥革命后的言论尽管有着一定的积极意义，但由于当时无政府共产主义思想还不可能有广泛的传播市场，因之，作用是很有限的。正如孙中山所指出："究竟主张无政府主义者，人民占少数也。"应该特别强调的是，刘思复在这个阶段的思想就其本质而言是错误的和反动的，所以散播着消极的毒素，给中国社会政治和思想领域带来不可忽视的危害。

和西方的无政府主义者一样，刘思复所宣扬的无政府共产主义思想是极端荒谬的。在国家政权问题上，他不加具体分析地反对任何政府，公开宣称"凡有政府，皆属万恶"③，主张"凡有政府吾皆讨之"④。这显然和

---

① 师复著：《师复文存》，革新书局1928年版，第290页。
② 同上书，第187页。
③ 同上书，第66页。
④ 同上书，第166页。

马克思主义的国家观毫无共同之处。他不了解国家、政府的产生、发展和衰亡有赖于历史条件，是作为必然规律的社会现象。因而，以为国家只是"野蛮之世"即"兽域之产物"，今天，可以"驱使人力"将其废除。然而，国家是阶级矛盾的产物，只要有阶级存在，国家就不可能被废除。"国家不是'被废除'的，它是自行消亡的。"① 无产阶级"必须采取政治行动，必须实行专政以过渡到废除阶级并和阶级一起废除国家"②。消灭了产生国家的客观条件，国家才有可能消亡。可见，刘思复当时提出废除政府只能是主观的臆想。孙中山就曾指出："……在今日世界国家之界限，既不可破，则政府为代国家执行律法，以限制恶人而保卫善良，为不可少。故无政府主义，实不能行于今日。"其次，他没有窥见国家的阶级本质，把一切国家政权毫无区别地等同起来，竟然把"政治"与"人民"、"法律"与"自由"看成"纯然两不相容之物"③。多数人对少数人的专政与少数人对多数人的专政，在刘思复思想中混为一谈，因而，他也反对了具有进步性、革命性的专政（包括无产阶级专政）。显而易见，刘思复在条件还没有容许时过早地要求废除一切政府，反对任何强权，无异于解除了广大群众和无产阶级的思想武装，给革命工作带来了严重的消极后果。因为，一切革命的根本问题都是政权问题。虚无主义客观上只能有利于资产阶级专政——在当时的中国则是有利于封建军阀专政的巩固。刘思复的无政府共产主义国家观与真正的共产主义有着本质的不同，实质上是资产阶级世界观的表现，正像列宁所说的那样："而无政府主义者……虽然非常'猛烈地'攻击资产阶级，但他们还是站在资产阶级世界观的立场上。"④

在社会发展阶段性的课题上，刘思复无视共产主义社会的发展有初级阶段和高级阶段的区别，否认客观存在的事实，认为"天下事安有所谓阶段！"⑤ 在他看来，只有实现生产资料和生活资料全归公有以及"各尽所能，各取所需"，才是共产主义，而这种社会必须一步达到。至于"各尽所能，按劳取酬"的分配原则以及生活资料私有则仍意味着"不平

---

① 马克思、恩格斯：《马克思恩格斯选集》（第3卷），人民出版社1972年版，第438页。
② 马克思、恩格斯：《马克思恩格斯选集》（第2卷），人民出版社1972年版，第527页。
③ 师复著：《师复文存》，革新书局1928年版，第70页。
④ 列宁：《列宁全集》（第15卷），人民出版社1959年版，第384页。
⑤ 师复著：《师复文存》，革新书局1928年版，第231页。

等"，只是"半面的"或"片面的"共产主义。这种论调——正如孙中山所指出——可算"高超纯洁"，但"可望而不可及，颇似世上说部所谈之神仙世界"。然而"社会主义是直接从资本主义里面长出来的社会，是新社会的初级形式。至于共产主义，它是这种社会的高级形式，这种形式只有在社会主义完全巩固的时候才能发展起来"①。所谓完全巩固，就是要通过各种政治的、经济的手段消灭阶级社会遗留下来的痕迹。这个艰巨重任的完成，需要一个历史阶段。由此可见，刘思复的言辞完全是不切合实际的、违反科学的空谈，这种空谈只会迷惑、诱导人们离开为实现当前首要任务而斗争的正确轨道。正如马克思所指出：他们"……主要是幻想借助细小的手法和巨大的感伤情怀来消除阶级的革命斗争及其一切必然表现……并且不顾这个社会的现实而力求实现自己的理想"②。事实上，刘思复取消共产主义社会发展初级阶段的观点是直接服务于他们反对一切政府和强权、反对建立无产阶级专政的政治目的。这里，彻底暴露了小资产阶级特有的空想和狂热。他甚至对共产主义社会必须经过由低级到高级的长期发展过程，发出了无奈的悲叹——"吾人果何苦而为此不惮烦之事耶!"③

在实现无政府共产主义的手段上，刘思复醉心于宣传的万能，几乎完全取消了无产阶级及革命群众的组织工作和政治斗争。在他看来，"除传播主义实行革命之外，皆非无政府党所有事"④，认为"苟一旦时机成熟，则记者今日之秃管一支，异日即可变成轰动全球之炸弹"⑤。可见，他对宣传的作用，实已达到迷信的程度。虽然刘思复也曾提到罢工和暴动，但他所主张的罢工只是自发的经济罢工；而暴动在缺乏领导和组织的情况下，也只能是盲动和冒险。正是从上述认识出发，设立平民学校以增进工人知识被刘思复视为最急迫的任务。显然，这是轻重倒置、危害极大的论调。马克思主义认为无产阶级的伟大力量在于组织："无产阶级在争取政权的斗争中，除了组织而外，没有别的武器。"⑥取消了无产阶级的组织，

---

① 列宁：《列宁全集》（第30卷），人民出版社1959年版，第252页。
② 马克思、恩格斯：《马克思恩格斯选集》（第1卷），人民出版社1962年版，第497页。
③ 师复著：《师复文存》，革新书局1928年版，第195页。
④ 同上书，第42页。
⑤ 同上书，第167页。
⑥ 列宁：《列宁全集》（第7卷），人民出版社1959年版，第410页。

无异是瓦解工人阶级和革命群众反对资本主义和一切剥削制度的斗争。事实上，刘思复曾公开阻挠工人参与革命斗争，甚至为增加工资、改善生活待遇而进行的斗争也遭他责难，他认为这是当时中国条件所不许的。因此，刘思复以"宣传"为唯一的斗争手段，客观上只能起着维护现存社会秩序的反动作用。他们所谓的实现无政府共产主义社会，无异于痴人说梦。

刘思复的思想不仅在理论上是错误的，在实践上同样产生着很大的危害性，给中国民主革命的进程带来了不容忽视的消极影响，妨害了人民群众反帝反封建斗争。特别是由于他的言论是为漂亮的革命词句所装饰，更容易使人们受到迷惑，被误认为社会主义，直接阻挠了马克思主义后来在中国的真正传播。中国的无政府主义者将刘思复当作"偶像"，称他"为同志中前辈后生所共倾服"①。可见，他所起的作用的重要性。有些论者只把刘思复轻描淡写成"因为愤世嫉俗，故意标榜无政府主义以自命清高"②的人物，显然是大大低估了刘思复的反动影响。由于刘思复反对参与一切政治运动，面对当时汹涌澎湃的反袁浪潮，"独漠然无所动于衷"，甚至是非不分，把斗争双方比作"五十步与百步"；③同时，对当时上海爆发的漆业工人罢工冷嘲热讽。这些不能不使部分青年知识分子感到迷惑，其危害性是不可低估的："无政府主义派主张高蹈远引……把革命的中坚、纯洁的青年引到脱离政治的地步。"④随着马克思主义在中国的广泛传播，无政府主义便完全成为反动的思潮。

［选自张磊著《跨世纪的沉思——历史、文化、人物》（下卷），广州出版社2002年版，第489～509页］

---

① 师复著：《师复文存》，"弁言"，革新书局1928年版。
② 《史学月刊》1957年8月号，第29页。
③ 参见师复著《师复文存》，革新书局1928年版，第65～66页。
④ 吴玉章：《辛亥革命的经验教训》，载《解放日报》1942年10月10日。

魏源思想刍论

魏源（1794—1857）是爱国的、进步的杰出思想家，在19世纪的中国社会生活中具有重要的地位和作用，不仅在当世发生过重大影响，还对后来的社会变革思潮与实践起到了不可忽视的启蒙作用。

历史把魏源推向剧变的社会舞台，他的一生贯串于封建社会"末世"和近代初期。魏源的前期活动正当中世纪的下限，清朝封建专制统治濒于崩溃。民族矛盾逐步上升，西方资本主义国家采用经济侵略手段，不断叩击中国沿海门户，加剧了社会危机。魏源的后期活动，则跨入了中国近代时期的初始阶段。意味深长的是，这个具有"天崩地解"的历史性转折的实现，既非社会生产力的重大突变所导致，也非波澜壮阔的革命运动的结果。近代中国舞台帷幕的开启，竟然是由英国侵华战争所拉动。强烈的外铄作用及其促成的扭曲的社会形态，深刻影响了中国社会的历史进程。以鸦片战争为起点，中国逐渐沦为半殖民地半封建社会。

毫无疑义，重要历史人物总是一定的社会思潮和运动的代表，"他们的动机不是从个人琐碎的欲望中，而正是从他们所处的历史潮流中得来的"。魏源所处的时代突现的严重民族危机和日益激化的社会危机，迫使包括他在内的有识之士认真思索并作出反应：是对"坚船利炮"的侵略者英勇抵抗，还是妥协投降？是讴歌"太平盛世"，继续因循苟且、闭关自守，还是反省和批判现实的弊端，倡导社会变革？十分尖锐的课题摆在人们的面前，要求给予答案。正是在这种特定的情势下，隶属于统治阶级的一部分较为开明的知识分子踏上了历史舞台。他们要求外抗侵略，内行改革，有限度地向西方学习，以求富国强兵。魏源的爱国主义和社会变革思想，使他不愧为这批满怀热忱的知识分子群体的卓越代表。

与他所处社会生活的剧烈变化相适应，魏源的思想和实践的发展历程大致可以分为两个阶段。

魏源出生于湖南邵阳的一个没落地主家庭，受过传统的封建教育，又曾与龚自珍就学于著名的今文经学家刘逢禄，师承了这个学派的经世致用精神和历史变易思想。他的足迹曾踏遍大半个中国，使他得以比较深切地观察和了解现实生活。只是科举仕途并不顺畅，29岁中举后屡试不第，也没有担任过重要官职，长期充当督抚的幕僚。他对社会经济的有关问题作过认真的调查研究，以社会经济改革家闻名当世。19世纪30年代，他还在商品经济较为发达的江淮地区一度经营过票盐生意。他的出身、教养和经历，使其能够在严峻的现实激励下大力弘扬爱国主义和积极倡导社会变革。

第一次鸦片战争的失败，给予常怀忧愤的魏源以巨大的震动。"奇变"推动了他的思想发展，集中表现为爱国主义的高扬和效法西方主张的提出；而与剧变的历史进程相适应，社会改革思想日益鲜明。著名的《海国图志》一书改变了传统知识结构，成为他的一生思想的高峰。魏源的爱国主义反映了中华民族的立场和利益，具有积极的社会意义。他的变革观念和主张，则发生了重大的启蒙作用。从爱国走向变革，近代中国社会政治、思想领域中的这条带有普遍性的规律在魏源的身上已经初步显示。由于他的社会变革思想没有深化到触及现存经济基础与上层建筑的层次，对西方的效法也大体局限于物质文化的范围，因之，当太平天国农民战争的风暴震撼了封建清王朝的统治时，他却完全不能理解，甚至置身于对立面。他感到困惑、失望和伤痛，"无心仕宦"。这位当年曾为爱国与革新事业奔走呼号的志士归隐田园后皈依佛学，在第二次鸦片战争前奏的炮声中卒于杭州僧舍。

魏源晚年的精神破灭不是偶然的，"绝望是那些不了解祸害的来源、看不见出路和没有能力进行斗争的人所特有的"。从他所隶属的统治阶级中分化出来的改革群体的力量是微弱的；他的粗浅变革主张缺乏实现的坚实社会基础——中国资产阶级正式出现尚有待于19世纪70年代；而他抵制的农民战争则威胁着清朝政府的存在。这就是魏源的悲剧结局的基本内涵和关键所在。

一

爱国主义无疑是魏源思想中的精华部分。

揭露侵略者的贪婪本性和战争罪行，是魏源的爱国主义的主要内容。英国侵略者用"通商战争"的谰言掩盖其强盗嘴脸，投降派也以"通商必不生衅"的谬论相应和。魏源揭穿了这种卑劣谎言，指出武力掠夺是英国侵略者的惯技："不务行教，而专行贾，且佐行贾以行兵，兵贾相济，遂雄。"他们实际上是假借"互市之名"，"专以鸦片之烟、耶稣之教毒华民耗银币"。他还用殖民主义者"性贪而狡"的种种事实，说明英国侵略者用暴力敲开中国大门的阴谋是策划已久的："盖四海之内，其帆樯无所不到，凡有土有人之处无不睥睨相度，思朘削其精华。"① 战争的爆发是侵略者"攻门索斗"，起因根本"不由缴烟"。鸦片贩子就是战争贩子，这正是英国侵略者兼具的双重身份。魏源确认林则徐领导的禁烟运动是为了"除中国之积患"，肯定广大军民的抗英斗争是义战，驳斥了污蔑中国人民反侵略斗争的谬论，伸张了民族正气。

批判卖国主义，是魏源爱国主义的又一主要内容。面对殖民主义者的鸦片走私和军事进攻，投降派却一味叫嚷什么"以德服人"，"诚信化敌"，主张弛禁鸦片，对破门而入的强盗们只能"羁縻""安抚"和"曲加优礼"。以穆彰阿、琦善为首的卖国贼们甚至为虎作伥，恶毒攻击爱国军民的抗英斗争是"贪功启衅"，大肆宣扬必败论，而且直接从政治上、军事上破坏反侵略战争。魏源痛斥了这种颠倒是非、畏敌如虎的论调，批判了"善战者服上刑"的观念，强调"武备御敌"，主张"严修武备"。因为，"惟利是图"的侵略者又有着"惟威是畏"的一面，必须"以甲兵止甲兵"，才能使他们"有所畏怀"而"不敢尝试"。他指出敌人的"船坚炮利"不可忽视，但绝不是"非兵力所能制服"。只要全国军民同仇敌忾，英勇抗战，采取正确的战略和战术，完全可以"使其失其所长"，形成"以主待客，以主胜客"的主动局面。此外，他又以大量诗文谴责投降派破坏抗英斗争的罪行，指出战争的失败在很大程度上是由于投降派卖国勾当所致："已闻狐鼠凭城社，安望鲸鲵戮场疆。"如果"早用秦风修甲戟"，必将"条支海上哭鲸鲵"。

在主要由总结鸦片战争过程的经验基础上形成的反侵略军事主张，是魏源爱国主义思想的重要内容。首先，在一定程度上借助人民力量构成基点之一，他在《道光洋艘征抚记》中确认"岂特义民可用，即莠民亦可用"。投降派强调"防民胜于防寇"，胡说什么"民多柔弱"，甚至污蔑东南沿海地区的群众"皆汉奸"，公然破坏人民的抗英斗争。魏源用事实驳斥了这种谰言，以"前时但说民通寇，此日翻看吏纵夷"的犀利诗句，

---

① 魏源：《海国图志》卷52，岳麓书社1998年版，第289页。

揭穿了投降派血口喷人和充当侵略者走狗的卑劣行径。他从群众抗英斗争中感受到蕴藏的威力,认为三元里的"区区义兵"就取得"围敌酋,斩夷师,歼夷兵"和迫使侵略者"不敢入市广州"的战果。应当"召义兵""练土著",发动和组织"岸上力作之人"和"水上渔贩之人"。"器利不如人和",纪律松弛的正规"客兵"反而不如"义民可用"。其次,魏源又根据战争的性质和敌我双方的特点,剖析了实际的战例,制定了抗英斗争的战略,并把自己的战略要点归结为"守""战""款"。"守",应当而且必须是积极防御的作战方针。"拒敌外洋"是不利的,定须用"设阱以待虎"的手段"诱敌深入",把恃仗"船坚炮利"的侵略者引进内河,使之"能进不能出",以便"聚而歼之"。只有这种避敌之长,击敌之短,"纵其入险","以纵为擒"的"守",才是制胜的战略原则。他还援引越南人民反侵略斗争的成功经验——"两次创夷,片帆不返,皆诱其深入内河,而后大创之。""战"(即"攻"),主要内涵为"调夷之仇国以攻夷"和"师夷之长技以制夷"。一方面,利用与侵略者有着矛盾的国家,使之牵制和攻击侵略者,以便集中力量围歼主要敌人;另一方面,采用西方的先进武器装备、技术和军事训练方法,用以防御敌人的入侵。"款",其要义是以外交和贸易手段调节中外关系,配合军事斗争。此外,不懈地加强战备——特别是建立"可以战洋夷于海中"的近代海军也是魏源的反侵略军事思想中不可忽视的内容。他指出《江宁条约》的签订决不意味着"永杜兵萌",预见到侵略者还将不断伸出贪婪的魔爪,所以不可麻痹,定需加强"武备","励精淬志",切实地"求将帅,严军令,搜军食"。"曾闻兵革话承平,几见承平话战争"——魏源提醒人们"居安思危",加强反侵略战争的准备。

应当指出,把反侵略斗争与社会变革联系起来是魏源爱国主义的特点。为了维护民族的独立和国家的主权,必须富国强兵。而要摆脱贫弱落后的状况,就要实行社会变革,既不能故步自封,也不能闭关自守。因之,要睁眼看世界,"善师四夷"与"师夷之长技",方能"制夷"。[1] 变革的观念,丰富了魏源的爱国主义,赋予它以鲜明的时代特征,使之获致了新的广度和深度。但是,这份优秀的精神遗产也带有不可避免的局限。首先,他虽然抨击了投降派的卖国主义,要求进行社会变革,却未能认识

---

[1] 参见魏源《海国图志》卷52,岳麓书社1998年版,第176页。

到导致丧权辱国的根本内在原因乃是腐败的封建社会制度,而使国家臻于富强则要求社会变革的深化和拓展。无可置辩的事实是:仅仅停留在"师夷之长技"的层次,不能使中国摆脱贫弱落后的状态,改变备受侵凌的厄运。其次,魏源虽然主张在抗英斗争中借助民力,却又把动员和组织广大群众进行反侵略斗争视为"以毒攻毒",期望达到"毒去而药力亦销"的结果,显示了他希图抑制、消除人民潜力的意愿。十分清楚,对待封建社会制度和人民群众的态度,集中暴露了魏源爱国主义的阶级印记。

二

魏源确信古老的封建帝国已属"末世",因循苟且只能造成灾难性的后果。"川壅必溃",唯一的出路在于社会变革。因为——他在《等蒵篇》中指出——"天下无数百年不弊之法,无穷术及不变之法,无不除弊而能兴利之法,无不易简而能变之法。"只有变法才能结束危机四伏的局面,出现"天日昌""风雷行"的新貌。所以,社会变革观念成为他的思想的主线之一。

为了给社会变革提供依据,必须经过批判社会弊端以引发人们"对于现存事物的永世长存的怀疑"。他的批判锋芒触及面很广,社会经济、政治和思想领域中的窳败都在他的诗文中有所反映。

魏源认为当时社会经济业已处于"蜗庐外漏兼中蠹"的衰败状态,令人忧虑的"四海饥"的严重局势正在日趋恶化。水、旱、兵、税成为四大祸害,复加以"病漕、病蒵、病吏、病民之患",广大群众——特别是农民无衣无食,辗转于死亡线上。甚至"有田之富民"也往往因"租税""役"和"饥荒"而"束手待尽",濒于破产。与此形成鲜明对照的是大贵族、大地主和大官僚搜刮聚敛大量财富,穷奢极欲。"城中奢淫过郑卫,城外艰苦逾唐魏"——对于贫富两极分化的揭露,在魏源的著述中屡见不鲜。他还尖锐地指出鸦片贸易的严重危害,认为这是"民财之大漏卮",如不加以禁绝,必会造成"官民交困"。

魏源揭露和抨击了社会政治生活的腐败现象,矛头直接指向文武官吏。他指出官场中充斥着昏庸卑劣之徒:"枢臣"墨守"中庸"之道,因循苟且;"边臣"一味妥协,"养痈贻患";"儒臣"人云亦云,如同"巧学舌"的"鹦鹉";"库臣"贪污中饱,盗窃国家财物。贪婪怯懦的武官们也是丑态百出——"名食糠而身依市，出应伍而归刺绣"，每逢出征往往"推饷求代"。军队号称百万，实际是"虚冒半之，老弱半之"。对于最高统治者的耽于游猎，魏源也表示了含蓄的不满："群臣终岁唏天客，平台一召已仅事。"

他又批判了程朱理学，为社会变革提供理论依据。他认为"宋学"是"无用"的俗学，而儒生们则大抵是徒知"敬天法祖"的"鄙夫"："胸中除富贵而外，不知国计民生为何事；除私党而外，不知人才为何物。"所以，他们只能"以晏安鸩毒为培元气，以养痈贻患为守旧章，以缄默固宠为保明哲"。同时，他又对乾嘉以来盛行的"汉学"的脱离实际倾向作了遣责，指出流于繁琐的考据、训诂之风危害甚大，"锢天下聪明智慧使尽出于无用之一途"。从这种基本观念出发，魏源紧密联系尖锐的社会课题，抨击了复古倒退和闭关自守的陈腐主张，坚持社会变革，要求学习西方。

大致来说，魏源早期的社会变革思想较多涉及经济方面。他继承了中国古代传统的许多经济观念，又使自己的变革主张符合社会经济的发展趋势。"重本"，是他经济改革的主要内容。他赞扬前代的"耕战"政策，十分重视农业生产。在他看来，"重本"把"本富"作为社会繁荣的基石。为使"有田之富民"得以"敢顾家业"，官府应当保护他们的利益。农民破产流亡不利于农业生产，必须用屯垦手段加以解决。他非常强调水利建设的重大作用，并指出兴修水利必须统筹全局，采取"因时因地制宜"的方针，而且还要"先除夺水夺利之人"，即限制和打击贪官污吏和地主豪绅的侵攘。至于发展商品经济，则是魏源经济改革主张的重要内容。他"重本"而不"抑末"，并把"末富"（商人）视为国家富强的支柱之一，认为在社会经济领域呈现"官告竭"的状况下，往往"非商不为功也"。事实上，在他精心筹划的漕运和盐政改革方案中，借助于商业资本——"海商"和"票商"的运作以兴利除弊，构成整个计划的基点。漕运改革的主要内容是依靠"商贾"，雇用"商舟"，开拓"商道"，把漕米经由海路运到京师，"不由仙地，不由层饱"。实行海运后，运费还不到河运的十八分之一。盐政改革的主要内容为改行"票盐"制度，让"票商"经营食盐运销，在一定范围和程度上取代封建垄断性的官盐制，以消除由其产生的一些弊病。结果，"盐价顿减，取携甚便，民情安之"。

他坚信改革"利国、利民、利官、利商"①，甚至直言不讳地主张"尽革中饱蠹弊之利，以归于纳课靖远之商"。魏源的漕运和盐政改革方案促进了商品经济的发展，而在封建社会后期的商品经济则是资本主义的温床。

鸦片战争后，魏源的社会变革思想发展到新阶段。巨大的事变使他进一步认识到变革的迫切性和必要性："小变则小革，大变则大革；小革则小治，大革则大治。"为了寻求富国强兵的方略，他进行了不懈的探索，继续从中国传统文化中寻找素材——"宵拥长沙家令篇"，又开始向西方资本主义国家寻求可资借鉴的事物。他的社会变革思想，因之包含了前所未有的丰富内涵。魏源后期的变革思想和主张反映了时代的特点，体现了社会的趋势，堪称为精华所在。

在社会经济领域中，魏源的社会经济思想的新内涵主要集中于"缓本急标"的观念和引进近代机器工业的主张。所谓"缓本急标"，即把发展商品经济置于首要地位；在严重的经济危机状态下，突出"标""末""货"的作用和意义。这种观念顺应了当时自然经济加速分解和商品经济较快发展的趋向，对陈腐的"工商为下"主张是一种抵制和反击。当然，更为重要的是他从"师夷之长技以制夷"的见解出发，主张把近代机器工业引入军需品乃至某些民用品的生产。按照他在《海国图志·筹海篇》中的构想：采用机器生产的官办军需工业制造了足够的武器弹药后，可以转产民用器械，因为"战舰有尽而出鬻之船无尽"，"造炮有数而出鬻之器械无数"。同时，允许民办采用机器生产的工业，"沿海商民，有自愿仿设厂局以造船械，或自用，或出售者听之"。他批驳了把机器生产视为"奇技淫巧"的谬论，认为这些"有用之物"是"奇技而非淫巧"，机器生产是先进的，民用工业有着广阔的前景。官办厂、局兼产民用品，民办厂、局大量生产民用品，广大商民"争先效尤"，必将推动近代工业的发展。"一二载后，不必仰赖于外夷。"此外，他还建议将"沿海之矿山，许民开采"，为新法铸币提供白银原料，以满足商品流通的需要和地方军费的开支。魏源满怀信心地瞻望未来，确信中国会赶上西方——"风气日开，智慧日出，方见东海之民，犹西海之民。"尽管由于当时中国社会的资本主义萌蘖微弱，尚未充分发展到工场手工业阶段，因之，魏源难以明确提出实施资本主义生产关系和进行产业革命的主张。"不成熟的理

---

① 魏源：《魏源集》，中华书局1983年版，第424页。

论",总是和"不成熟"的"生产状况"和"阶级状况相适应的"。但他这种仿效西方资本主义经济的设想,终归具有进步作用,堪称"创榛辟莽,前驱先路"。

魏源的社会政治思想,也不同于当时一般的士大夫。虽然他对资产阶级民主制度的了解只能是初步的,但关于美国总统选举和议会制度的粗浅认识还是使长期生活在闭关自守的封建社会中的魏源耳目一新,引起他的深思和联想,叹为"一变古今官家之局"。他用"公"字赞扬非"世及"的、四年一次的总统选举,以"周"字称道"众可可之,众否否之"的议会制度,甚至认为"其章程可垂奕世而无弊"①。应当指出,魏源早在近代中国的开端时期就对资产阶级民主制度作了肯定性的介绍,无疑有着重大的进步意义。他当然未曾要求以资产阶级民主制度取代封建君主制度,论述西方社会政治制度的主要目的还是为了"不悉夷情不可以筹远",但是,他把资产阶级民主制度的一些方面和环节作为"择贤选士""良相辅政"主张的旁证和论据,并借以批判"任人惟亲"的腐败现象,则是有着一定积极作用的。更为重要的是,魏源的这种肯定性介绍包含着不容忽视的启蒙意义,因为它是对把封建君主制度奉为万古长存的僵化观念的冲击,无疑成为后来主张变法的维新派和崇奉共和的革命民主派引进西方社会政治学说的先声。

魏源的社会变革思想不仅在当时起过进步作用——革除了某些弊端,减轻了群众负担,有利于生产的发展,顺应了资本主义化的趋向,而且对后来的先进的中国社会思潮发生过较大影响。《海国图志》的积极意义,甚至越出了国界。但是,他的变革思想是以承认现存社会秩序为前提的,除旧布新的主要着眼点在于"法外之弊"和"用法之人"。他寄希望于"明主"和"贤相",把"本富"和"末富"作为富国强兵的社会基础。随着社会阶级矛盾的激化,特别是太平天国农民战争的兴起,他那含有深刻矛盾的社会变革思想遭到了严峻的现实的冲击,最终只能以精神崩溃而结束。

三

进化发展的社会历史观和唯物主义倾向的认识论是魏源哲学思想中的

---

① 魏源:《海国图志》卷39,岳麓书社1998年版,第114页。

优秀部分，成为他的进步的社会思想的理论基础。

魏源师承了中国传统哲学——尤其是柳宗元的历史进化观，糅合了今文经学的历史变易论，概括了自己对社会历史的思考，形成了历史"自变"的观念。他在《默觚》各篇中批判了"天地终古不变"的形而上学，驳斥了"宋儒书言三代"的复古主义，确认"气化无一息而不变"；人类社会的历史也不例外："三代以上，天皆不同今日之天，地皆不同今日之地，人皆不同今日之人，物皆不同今日之物。"因而，"执古以绳今，是为诬今……不可以为治"。由"上古"以迄"中古"，由割据的春秋战国到统一的秦朝，连绵的历史演变进程，显然是"天下大势所趋"。这种社会的进化是不容否认的，"三代"绝非高不可攀的时代。归根结底，"今人胜于古人"。历史演变进程具有客观性，如分封制为郡县制所取代是社会发展的必然，"圣人即不变之，封建亦当自变"。进化发展的社会历史观点，成为魏源变法革新的主要思想依据。

魏源以唯物主义倾向的认识论，批判了朱熹等倡导的"论先后，知为先"的唯心主义先验论。他把知行关系理解为行先知后与行而后知："'及之而后知，履之而后艰'，乌有不行而能知者乎？"为了充分阐明"行"在人们认识过程中的首要作用，并反对唯心主义地把"行"等同于个人的道德履践，他强调了直接经验和感性认识的重大意义，指出"披五岳之图"不等于"知山"，"践沧溟之广"也不意味着"知海"，"疏八珍之谱"更不能算是"知味"，因为"披"、"践"和"疏"不如"樵夫"的"一足"、"估客"的"一瞥"和"庖丁"的"一啜"。因为"轻重生权衡，非权衡生轻重"。由是，"善言心者必有验于事矣"。他还认为人们的智愚绝非天生不变的："圣人"不是"生而知之"，否则孔丘为什么自诩"发愤""忘食"地研究《周礼》，并盼"假年而学《易》"；"中人"通过刻苦学习，也"可转为上智"。"鲁"与"敏"可以相互转化，关键在于学习中有"获"或"无获"。他又相信群体的智慧胜于个别人物的聪敏，"合四十九人之知，智于尧舜"。显而易见，唯物主义倾向的认识论给予魏源的活动以积极影响，促使他注重实际，认真调查研究，在变革实践中"以实事程实功，以实功程实事"。

魏源的世界观中还包含着一些辩证法因素。他接受了古代中国哲学中的朴素辩证法观念，察知现实生活中的大量矛盾，由是得出了"天下物无独必有对"的论断。不仅在一定意义上承认了矛盾的普遍存在，还在说明对立的双方"相反适以相成",进一步指出矛盾的两个方面有着主次之分:"有对之中必一主一辅,对而不失为偶。"他又承认矛盾的双方在一定条件下可以相互转化,如"暑极不生暑而生寒,寒极不生寒而生暑"等等。但未能用转化观念考察社会的重大问题,这种局限性削弱了魏源哲学思想中辩证法因素的社会意义。

显然,魏源的哲学思想是不完整并充满矛盾的。他所理解的社会历史的演进,大体局囿于非本质的"势"的层次和范围——"势则日变",而其所处社会的基本准则却是永恒的——"不变者道而已"。他承认历史的"自变",但又以为杰出人物能够"制气势",决定社会的趋向,从而夸大了个人的作用。他在认识论中所重视的"行",大抵泛指个人的活动,未能懂得群体的基本社会实践才是认识的基础。此外,他的世界观中的辩证法因素不仅大抵停顿于社会历史领域的门前,甚而用对立面的主从地位的存在去论证封建主义基本准则的不变,正如"乾尊坤卑"是"天地定位","君令臣必恭,父令子必宗,夫唱妇必随"的纲常也是长存的。形而上学在这里压倒了辩证法。魏源哲学思想的局限性在很大程度上是他的政治立场保守方面的反映。

一个多世纪以来,魏源总是一位引人注目的历史人物。围绕着他的思想和实践的研究,也是意见参差。站在历史潮流对立面的论者,其评述难免流于偏颇、歪曲和污蔑。资产阶级维新派和革命民主派肯定了魏源的地位和作用,但其论断并非全然符合实际。只有科学的理论和方法论,才能确切地、实事求是地评价魏源一生的业绩,继承他的思想遗产中的优秀部分,以裨益于振兴中华、统一祖国的大业。

[选自张磊著《跨世纪的沉思——历史、文化、人物》(下卷),广州出版社2002年版,第516~528页]

洪仁玕简论

关于太平天国农民战争的研究，曾经是中国近代史学科的重大课题，无论是有关资料或成果，数量颇丰。同时，这桩历史事件虽已距今达一个多世纪，但关于它的研究却往往受到社会政治、思想领域变化的明显影响，时而被溢美拔高，抑或被溢恶贬低。关于太平天国历史人物的评价，尤为如此。

科学研究中不同意见的争论，当为积极的现象，一个正确论断或观念的获得，往往需要多次反复。正是在这种意义上，学术民主与百家争鸣才是研究工作繁荣发展的前提与条件。只要坚持科学理论与方法论的指导，发扬优秀的学风和文风，实事求是，解放思想，锲而不舍，必然会越来越全面、真实、深入地认识历史及其规律。

为了解除太平天国农民战争史研究中的一些令人困惑的思虑，试从洪仁玕这个人物切入课题，先由个案开手，重新审视和剖析19世纪中叶暴发的那一场历史巨变。

希望这种尝试多少能导致一个良好的开端。

一

洪仁玕是洪秀全初期政治活动的追随者，又是太平天国后期的重要领袖。他独特的经历和思想，鲜明而又集中地展示了太平天国农民战争的时代特点与发展趋向。可以断言，洪仁玕是近代中国"向西方寻求真理"的早期代表之一，他在学习西方的深度和广度方面，远超过洪秀全等人物。

这并非是偶然的，洪仁玕的经历在很大程度上塑造了他的思想与实践。归根结蒂，人是环境和情势的产物，虽然前者也会给后者以不可忽视的影响，二者的关系应是互动的。

二

洪仁玕于 1822 年生在广东花县（今广州市花都区），曾在村塾中授课。他是洪秀全的从弟，与冯云山等同为洪秀全初期活动的追随者。1851 年金田起义时，洪仁玕因故未能参加。后因逃避清廷的迫害，辗转流亡香港，在那里"授书夷牧"。1854 年洪仁玕赴沪，准备前往天京，但因"洋人不肯送"和小刀会起义军"不信（其）为天王之弟"①，终未成行。洪仁玕只得再返香港，担任伦敦布道会的传教士。

直到 1859 年，洪仁玕才在外人资助下乔装商贾，经粤、鄂、赣等省抵达天京，受到了洪秀全的重用。然而，太平天国农民战争其时已处于降弧阶段。杨韦内讧严重削弱了天国政权，石达开的出走又"将合朝好文武官兵带去"②。而作为后期支柱的李秀成、陈玉成则未掌握军政大权，于是出现了洪氏亲贵擅专的不良政治局面。在这种情势下，洪仁玕的政治、军事活动起了一定的积极作用。然而，更为重要的是他所提出的变革主张。因为"开新朝，必须颁新政"，洪仁玕把自己的主张和方案集中于《资政新篇》，呈交洪秀全并公开颁布。《资政新篇》的许多建议得到了洪秀全的首肯，但是，同逼近天京的清军进行殊死战斗已成为太平天国的主要任务，这场农民战争也在不久覆灭。《资政新篇》与《天朝田亩制度》都未见诸实践，而其社会原因则大相径庭。

1864 年天京城陷时，洪仁玕正奉诏赴浙调兵。他立即急返天京赴难，在湖州与逃亡的洪天贵会合后转入江西。但在优势的清军追击下，兵败被俘。是年 10 月，洪仁玕在南昌被"凌迟处死"③，作为太平天国农民战争最具时代特征和顺应历史趋向的领袖，结束了他悲剧的一生。

三

洪仁玕在太平天国后期所提出的纲领和方案，在相当程度上反映了

---

① 《洪仁玕自述》，见《太平天国》，上海人民出版社 1957 年版，第 846 页。
② 《李秀成自述》，见《李秀成自传原稿笺证》，中华书局 1982 年版，第 178 页。
③ 沈葆桢：《沈文肃公政书》卷 3，1880 年刻本。

19世纪中叶的中国与世界的发展趋势。严峻的现实是：以鸦片战争为起点，古老的帝国开始处于从封建"末世"沦为半殖民地半封建社会的崩解过程；但新的历史阶段帷幕的拉开，既非因生产力的突变所导致，亦非以波澜壮阔的革命运动为契机，而是由资本主义的英国发动的鸦片战争所启动。强大的外铄作用严重地影响了中国社会的进程，使之形成畸变的、过渡的社会形态。西方国家的入侵在客观上造成传统的社会经济的分解和资本主义的萌发，然而，更为重要的是它以"残酷的统治"截断了中国社会正常的发展途径。外国侵略者与本国统治者逐步结合，阻抑了任何的真正变革，维护了半殖民地半封建社会秩序，使中国缺乏完整的独立、起码的民主并陷于贫困落后的境地。毫无疑问，只有挣破殖民主义与封建主义的双重枷锁，中国才能获得拯救和发展。但是，无论是统治阶级的"洋务""新政"乃至资产阶级维新派的"变法"，抑或农民战争，都不能使中国臻于独立、民主和富强。只有完整的民主主义和科学社会主义，才得以引导旧中国循着民主革命——又分为旧民主主义革命与新民主主义革命——和社会主义革命与建设的阶梯上升为富强、民主、文明的社会主义现代化国家。由于封建"末世"和半殖民地半封建社会不可能及时产生完整的民主主义和科学社会主义，这就决定了近代中国的仁人志士必须向西方学习，引进先进的思潮，并且结合中国的基本国情付诸实践。先驱者们为了拯救与发展祖国不得不承担艰巨的任务，付出巨大的代价和牺牲。这是历史的必然。正如马克思在论述印度被不列颠统治后的命运时所指出，中国人民也同样未在失掉"旧世界"的同时"获得一个新世界"，必须经过长期的艰苦卓绝的斗争，才能收取"新的社会因素所结的果实"。

显然，洪仁玕思想的形成及其历史地位和意义的时代背景与社会基础就在于此。他诞生在"富而通"的广东省城广州附近，又在香港生活和工作了相当时期，对于西方的了解，在同代人中是颇为罕见与突出的。环境对人物的塑造具有重大作用，后来的康有为、梁启超和孙中山等也都诞生于珠江三角洲——如以广州为圆心，他们的故乡的相距半径均为百公里左右。当然，洪仁玕自身的因素也是不容忽视的。他具有一定的文化水平，善于观察和思索，不局囿于传统观念，志在"革故鼎新"。因之，在剧变的近代中国还处在发轫阶段，他已窥见了诸多端倪，开始感悟到时代的脉搏。他出身于农家并投身于农民战争，但又是接触和了解世界较多的知识分子，所以能够在一定程度上超越农民的眼界和观念，脱出了"向后看"的农业社会主义,淡化了宗教色彩,是以成为太平天国的一抹亮色。如果断言《天朝田亩制度》的未能实现是由于农民阶级不能开拓历史进程新局面,那么《资政新篇》仅成文献则是因为缺乏相应的社会阶级基础——市民阶级尚未成长起来。缺乏先进社会力量的引导,农民阶级是不可能真正实现"革故鼎新"的。

显然,社会经济、政治与文化的变革主张构成《资政新篇》的主要内容。洪仁玕的有关思想和方案颇具超前意义,在相当程度上突破了农民阶级的平均主义的眼界和见解。与《天朝田亩制度》相较,《资政新篇》无疑高出了一个阶段或层次。事实上,《天朝田亩制度》用农业社会主义的丝缕所编织成的"有田同耕,用饭同食,有衣同穿,有钱同使,无处不均匀,无人不饱暖"的美好图景体现了农民的自发的思想,冲击了封建土地所有制,包含了某些民主主义因素。但是,处于近代化趋向——它的基础乃是社会化、商品化与工业化大生产——的时代背景和走势下回归自然经济的构想只能是空幻的,有悖于历史行程,因而"这种思想的性质是反动的、落后的、倒退的"。不应苛求于农民阶级的政治、思想代表,分散的、个体的落后生产方式限制了他们的思维,而19世纪50年代的中国社会内部,资本主义仍处于萌蘖状态。至于洪仁玕思想观念的超越,则是同他的经历分不开的,即外铄的作用十分重大,正如容闳所指出:"盖干王居外久,见闻稍广,故较各王略悉外情,即较洪秀全之识见亦略高一筹。凡欧洲各大强国所以富强之故,亦能知其秘钥所在。"① 他开始摆脱了农民阶级的思维定式,意识到经济与社会的发展需要仿习西方进行变革。他称赞俄国彼得大帝到国外学习"邦法、大船、技艺",所以"百余年来,声威日著"。日本在与西方国家的交往中"得有各项技艺,以为法则,将来必出于巧焉"。因之,中国必须"因时制宜,审势而行",学习外国的"技艺精巧,国法宏深"。应当准许"牧司等并教授技艺之人入内,教导我民"②。

在经济方面,洪仁玕提出的政策大体效法西方。他主张发展制造业,"兴器皿技术,有能造精奇利便者,准其自售",并"限制他人仿作"。他重视采掘业,"兴宝藏,凡金银铜铁锡盐琥珀蠔壳琉璃美石等货有民探出

---

① 容闳:《西学东渐记》,湖南人民出版社1981年版,第67页。
② 洪仁玕:《资政新篇》,见《太平天国》,上海人民出版社1957年版,第528页。

者，准其禀报，爵为总领，准其招民采取……小则准乡，大则准县，大大者准省及省外之人来采也"①。他还主张"兴车马之利，以利便轻捷为妙……兴舟楫之利，以坚固轻便捷巧为妙。或用火，用气，用力，用风，任乎智者自创。首创至巧者赏以自专之利"②。为了促进社会经济的发展，洪仁玕关注金融、财政、邮政、保险等举措："兴银行，倘有百万家财者先将家赀契式禀报入库，然后准领一百五十万银纸，刻以精细花草，盖以国印图章，或银货相易，或纸银相易，皆准每两取息三厘……此举大利于商贾士民。"邮政不可轻视，应当"兴邮亭，以通朝廷文书。书信馆以通各色家信，新闻馆以报时事长变，物价低昂……邮亭由国而立，余准富民纳饷禀明而设"。亦需"兴市镇公司，主官严正，以司工商水陆关税"。西方的保险事业，显然吸引了洪仁玕的目光："外国有兴保人物之例，凡物宇人命货物船等有防于水火者，先与保人议定每年纳银若干，有失则保人赔其所值，无失则赢其所奉。"③

洪仁玕的经济主张尽管还较粗糙，但却显然具有资本主义化的趋向，在社会工业化面前，他不再感到恐惧与感伤。然而，这种经济纲领还是缺乏相应的社会条件。中国封建社会的后期虽已孕育着资本主义的萌芽，19世纪60年代初期开始有商人投资机器制茶、碾米等产业，但市民阶级仍是弱小的群体，洪仁玕的经济主张毕竟超前于社会生活的实际。而他所依据的农民阶级和农民战争则在本质上倾向于平均主义，认为"商贾资本，皆天父所有，全应解归圣库"。

洪仁玕的政治纲领没有逾越君主制度。但是，对于西方国家的"邦法""国法"的了解，蒙受民主主义思想的影响，接受了杨韦内讧的惨痛教训，赋予他的政治主张以新的内涵。洪仁玕希冀建立统一的、中央集权的政治体制——"要自大至小，由上而下，权归于一，内外适均而敷于众也。"④ 他反对"据立"的"结盟联党"，因为这只会引起严重的消极后果，使得"下有自固之术，私有倚持之端"，形成"弱本强末""假公济私"的祸患。为了建立统一的、中央集权的政治体制，则必须加强中

---

① 洪仁玕：《资政新篇》，见《太平天国》，上海人民出版社1957年版，第534页。
② 同上书，第532～533页。
③ 同上书，第536页。
④ 同上书，第532页。

枢的实力；同时，"朝发夕至"的火车、轮船及"以泄奸谋"的新闻纸都是这种政治体制赖以存在的重要手段。

当然，洪仁玕的"权归于一"的政治体制具有一定的民主主义因素。他认为"上下情通"极为重要，可使"中无壅塞弄弊者"。此外，还需十分关注"由众下而达于上位"的问题。他为此提出"以收民心公议"的"新闻馆"和"暗柜"，作为通达的中介。

政治清明显然为洪仁玕的理想，他建议设置类似监察机构的新闻官，其职责为"专收十八省及万方新闻篇有招牌图记者，以资圣鉴"。新闻官具有独立性，"不受众官节制，亦不节制众官"。[1] 他认为这样可使得"奸者股栗在诚，忠者清心可表"。此外，还必须"禁私门请谒，以杜卖官鬻爵之弊"，又使官吏各得"俸植"，严惩贪赃枉法的罪行。

为了辅助地方政权，强化行政能力，洪仁玕倡建"市民公会"这种类似地方自治机关的组织，以办理"教育"与"拯困扶危"事宜。同时，民众可举"公义者"为乡官，统率乡兵，管理"洒扫街渠""打架攘窃"和"处理民情曲直"。[2] 这种辅助性组织对提高地方政权的效能，有所裨益。

洪仁玕的政治主张，正如他的经济方案一样，也受到了西方的影响，香港和欧美国家的一些政治体制的环节为他所效法。与封建专制主义的政治体制相较，具有一定的民主主义因素。如果说魏源在《海国图志》中初步介绍了美国的议会制、联邦宪法和总统选举等政治体制的准则部分，那么洪仁玕在《资政新篇》中则侧重于可行的举措。他不仅对西方的政治体制作了肯定性的评价，而且希图引入"天国"。

洪仁玕的文化思想，无疑是《资政新篇》的重要部分。他对传统的封建观念和文化持有一定程度的批判态度，尽管往往带有宗教的色彩。在他看来，儒教并非完满无缺："儒教贵执中，罔知人力之难，皆不如福音真道，有公义之罚，又有慈悲之赦，二者兼行……此理开人之蒙蔽以慰其心，又足以广人之智慧以善其行，人能深受其中之益，则理明欲去，而万事理矣。"[3] 在这节并不明确的论述中，洪仁玕对"执中"的中庸主义表示了不满，因为这种观念导致人们循规蹈矩并安于现存的社会秩序，不去

---

[1] 参见洪仁玕《资政新篇》，见《太平天国》，上海人民出版社1957年版，第617页。
[2] 同上书，第525页。
[3] 同上书，第526页。

进行抗争。他称赞了"福音真道"的"罚"与"赦",认为对恶人应予惩办;而善良的人们要求改变痛苦的生活是合理的,当以宽容允诺待之。正是如此,先前的"一切文契书籍"——包括六经在内,必须删改,各使"弃伪从真,主浮在实"①,以合于"天情道理"。

洪仁玕指责了导引人们脱离现实,在"清心寡欲"中寻求解脱的佛教和道教,认为从消极出世中谋得幸福的活动只是"妄作",因为"欲避人于寡欲,不知己心内亦有时往来萦惑于胸中者,舍其本而趋其末,大误世人"②。同时,他还反对偶像崇拜等陋习,断言它们全是无知觉的木雕泥塑,祀奉偶像只会"招灾""变祸"。由此产生的愚昧迷信,更会不利于社会生产——膜拜"田祖""社稷"不会带来农业丰收,而痴信风水则有碍开发矿藏。

对于当时流行的陈腐的文学的批判,成为洪仁玕文化思想的重要内容。19世纪50年代到60年代,充斥文坛的是空泛、朽败和雕琢的文学。宋明理学的禁锢,吟风弄月的浮薄,百无聊赖的呻吟……表现为"八股"和"神味格律"形式。无论是八股文、桐城派古文、仿宋的同光体诗与艳体诗词之类,都充溢着没落的气息。洪仁玕对这一切持否定态度,指斥"徒事清谈、抛离事实"的"八股六韵",认为"三代故习,故言无补,与其读之而今人拘文牵义,不如不读"。③ 他嘲笑那些浅薄无聊的诗词:"诗家多大话,读者喜荒唐,花柳轻浮句,偏私浅嫩肠。"④ 与文学内容相关的文体亦引起了他的注目,并毫不含糊地揭示陈腐文字的弊病:"一语也,而抑扬其格";"一事也,而参差其说",结果,只会造成"低昂远判""曲直难分"的后患,舞文弄墨实"无益于事,而大害于事"。所以,"文以纪实,浮文在所必删;言贵从心,巧言由来当禁"。⑤ 洪仁玕对文体强调了朴实的准则,在当时具有积极的现实意义。

洪仁玕多次强调指出:诵习诗书的主要目的应是服务于社会和实践,文化的效能之一当是"寻求经济之方策"。在学风方面,他反对"日暮经卷"的腐儒习气,确信"仰俯观察之间,定有活泼天机来往胸中,非古

---

① 洪仁玕:《钦定军次实录》,见《太平天国》,上海人民出版社1957年版,第616页。
② 同上书,第611页。
③ 同上书,第607页。
④ 同上书,第604页。
⑤ 同上书,第616页。

中所有者"。① 只有这样,著述方能"实述其事""朴实明晓"和"语语确凿",做到"毋庸半字虚浮""不得一词娇艳"。他在这里实际上把学风与文风联系起来,倡导面向现实的精神。

关于一些迫待解决的封建社会陋习,洪仁玕的主张显然受到了西方的观念与举措的影响,他谴责人口买卖和蓄奴现象,认为"外国有禁卖子为奴之例……故准富者请人雇工,不得买奴贻笑外邦……生女难养,准为女伺,长则出嫁从良"②。收养他人子女,"不得作奴视之"。他允许"雇工""女伺"存在,但准备立法消除人口买卖和蓄奴。他建议:"禁酒及一切生熟黄烟鸦片。先要禁为官者,渐次严禁在下,绝其栽植之源,遏其航来之路"③,还必须"禁庙宇寺观……藉其资力医院。又要禁演戏、修斋建醮……转助医院、四民院、学馆等,乃有益于民生实事"。此外,更宜"革阴阳八煞之谬,名山利薮,多有金银铜铁锡煤等宝……动言风煞,致珍宝埋没不能现用……可不惜哉"。洪仁玕认为革除陋习能够"拯民于迷昧之途",而"大有利于民生国用"。

洪仁玕颇为重视劳动者对生产的推动,要求消除"惰民"——"除九流惰民不务正业……准其归于正业,焚去一切惑民之说,若每日无三个时辰工夫者,即富贵亦是惰民。"④ 对不事生产劳动的寄生者,必须采取严厉措施,"准父兄乡老擒送进诸绝域,以警颓风之渐也"。同时,他也很关注社会救济事业,主张"兴跛盲聋哑院……请长教以鼓乐书数杂技,不致为废人也"。此外,"兴鳏寡孤独院,准仁人济施,生则教以书诗各法,死则怜而葬之"⑤。

关于医疗卫生事业及市政建设,洪仁玕亦曾论及:"兴医院,以济疾苦。"至于"屋宇之制"则应"坚固高广",无需"雕镂刻巧"。街道应当直捷,"新造"及"再建重新者"以之为范,旧路"亦可改直"。⑥

洪仁玕的思想与纲领中存在着两个重大的问题。首先,他对西方国家的侵略性认识不足。他虽曾因英、法军队"防守"上海而十分愤怒,并

---

① 洪仁玕《钦定军次实录》,见《太平天国》,上海人民出版社1957年版,第607页。
② 同上书,第536页。
③ 同上书,第536页。
④ 同上书,第536页。
⑤ 同上书,第537页。
⑥ 同上书,第537页。

向外国商人、传教士斥责了英法军队这种行为"违反了中立的态度"①，但他轻信了列强的虚伪，幻想同为"上帝"的儿女们是能够互助的。如同当时许多的先进中国人士一样，他也天真地相信只要"内修国政"和"示以信义"就能使西方国家改善对华关系。在《资政新篇》中，他甚至推举了不少英、美传教士，相信他们能够帮助中国改革。在半殖民地化日趋明显的情势下，洪仁玕的这种轻信与幻想的态度肯定具有消极意义。其次，洪仁玕的著述中几乎没有关于土地问题的意见，而土地问题是占最大多数的农民所迫待解决的关键问题，《天朝田亩制度》的重心亦在于此。他未曾对太平天国的土地纲领表示异议，但没有在自己——作为农民战争领袖——的政纲中提出土地问题终究是一个不可忽视的缺陷。可以理解的原由应是，洪仁玕赞成《天朝田亩制度》中有关土地的政策，而《资政新篇》主要是对先前天国政策的修改和补充，所以不再重复并无异议的土地政策。在他担任太平天国重要职务权倾一时的任内，《天朝田亩制度》依然颁行。

洪仁玕不愧为近代中国向西方寻求真理的农民阶级的代表；同时，也体现了处于社会下层的知识分子的最初的探索，在那个时代无疑是难能可贵的。

在19世纪50年代，尽管中国社会各个阶级的敏感分子开始觉醒，但仿效西方以改革社会的观念与实践远未形成大潮，维新运动的高峰还有待二三十年后。因此，洪仁玕的思想和纲领带有先驱的意义。这绝不是偶然的。他从贫苦的村庄出走，得以接触了外部世界，而又成为农民战争的领导人物，因而具有了超前的意识和见解。

洪仁玕的思想和纲领带有清晰的农民阶级的印记，他对西方的学习大体停留在物质、制度文化层面上，且较浅陋和不够完整，但其进步意识是显而易见的。在当时的历史条件下，以资本主义的某种发展去代替外国帝国主义和本国封建主义的压榨，不但是"一个进步"，而且是"一个不可避免的过程"。

由于外国侵略者和本国统治者相互勾结，镇压农民战争及其政权，加以洪仁玕的思想和纲领缺乏相应的社会物质基础，他的命运——和太平天国相同——不可避免地以悲剧告终。历史上的许多改革家和前驱者的结局

---

① 呤唎：《太平天国亲历记》，见《太平天国》，上海人民出版社1957年版，第292～294页。

往往令人扼腕，洪仁玕就是一个例证。

洪仁玕的遭际可以理解，这是"历史必然的要求与这个要求的实际不可能实现的悲剧的冲突"① 的体现。

[选自《跨世纪的沉思——历史、文化、人物》（下卷），广州出版社2002年版，第529～540页]

---

① 恩格斯：《给拉萨尔的信》，见《马克思主义与文艺》，解放社1950年版，第68页。

枷锁与觉醒

——从《马关条约》签订百周年谈起

由于甲午中日战争的失败而签订的丧权辱国的《马关条约》，迄今已历一个世纪。在此期间，中国和世界都发生了巨大的变化。但是，重温历史总是有教益的：前事不忘，后事之师。

1895年4月17日，腐败透顶的清朝政府派出代表李鸿章与穷兵黩武的日本政府在马关签订了这个不平等条约。条约规定：割让辽东半岛（后因西方三国"干涉还辽"而改为偿银3000万两）、台湾全岛及附属岛屿、澎湖列岛；赔偿军费2亿两；日本可在通商口岸城邑投资设厂；开放沙市、重庆、苏州和杭州为商埠，日船可驶入内河……《马关条约》宛如一副沉重的枷锁，强化了殖民主义的掠夺：大片国土遭到蚕食；巨额赔款连同利息超过清廷国库年度收入的3倍；资本输出合法化摧残了民族工商业；新增的开放口岸使侵略者的触角深入内地。日本军国主义由此获得了重大的发展，列强的侵华野心得到了助长。中国向着殖民地、半殖民地半封建的深渊沦落下去，境况日益悲惨。

理所当然，丧权辱国的《马关条约》的签订激起了中国人民爱国主义的高涨。辽宁人民得悉故土将被侵吞，决心保家卫国，"结寨固守"，"坚壁清野"。奉天省20余名举人联名上书，要求开展游击战。而在京师，康有为发动和组织了参与会试的举人们，1300余名知识分子发出了"拒和、迁都、变法"的呼声，是为著名的"公车上书"……反对日本侵略者的浪潮，汹涌澎湃。

在台湾，同胞们对祖国危难和故土沦亡更感切肤之痛。割台消息传来后，他们庄严宣布："愿人人战死而失台，决不愿拱手而让台。"全岛迅速燃遍了抗日的烽火，丘逢甲、徐骧等首揭义帜，刘永福留台抗战，各地义军纷起，使得侵略者每迈出一步都要付出巨大的代价。反割台斗争在浴血战斗半年后虽因力量悬殊而失败，但台胞的爱国精神和英勇气概却激励了全国人民的反侵略斗争。而在后来的长达半个世纪的"日据"时期，抗争的火焰从未在宝岛熄灭。

无可置辩的事实是，丧权辱国的《马关条约》有力地促进了人们的觉醒。无数仁人志士在深重的民族危机激励下积极探索救国拯民的真理，并把自己的信念付诸实践。"强邻环伺"和清廷的庸懦，推动他们从爱国走向维新与革命。近代中国的爱国主义之所以具有丰富的社会内涵和强烈的时代精神，根本原因在于它同变革与革命的思潮和运动相激扬。于是，19世纪末的历史舞台演出了新的、悲壮的史剧。维新运动在中国甲午战争后趋向高峰，戊戌变法显示出"君子"们把变革主张付诸实践。虽然只是昙花一现，但悲剧的结局却无妨它成为近代中国第一次真正的政治、思想启蒙。几乎与此同步，以孙中山为代表的革命民主派正是在这场战争的炮声中开拓了民主革命的道路。1894年冬，孙中山在檀香山组建了兴中会——革命民主派的第一个团体，发出了"振兴中华"的呼声。爱国主义与民主主义相融汇，有着划时代的意义。从此，"革命风潮，一日千里"。1911年爆发的辛亥革命，终于推翻了充当帝国主义走狗的封建专制主义的清朝政府，建立了共和国，迈出了近代化的重大步伐。20世纪30年代，日本军国主义再次发动了侵华战争。面对着空前深重的民族危机，中国人民团结起来，进行了艰苦卓绝的战斗历程后，终于在1945年——《马关条约》签订50周年的时刻取得了抗日民族解放战争的胜利。人民赢得了战争与和平，也赢得了进步。而在后来的半个世纪中，中国共产党领导各族人民完成了民主革命，进行了社会主义革命和建设，取得了举世瞩目的成绩。今天，挣脱了殖民主义、封建主义枷锁，达到初步繁荣昌盛的祖国正在建设有中国特色社会主义的理论指引下走向辉煌的未来！

　　国耻，备受侵凌的屈辱历史，能令我们深思，能使我们奋发。

　　回顾过去，当能更好地把握现在和展望未来。高扬爱国主义，把爱国主义与振兴中华、统一祖国大业相融汇，无疑是我国各族人民的历史使命。

（原载台湾《中央日报》1995年4月17日）

爱国主义：中华民族团结奋进的精神力量

——纪念鸦片战争150周年

今天，广东省各界人士和港澳同胞们在英雄的虎门举行纪念鸦片战争150周年座谈会。当年的炮火硝烟已经消散，周围是一派和平繁荣的景象。但是，回顾民族沉重的、屈辱的历史，不禁心潮激荡：对过去义愤填膺，对现实倍加珍爱，对未来无限向往。

1840年爆发的鸦片战争，是中国近代史的开始，这场成为中国半殖民地半封建社会起点和民主革命发端的战争，距今已有150年。在此期间，中国和世界都发生了巨大的变化。但是，反思这桩重大的事变及其后的历史进程，总结历史的经验和教训，仍然具有深切的启迪意义。

鸦片战争具有双重的性质：对于英国政府来说，是为维护其罪恶的对华鸦片贸易而采取的侵略暴行；就中国方面而言，是正义的反侵略斗争。英国政府发动这场侵略战争，绝不是偶然的。19世纪初叶，英国已经成为当时世界上最强大的资本主义国家。它迫切需要倾销工业品的庞大市场，不惜使用血腥手段打开闭关自守的中国的门户。鸦片问题之所以成为诱因，则是由于英国的大量棉纺织品在中国并不畅销，非法的鸦片贸易（走私），竟成为牟利的重要来源。输往中国的鸦片数量与日俱增，1838年竟达到近4万箱。鸦片贩子——包括美国的毒贩——获利甚丰，英印殖民地政府得到高额收入。与此同时，鸦片给中国带来了可怕的灾难：损害了人们的精神和体质；巨量白银外流导致社会经济危机；大批士兵吸食更严重地削弱了军事力量。正是在这种严峻的形势下，清朝政府派遣林则徐赴粤主持禁烟事宜。他于1839年抵达广州，立即着手加强海防，缉捕鸦片贩子，严惩受贿官吏。他还责令鸦片贩子限期交出毒品，并在6月将237万斤鸦片集中于虎门海滩上当众销毁。虎门销烟显示了中国人民的浩然正气，谱写了近代历史中第一曲爱国主义的凯歌。林则徐的抗英禁烟的坚定立场和果敢作为，使他无愧为青史长存的中国民族英雄。天安门广场中矗立着的人民英雄纪念碑碑座的第一块浮雕，就再现了这个壮烈的场面。可是，中国禁止毒品的正义行动，竟然成为英国政府挑起战争的借口，殖民主义者的强盗逻辑，确是蛮横无理至于极端。

1840年2月，英国政府任命了侵华的全权代表和派遣军总司令，并下达了作战训令，议会稍后也通过了对华战争的决议案。6月，英国舰队驶抵中国海面，战火由是燃起。侵略军封锁了珠江口，在沿海进行骚扰。由于林则徐早已认真备战，英军受到抵抗，于是改而北上窥袭江浙地区。朽败透顶的清政府不敢也不可能坚持抗战，终于屈服于侵略者的坚船利炮。在他们的妥协投降政策下，以林则徐为代表的抵抗力量遭到排斥和打击，于是，军事连续失利，形势急剧逆转。1842年8月，清朝政府被迫同英国签订了近代中国历史上第一个不平等条约——《南京条约》，割让香港、赔款、五口通商和其他利权的丧失，使长期遭受封建专制主义桎梏的中国人民又开始被套上外国殖民主义的枷锁。

但为侵略者始料不及的是鸦片和炮舰的交替入侵却起到了警醒中华民族的作用。毋庸置疑的事实是："帝国主义和中国封建主义相结合，把中国变为半封建半殖民地的过程，也就是中国人民反抗帝国主义及其走狗的过程。"① 广东军民的抗英斗争揭开了近代中国民主革命的序幕。英勇不屈的虎门保卫战已经载诸史册，关天培"节兵"和"练勇"的业绩至今为人们传颂。广州北郊三元里人民的抗英斗争更是波澜壮阔，农民、手工业者和爱国士绅踊跃参与，"犁锄在手皆兵器"的"义兵"把骄蛮的侵略军打得丢甲弃盔、抱头鼠窜。后来的反租地、反入城斗争，则粉碎了侵略者入据省城的迷梦。广东和全国军民的爱国抗英斗争，无愧为近代中国反对帝国主义的先驱。

以鸦片战争为起点，中国从一个闭关的封建社会逐步沦为半殖民地半封建社会。资本——帝国主义列强纷纷向中国伸出了军事的、政治的、经济的、文化的侵略触手，并通过威迫利诱的手段渐次把清朝政府变为"洋人的朝廷"。待到19世纪和20世纪的交替之际，半殖民地半封建社会秩序最终形成。近代中国社会的基本矛盾是帝国主义同中华民族的矛盾和封建主义同人民大众的矛盾，而前者又在各种矛盾中居于突出地位。因此，"帝国主义侵略中国，反对中国独立，反对中国发展资本主义的历史，就是中国近代史"②。中国革命的任务，就是"实行反对帝国主义和

---

① 毛泽东著：《毛泽东选集》（一卷本），人民出版社1966年版，第595页。
② 毛泽东著：《毛泽东选集》（一卷本），人民出版社1966年版，第673页。

封建势力，为了建立一个独立的、民主主义的社会而奋斗"①。任何进步的阶级、集团和个人，都必须承担这桩历史的使命。一切具有积极意义的社会思潮和活动，则定要以独立、统一、民主和富强为主题。尤以爱国救亡的内涵不可或缺，因为近代中国陷于贫弱落后的根本原因在于帝国主义的压榨，反对帝国主义及其走狗，无疑是社会发展的前提。

在鸦片战争后的半个世纪中，发生了反对外国侵略者和国内统治者的连绵不断的斗争，其中，以太平天国农民战争和义和团爱国运动为高峰。这些以农民为主体的规模浩大的自发斗争沉重地打击了中外反动派，但因囿于历史的局限而不可能取得胜利。19世纪90年代，由于中国社会产生了资本主义，伴生了新的阶级，加以外铄的重大作用，于是在政治舞台上展现了按照西方模式改造中国的尝试。维新志士们实行了戊戌变法，希图以自上而下的温和的方式促使中国资本主义化，他们未能逾越君主立宪的藩篱，但却形成一次重要的政治、思想的启蒙运动。由于握有实力的顽固派的反噬，变法仅仅百日即告终结。"六君子"血洒京师，甚至"跪着的造反"也无从实现。以孙中山为代表的资产阶级革命民主派也在这个民族危机深重的时刻登上历史舞台，展开了广泛的活动。他和他的战友们超越了自己的先驱者，开创了"比较明确的资产阶级民主革命"新局面，即摈除了农民阶级的农业社会主义，突破了维新派的君主立宪政治体制的局囿，吸取了西方资产阶级革命时期的民主主义，制定了带有共和制度要求的民主革命纲领。他还组建了资产阶级革命政党，起到了"中枢"作用的中国同盟会远非社会下层的宗法性会党和维新派的松散性学会所能比拟。他不再对"和平"手段抱有幻想，强调了"武装革命"的重大作用。经过长期的艰苦奋斗，1911年爆发了全国范围的革命斗争。辛亥革命导致了清帝国的崩溃，结束了延续2000余年的封建帝制，在中国近代化的进程中，这场革命显然是极其重要的阶梯。只是由于世界已经进入了帝国主义时代，孙中山不可能像美国独立战争那样获得拉裴德式的支持者。恰恰相反，西方国家与中国的封建势力结成联盟共同扼杀革命。加以孕育在半殖民地半封建社会中的资产阶级十分羸弱，不能坚持反帝反封建的民族民主革命，无从组织起足够强大的物质力量，因而难以建立名实相副的共和国。作为旧民主主义革命高峰的辛亥革命在终极意义上失败了，殖民主

---

① 毛泽东著：《毛泽东选集》（一卷本），人民出版社1966年版，第660页。

义和封建主义的镣铐依然严重阻滞着中国经济与社会的发展。历史证明，甚至像辛亥革命这样规模的斗争都不能够拯救和发展中国。资本主义化的道路行不通——长达80年的旧民主主义革命昭示了无可置辩的规律。

在辛亥革命后动乱惨淡的年月里，先进的中国人士对前段历史进行了深切反思和总结，并从十月社会主义革命中获得启示和鼓舞，重新探索和追求，经过反复比较，终于在五四运动前后选择了社会主义。1921年，中国共产党诞生了。从此，中国革命的面貌焕然一新，从旧民主主义革命转变为新民主主义革命。中国共产党制定了科学的、完整的、彻底的反帝反封建纲领，建立了民族民主统一战线。开展了工农运动，组织了革命的武装，进行了艰苦卓绝的战斗，踏过了第一次国内革命战争、第二次国内革命战争、抗日战争和第三次国内革命战争的烽火历程，终于推翻了帝国主义、封建主义和官僚资本主义的统治。中华人民共和国的成立，标志着长达一个世纪的民主革命取得了基本胜利。同时，也意味着社会主义革命和建设时期的到来。而在此后的40年中，备受侵凌的贫困落后的黑暗的中国已为初步繁荣昌盛的光明的中国所替代。今天，我国各族人民正在党的基本路线的指引下为建设具有中国特色社会主义而奋斗。长期的历史证明，只有社会主义才能够拯救中国和发展中国。

在纪念中国近代史的开端——鸦片战争150周年时，应当和必须得出的一个重要结论是：发扬爱国主义传统，弘扬爱国主义精神。爱国主义是各族人民共同的精神支柱，对维护祖国统一和民族团结，抵制外来侵略及推动社会进步，起着重大的积极作用。在社会主义历史时期，爱国主义又具有了新的内涵。当代中国的爱国主义与社会主义本质上是统一的，因为只有社会主义才能拯救和发展中国。拥护祖国统一的爱国者，也对民族大业做出贡献，可以确信，会有越来越多的人们成为社会主义的好朋友。毫无疑义，爱国主义是推动我们团结奋进的巨大精神力量。

当年林则徐被不公正地贬谪到西北边陲时，曾在一首诗中发出悲愤的问询——"青史凭谁定是非？"我们的回答是：人民，只有人民。人民是历史的公正评判者，更是历史的真正创造者。我们既要无愧于历史，更要无愧于时代。

[选自张磊著《跨世纪的沉思——历史、文化、人物》（上卷），广州出版社2002年版，第195～199页]

戊戌维新百年祭

时光流逝，一个世纪似乎转瞬即逝。

戊戌变法，临到了它的百年祭。

以"六君子"血洒京师和康有为、梁启超逃亡异域为终局，昙花一现的百日维新无疑是一幕内涵深刻、丰富的悲剧。因之，缅怀先驱者的业绩，研究和总结这桩历史事件具有的不同层次的规律和经验教训，恰如其分地评价其地位和作用，就是十分必要的，并应不断深化和拓展。

近代中国，乃是维新运动的历史舞台。严峻的现实是：以1840年鸦片战争为发端，中国社会从中世纪末期入于近代，近代化的课题由是提上议事日程。然而，近代和近代化的实际社会内涵，在中国却是异于西方，半殖民地半封建化代替了资本主义化。所谓"后发外生型"或"外发次生型"的近代化模式，无非意味着新阶段的帷幕开启既非生产力的巨变所导致，亦非波澜壮阔的革命运动所引发，而是为一场肮脏的英国侵华战争所拉动。来自西方的双重挑战形成的强烈的外铄作用深刻地影响了近代中国的进程，阻断了它的循序渐进的正常发展道路，并沦为一种畸变的、过渡的社会形态。

历史已经证明，资产阶级总是"按照自己的面貌为自己创造出一个世界"。当资本主义进入帝国主义阶段，"阳光下的地盘"业已分割殆尽，从殖民地附属国掠夺超额利润越发成为宗主国生存的必需条件，西方列强就只愿和只能"创造"出"为自己"服务的"附庸"——使这些国家或地区的社会变革内容与程度局囿于有限的、从属的层次。正是在这种意义上，毛泽东正确指出："帝国主义侵略中国，反对中国独立，反对中国发展资本主义的历史，就是中国近代史。"

帝国主义的侵略虽然加速了中国封建社会经济的解体，客观上促进了资本主义的萌发，却又以"残酷的统治"截断了中国近代化的健康发展，使之在半殖民地化的同时依然保存了封建主义。西方的"文明使者"竭力在社会生活各个领域中卫护许多中世纪的朽败事物，甚至与反动统治者结成联盟，以阻碍任何真正的社会变革，维持现存社会秩序。国内统治者则往往借卖身投靠侵略者以图存，晚清政府实际上已经蜕变为"洋人的朝廷"。民国时期的形形色色的统治者，亦泰半为列强的鹰犬。没有真正的独立，缺乏起码的民主，加之贫困与落后——这就是旧中国的基本国情。19世纪中叶以来，中国人民并未在失掉"旧世界"的同时获得一个"新世界"。无可置辩的事实是："新的社会因素"只有在彻底挣脱殖民主义和封建主义枷锁后才能结成"果实"。

显然，近代中国的任何变革方案都必须植根于这种现实的土壤。中国的近代化无疑有着大体如下的鲜明的内涵与特色：以打破殖民主义、封建主义双重枷锁为前提，民主政治为杠杆，工业化为重心，科学、教育和文化的发展为条件。为了拯救和发展中国，上述课题是不可或缺的。以戊戌变法为其高峰的维新运动的重大历史地位和作用，正是在它对近代化的主要课题的回答中凸显出来。

在某种意义上，戊戌变法堪称为救亡图存的政治运动。正是在19世纪90年代民族危机空前严重的时刻，维新思潮汹涌澎湃并被付诸实践。从爱国走向变革，显然是许多仁人志士的思想历程。虽无"亡之形"而有"亡之实"的国家与民族的厄运，促使他们奋然投身于"大变""全变"的事业。戊戌变法又是针对封建专制政治体制的民主化运动，"君子"们极力去伸张"绅权"，几乎无例外地寄希望于国会和宪法两味灵丹妙药，企图借以消弭社会危机，同时也可抵制革命运动。至于发展农工商业，则是维新派普遍的强烈呼声。戊戌变法的政令中，推进社会经济近代化的内容显然成为重心。此外，科学、教育和文化的"革故鼎新"亦被置于变法的重要内容。尽管面对着强大的顽固势力，光绪皇帝与维新志士们也只能以"现在之权，行可变之事"，消减了革新的力度。但是，戊戌变法不愧为近代中国的首次启蒙运动，对经济与社会的发展起了推进作用，成为近代化进程中的重要步骤。所以，毛泽东把戊戌变法视作近代民主革命准备阶段的一个环节。这种历史定位，完全符合实际。

然而，就是这样温和的、自上而下的——但却是真正的、层次较深的变革，也仅仅存在了三个月左右，旋即遭到了残酷的镇压。即使是"跪着的造反"，顽固势力的回答仍然是举起屠刀。铁的事实证明，反动统治阶级的主体总是难以接受触及他们主要或根本利益的变革。政治前提的关键作用，于此可见。当然，变革的结局最终还是取决于双方力量的对比。在物质力量方面，维新派显然处于劣势，既乏相应的社会阶级基础，又少群众的理解、支持，加之依靠的皇帝也没有包括军权在内的实权。百日维新给后继者留下了许多经验、教训，但最根本的一条规律就在这里。正如恩格斯在评论拉萨尔的史剧《西金根》时所指："这就构成了历史必然的要求与这个要求的实际上不可能实现之间的悲剧的冲突。"

应当承认，研究戊戌变法的论著已经不少，但是仍有待深化和拓展。它的历史地位和作用，必须予以科学的评估，而它的经验与教训，则应给予深刻的总结。

[选自张磊著：《跨世纪的沉思——历史、文化、人物》（上卷），广州出版社2002年版，第82~84页]

划时代的伟大启蒙运动

——纪念五四运动 90 周年

时光流逝，五四运动迄今已近一个世纪。

从那时到现在，中国和世界都发生了巨大的变化。中国人民正在为建设富强、民主、文明与和谐的社会主义现代化国家而奋斗，并取得了举世瞩目的辉煌业绩。然而，人们回顾兼具反帝反封建的政治运动和思想启蒙运动内涵的五四运动，却不感到遥远和陌生，并确认爱国、进步、民主、科学的传统，仍需继承和发扬。

所以如此，不仅是因为五四运动堪称空前彻底的反帝反封建的政治斗争；同时，还蕴涵着深刻而广泛的思想内容。正是这场"冲其罗网而卓自树立，破其勒羁而实自解放"的新文化运动，极大地促进了中国人民的觉醒，勇敢地破除了封建主义的精神桎梏，使人民接受了深切的民主主义的洗礼。民主与科学的理念，无疑具有普世的性质，并不专属于一定时期、一种社会制度和一个阶级，而是人类在漫长的历史进程中共同追求的价值观和共同创造的文明成果。它与不同时代和不同国情相融汇，"实现形式和途径各不相同"，有力地推动了社会的发展，并且激励起新的探索与追求，最终作出了历史性的抉择——找到了马克思主义，以之与中国革命实践相结合。由是，近代中国民主革命进入新阶段。新文化运动成为五四运动的前导，五四运动强化了新文化运动的深度、广度与高度。

新文化运动显然烙有时代的印记，不足和缺陷难以避免。但是，它的历史地位和作用是不可贬低与否认的。

一

新文化运动应当上溯到 1915 年，《青年》杂志（从第二卷起更名为《新青年》）的出版即为主要标志。这场思想狂飙的孕育和兴起不是偶然的，严峻的现实是从鸦片战争直到辛亥革命，中国人民为挣脱殖民主义与封建主义双重枷锁进行了长达 70 余年艰苦卓绝的斗争。然而，半殖民地半封建社会秩序始终未能根本改变。甚至在辛亥革命导致共和制度取代清王朝不久,民国就已徒具形式。帝国主义与封建主义依然桎梏着中国,人民处于贫困无权的悲惨境地。军阀、官僚、政客群魔乱舞,其间,还穿插了"洪宪新朝"和废帝复辟的丑剧。与此相应,意识形态领域中沉渣泛起,"孔教会""尊孔会"等团体纷纷出笼,"尊孔""发扬国粹"的鼓噪甚嚣尘上。迷信邪说盛行一时,诸如科学扶乩、哲学算命、张天师传言以及《灵学》丛刊之类纷纷出笼,不一而足,甚至公然叫嚣"鬼神之说不张,国家之运遂促"。鬼话连篇,乌烟瘴气。

摆在先进人士面前的任务是明确的。为了避免倒退与复辟的厄运,首先,必须进行民主主义的补课,冲决封建主义的罗网,呼唤民主与科学。其次,在民主主义高扬的态势下,积极迎接十月社会主义革命所展示的"新世纪的曙光",开展马克思主义的引进、研究和实践活动。如毛泽东所言,用无产阶级的宇宙观作为观察国家命运的工具,重新考虑自己的问题。正是在这种意义上,新文化运动大体分为相互联系与彼此渗透的两个阶段。新文化运动完成了历史的使命,它自身也在不断演进以适应时代的变化和要求。孙中山给予了高度的赞扬的:"此种新文化运动,在我国今日,诚思想界空前之大变动……实为最有价值之事。"

这场思想启蒙运动具有双重内涵——既是民主主义的补课,又是马克思主义的探求。

这场思想解放运动同样具有双重意义——既冲决了封建主义藩篱,又实现了自身的超越。

二

近代中国的民主主义启蒙运动,在比较严格意义上可以追溯到维新思潮,维新派从西方引进"西学"并传播了社会变革观念,起到了不容忽视的作用。然而,"君子"们实行的只是"跪着的造反",难以完成"革故鼎新"的任务。革命民主派进一步开展了民主主义宣传,但却过分凸显于"反满"口号,且把主要精力投入武装斗争,也难以对封建思想加以认真清算。他们虽然没有借用"托古"的保护伞,却在承担开拓"历史新场面"时仍给自己的理念粘贴上一些陈旧的词汇,甚至接受过"欧洲式教育"的孙中山也往往援引圣贤和附会古典,表现出缺乏完全独立的精神。要之,革命民主派——正规的民主革命承担者在辛亥革命时期没有提出反封建社会制度和反封建文化思想的口号,他们在意识形态领域中给后继者留下了尚待完成的艰难任务。

初期的新文化运动,实质上仍是先前所谓"学校""新学""西学"同所谓"科举""旧学""中学"斗争的继续和发展。这场启蒙运动依然属于旧民主主义革命范畴,倡导者们还是从西方民主主义思想武库中借取兵器,但却表现出较之他们的前辈更为猛烈和彻底的战斗精神,开始喊出了反对封建思想和封建社会制度的口号。耐人寻味的历史现象是:由于时代的需求,旧民主主义革命已经临到了降弧期,却又出现了民主主义精神的昂扬。

新文化运动把批判的矛头指向封建儒学,发出了"利刃断铁,快刀理麻"般的战斗呐喊:"打倒孔家店!"这种激越的呼声响彻在窒闷黑暗达到极点的中国社会,确实起了使人民"神经震撼"的作用。儒学在它的创始和发展过程中,曾经不断演变并起着重大社会作用,但中世纪后期被改造成为封建阶级实行统治的精神武器,则是不争的事实。近代中国的保守派(从顽固派、洋务派、保皇派直到辛亥革命后的复辟派等)大都将传统的封建儒学奉为至宝,以抵制和反对变革与革命的洪流,达到维护现存社会秩序和"开倒车"的目的。张之洞在《劝学篇》中直率地招认了宣扬封建儒学的政治意图:"故知君臣之纲,则民权之说不可行也;知父子之纲,则父子同罪免丧废祀之说不可行也;知夫妇之纲,则男女平权之说不可行也。"彻底破除封建儒学,无疑是人民觉醒和战斗的必要条件。新文化运动的倡导者把专制与迷信视为破除的焦点与症结,举起民主与科学的战旗。陈独秀明确宣称:"只有这两位先生(指民主和科学——引者)可以救治中国政治上、道德上、学术上、思想上一切的黑暗。"不破不立,不塞不流。"要拥护那德先生,便不得不反对礼教、立法、贞节、旧伦理、旧政治。要拥护那赛先生,便不得不反对旧艺术、旧宗教。要拥护德先生又要拥护赛先生,便不得不反对国粹和旧文学。"① 在他看来,民主同"人权"的概念相同,意味着挣脱封建主义的压迫,"脱离夫奴隶之羁绊,以完其自主自由之人格之谓也"。至于科学的重大作用和意义,也必须予以充分估计:"科学之兴,其功不在人权说下,若舟车之有两轮焉。"

---

① 陈独秀:《独秀文存》,安徽人民出版社1987年版,第242~243页。

三

两军对垒，旗帜鲜明。新文化运动的倡导者首先向封建儒学开火，展开了猛烈的进攻。陈独秀揭露和批判了三纲五常的罪恶，指出："儒者三纲之说，为一切道德政治之大原"。依据这种关于君臣、父子、夫妇关系的原则，结果必然是"民于君为附属品"，"子于父为附属品"，"妻于夫为附属品"。并"缘此而生金科玉律之道德名词，曰忠，曰孝，曰节，皆非推己及人之主人道德，而为以己属人之奴隶道德也"。① 他认为，这种把人们沦为奴隶的伦理道德和制度必须废弃："破坏君权，求政治之解放也。否认教权，求宗教之解放也。均产说兴，求经济之解放也。"② 对于"自由、平等、博爱"的口号和"法律之前，人人平等"的原则，他在《东西民族根本思想之差异》等文章中表明了服膺和尊崇的态度。

新文化运动的另一位倡导者、后来牺牲在敌人绞架下的共产主义战士李大钊的活动曾经产生过重大影响，他那些鞭辟入里、充满战斗激情的政论给人们以启示和策励。李大钊是封建主义不共戴天的对手，坚信封建主义与民主主义之间只能存在不可调和的斗争："民与君不两立，自由与专制不并存，是故君主生则国民死，专制活则自由亡。"他极端憎恶封建意识，大声疾呼号召青年们抛却因袭的重担，振奋大无畏的革命精神，"冲决过去历史之罗网，破坏陈腐学说之囹圄"③。因为希望寓于未来，"不在白首中国之苟延残喘，而在青春中国之投胎复活"。李大钊对封建儒学的批判是猛烈和中肯的，他毫不含糊地指出孔子是"数千年之残骸枯骨"，并在漫长的中国历史进程中，起了"历代帝王专制之护符"的作用。与同代的许多战友相比，李大钊对封建儒学还作了具体分析，使得这种革命的批判带有辩证的历史主义的因素："余之掊击孔子，非掊击孔子之本身，乃掊击孔子为历代君主所雕塑之偶像的权威也；非掊击孔子，乃掊击专制政治之灵魂也。"④

---

① 陈独秀：《独秀文存》，安徽人民出版社1987年版，第34～35页。
② 同上书，第34～35页。
③ 李大钊：《李大钊文集》（上），人民出版社1984年版，第204页。
④ 李大钊：《李大钊文集》（上），人民出版社1984年版，第263～264页。

在向"孔家店"进军的队伍中,来自四川的学者吴虞不愧为一员猛将。在鲁迅的《狂人日记》的启发下,吴虞剥去了封建礼教的"仁义道德"画皮,暴露出它的"吃人"本质。他在《吃人与礼教》一文中一针见血地指出:"吃人的就是讲礼教的,讲礼教的就是吃人的。"要求人们赶快觉醒过来,再也不要充当吃人者的牺牲品。应当意识到"我们不是为君主而生,不是为圣贤而生,也不是为了纲常礼教而生的";看穿"甚么'文节公'呀!'忠烈公'呀!都是那些吃人的人设的圈套,来诳骗我们的"。他进一步在《家庭制度为专制主义之根据论》中指出封建伦理道德同专制制度、家族制度的相互关系,认为"'孝弟'二字为两千年来专制政治与家族制度联结之根干"。他还着重说明了封建伦理的严重危害性,确信正是这些陈腐反动的精神镣铐"把中国弄成一个制造顺民的大工厂"。①

鲁迅是在晚些时候投入战斗的。他一贯重视对人们的启蒙工作,还在日本留学期间,他就十分注重和研讨所谓的"国民性"问题。鲁迅的爱憎极为分明,对旧营垒的剖析十分深刻,他的著述——主要是短篇小说和杂文,无异于刺向旧社会的锐利的匕首和投枪。1918年4月问世的第一篇语体文小说《狂人日记》,彻底撕下了封建制度和观念的"道貌岸然"的假面,深刻地暴露了它的丑恶和黑暗,并将其本质归结为血淋淋的两个大字——"吃人"。鲁迅认为这种"文明"和它赖以产生的社会必须消灭,"将来容不得吃人的人,活在世上"。在小说的结尾处,他发出了"救救孩子"的震撼人心的呼声。《狂人日记》是一篇声讨封建主义的檄文,鲁迅的创作活动从此一发而不可收。在五四运动前夕写成的小说《药》中,更通过革命党人被杀戮、小茶馆主人向刽子手购买沾了烈士鲜血的馒头治疗儿子"痨病"的情节,既揭露了封建专制主义的残酷,又展示了罪恶的社会制度给人们带来的愚昧和迷信,此外,也折射出先进志士同尚未觉醒的民众隔绝的可悲与伤痛。同时,鲁迅还在《我之节烈观》等杂文和一系列《随感录》中以犀利的笔锋剖析了封建主义的根深蒂固和流毒深远,谴责了复古主义者的倒退行径。他相信前景必定是"宽阔光明的",人们将会享有"正当的幸福"。

民主和科学,是两个相互联系的课题:前者是后者发展的重要条件,

---

① 参见吴虞《吴虞集》,四川人民出版社1985年版,第173页。

后者则对前者给予促进和支撑。新文化运动的倡导者要求科学是完全必要的，他们所理解的科学有着丰富的内涵，不仅包括自然科学乃至"社会政治学说"，实际上同理性的概念相等同。而一切反动统治阶级总是推行愚民政策，千方百计地使民众陷于迷信和蒙昧的状态，使之成为供他们驱使的"顺民"，以维护朽败的旧制度。因此，科学同迷信和愚昧的斗争就富有重大的社会意义。陈独秀将科学视为判断事物的最高准则：凡是有悖于科学的，不论是"祖宗之所遗留，圣贤之所垂教，政府之所提倡，社会之所崇尚，皆一文不值也"①。他认为科学的主要任务在于消除迷信和愚昧："无常识之思维，无理由之信仰，欲根治之，厥为科学。"至于社会政治、思想领域中的虚妄、盲从和迷信，更须加以破除，杜绝"政治上、道德上自古相传的虚荣、欺人、不合理的信仰"，树立"真实而合理的信仰"。鲁迅也在许多杂文中提倡科学，揭穿和批驳形形色色的鬼话。他认为科学是人类社会进步的重要动因，因为"科学能教道理明白，能教人思路清楚，不许鬼混"；邪说则戕害人们的思想，造成精神上的"昏乱"。他确信科学的重大积极作用："要救治这几至'国亡种灭'的中国，那种'孔圣人、张天师自山东来'的方法，是完全不对症的，只有这鬼话的对头的科学！——不是皮毛的真正的科学。"② 钱玄同、刘半农也积极参与了科学同迷信与愚昧的斗争，鼓动青年们奋起"剿灭这种最野蛮的邪教和这班兴妖作怪胡说八道的妖魔"。

毫无疑义，这场深刻的思想变革必然伴之以"文学革命"。不仅由于"文学革命"本身是构成新文化运动的重要部分，还因为新思想、新文化要求与之相适应的表现形式，即语言、文风的更新。正如鲁迅所指出的："僵死的语言"，是没落阶级兜售"腐朽的名教"的工具；传播新思想、新文化，则要求用"四万万中国人嘴里发出的声音"。③ 所以要扫除"文以载道"的、形式主义的"桐城谬种"和"选学妖孽"之流，代之以内容和形式全新的革命文学。提倡新文学，反对旧文学，提倡白话文，反对文言文——是为"文学革命"的基本内容。这场斗争的结果导致了封建主义旧文学的崩溃，促成了具有时代精神和风貌的新文学的诞生，因而有

---

① 陈独秀：《独秀文存》，安徽人民出版社1987年版，第8页。
② 鲁迅：《鲁迅全集》第1卷，人民文学出版社1981年版，第298页。
③ 参见鲁迅《鲁迅全集》第1卷，人民文学出版社1981年版，第350页。

力地推动了启蒙运动的发展。在这里,胡适的作用是应当充分估计的,他对文学——文化的变革主张和实践,显然具有重要意义。鲁迅的《狂人日记》等作品所起的巨大作用和影响,充分说明了"文学革命"及其实绩在整个新文化运动中的重要地位和意义。

新文化运动的倡导者是一个群体。蔡元培对新文化运动的推动无疑是功不可没的,他主持下的北京大学经由破旧立新而成为新文化运动的策源地。此外,各个地区都涌现出一批文化斗士。他们的活动形成了一股合力。新文化运动由知识阶层作为主要承担者,并带有相当的群众性。

四

初期的新文化运动是民主主义的启蒙运动,但倡导者表现出较之他们的前辈更为彻底得多的反封建精神,因而就使得这种"补课"具有了前所未有的深度和广度,沉重地打击了旧思想、旧文化,加速了封建主义精神堡垒的瓦解。同时,这种"补课"决不仅仅是"继往"或"承先"——完成民主革命先行者的未竟之业;在某种意义上还具有"开来""启后"的作用——它本身具有的普世性质,使其能够延伸到未来,而彻底砸碎封建主义的精神桎梏,广泛传播民主和科学的观念,才会造成革命精神的昂扬,推进信仰科学、追求真理的热潮,从而为马克思主义在中国的传播提供有利的条件。

事实正是这样。约略以五四爱国运动为起点,初期思想启蒙运动开始转变为传播马克思主义的运动。这又是一次伟大的精神变革,堪称近代中国文化思想战线的飞跃。初期新文化运动倡导者中的优秀分子开始了新的探索和追求,转向了马克思主义。一批热切追求真理的青年,也很快地接受了无产阶级世界观。近代中国社会出现了第一批具有初步共产主义思想的新人,理所当然地成为马克思主义扩展的骨干。他们广泛地传播马克思主义,阐发十月社会主义革命的历史经验,并且深入到工人群众中去,促成了马克思主义与工人运动相结合,从而在思想上和干部上为中国共产党的成立做了准备。中国革命从此面貌一新,走上了中国共产党领导的新民主主义革命的道路。

新文化运动尽管有其历史的局限,诸如对传统文化缺乏科学的分析态度,形而上学使得立论难免偏颇和绝对化,变革奋进的激情时而压抑了理性,则有悖于实事求是的准则,不可避免地带来一定的负面作用。因为优秀的传统文化是历史遗留的瑰宝,亦为当前我国文化建设和社会发展所必需,不能也不可能否定和摒弃,而应承传和弘扬。后继者对前驱者的不足应从历史条件加以说明,而不宜苛求于冲锋陷阵的猛士。新文化运动的历史功绩无疑是不可磨灭的,无愧为划时代的伟大启蒙运动。

纪念五四运动,主要是要继承和发扬爱国、进步、民主、科学的传统。从优秀的传统——特别是如此切近现实的五四精神中汲取思想的养分,"让伟大的五四精神在振兴中华新的实践中放射出更加夺目的时代光芒"。先行者曾为"索我理想之中华"而探求和奋斗,他们的遗愿将由后继者完成。富强的、民主的、文明的、和谐的现代化中国必将屹立在东方,并为世界做出更多的贡献。

(原载《学术研究》2009年第5期)

抗日民族解放战争与中华民族的爱国主义

抗日民族解放战争的胜利，迄今已经半个世纪。在此期间，中国和世界都发生了复杂而巨大的变化。但是，"前事不忘，后事之师"，重温历史总是颇有教益的。回顾那场空前的浩劫，总结历史的经验与教训，必将更为高扬中华民族的爱国主义，推动振兴中华、统一祖国的大业；同时，强化保卫世界和平的信念与实践。

爆发于 20 世纪三四十年代的抗日战争是近代中国规模最大的、最持久的反侵略正义战争，也是鸦片战争以来首次取得完全胜利的民族解放战争。由于抗日战争又是世界反法西斯战争的重要组成部分，所以中国人民以艰苦卓绝的斗争做出了相互联系的双重贡献——一方面，保卫自己的家园祖国，沉重打击了日本军国主义；另一方面，完成了应尽的国际义务，有力地支持了世界反法西斯战争。在这场正义与邪恶、进步与反动、光明与黑暗的大搏斗中，正是中国人民和世界人民结成统一阵线，并肩奋战，击溃了猖獗一时的德、意、日法西斯，从而奠定了世界和平的局面，开拓了民族解放的道路，推动了人类社会的进步。正如江泽民同志在《在莫斯科卫国战争纪念馆揭幕式上的讲话》所指出："法西斯发动的侵略战争给人类带来了浩劫，也教育了世界人民。世界人民赢得了战争的胜利，赢得了和平与进步。"

半个多世纪的中国历史进程，完全论证了上述的科学判断。中国人民赢得了战争的胜利，也赢得了社会的进步。在把日本军国主义逐出神圣的国土后，仅仅用了 3 年多的时间就完成了民主革命的基本任务，建立了人民共和国，揭开了历史的新篇章，为社会主义革命和建设准备了条件和基础。

抗日战争的胜利，来之不易。中国人民付出了巨大的代价——3500 万军民的伤亡，1000 亿美元的直接经济损失和 5000 亿美元的间接经济损失。所以如此，固然是由于日本军国主义的穷兵黩武；同时，国民党政府腐败统治造成的积贫积弱和"排除异己"的方针也为侵略者提供了可能性。因之，只有中华民族的爱国主义的高扬，才能产生强大的凝聚力，发挥出难以估量的精神动能。亿万民众高唱着《义勇军进行曲》："把我们的血肉，铸成我们新的长城"；"万众一心，冒着敌人的炮火，前进，前进，前进进！"义无反顾，投入抗战的洪流。这种爱国主义的主流又并非历史传统的单纯承继，而是富有鲜明时代特征和丰富社会内涵。作为激情与理性的结合，它不仅蕴涵着炽烈而朴素的对祖国的热爱，并且升华为理性——关切祖国的命运和未来，力求拯救和发展危难和贫弱的祖国，致使爱国主义与当代先进社会思潮和运动相融会、相激扬。正是这种爱国主义，才无愧为团聚、引导我国各族人民夺取抗日战争胜利的光辉旗帜。

一

抗日战争及其胜利的结局，对世界和中国的历史进程都具有重大积极意义。

毫无疑问，抗日战争对世界反法西斯战争做出了不可磨灭的贡献。法西斯主义是资本主义恶性发展的一种世界现象，它所威胁的是整个人类的文明。对肆虐于东方的日本法西斯的抗争，必然支持了世界范围内的反法西斯战争。

日本军国主义的侵略，目标决不限于中国乃至亚洲。在它的贪婪扩张主义方案中，"北进"和"南进"构成军事战略的重要部分。正是中国的抗日战争，牵制了日本蓄谋已久的"北进"计划，使它袭击苏联的阴谋迟迟未能付诸实现。事实上，从"九一八"事变到"七七"事变期间，东北地区的局部抗战取得了重要战果，"抗日义勇军"和"抗日联军"在极其艰苦的条件下英勇战斗，造成日军损失 17 万人和战费消耗 14 亿日元。1937 年全面抗战开始后，日方不得不把驻扎东北地区的部分关东军调往中国的其他战场。这就使得苏联得以避免两面作战，德、日法西斯东西夹击的谋略化为泡影。苏联更能够在最困难的时刻从东线抽调 50 万军队，增援了莫斯科保卫战。同时，抗日战争也延缓了日军的"南进"计划，支持了盟军在太平洋战场上的战斗。日本在太平洋战争爆发时共有军力 240 万左右，其中海军 30 万人大都分别投入太平洋战场和中国战场，而陆军 210 万人（除去留守本土 40 万人）中，则有 130 万人陷于中国战场。大致说来，中国在太平洋战争爆发前独立抗击了日本陆军的 90% 左右，1942 年年底以后，仍有 60%～80% 的日本陆军留在中国战场。

不仅如此，中国的抗日还支持了周边国家反对日本军国主义侵略的斗争。1942年年初，包括中、苏、美、英在内的26个国家在华盛顿签署了联合对德、意、日轴心国作战的宣言。应英国政府的请求，中国组成远征军开赴缅甸打击入侵的日军。中国军队在持续三年的作战中共投入兵力16万人，解救了被日围困的英军第一师，收复了缅甸北部城镇50余座，有力地支援和配合了盟军完成反攻缅北的任务。

作为世界反法西斯战争的重要组成部分，中国的抗日战争多方位地支援了世界反法西斯战争。当然，支持总是双向的。正是中国同苏联、美国等盟国密切的配合，彻底击溃了日本军国主义及其同伙。

显而易见，反法西斯战争的历史性胜利，是世界反法西斯力量共同奋战的结果，而中国人民则不愧为消灭日本军国主义的主角。

二

抗日战争的胜利，在近代中国历史进程中具有划时代的作用。

中国近代时期的发端，具有特殊的深远意义。新阶段舞台帷幕的开启，竟是由英国侵略者发动的鸦片战争所拉动。强烈的外铄作用迫使近代中国逸出了正常的、健康的发展轨道，沦为半殖民地半封建社会——一种为殖民主义枷锁所桎梏的畸变的社会形态。帝国主义同中华民族的矛盾成为社会主要矛盾，往往居于最为突出的地位。严酷的事实是：在长达一个世纪的岁月里，帝国主义采取了各种手段肆无忌惮地侵略中国，把它推向贫困落后的深渊。殖民主义者十分迷信军事手段，非常醉心于坚船利炮。而朽败反动的统治者——无论是清朝政府，抑或是北洋军阀和后来国民党政权大都实行妥协卖国和专制独裁，则使得旧中国总是处于"挨打"的地位，从鸦片战争、第二次鸦片战争、中法战争、中日甲午战争以迄八国联军之役，每次都是以丧权辱国为结局。甚至中国在战争过程取得一定程度的、局部的胜利，也不能改变割地赔款的厄运。广大军民虽然进行了英勇斗争，甘为祖国抛头颅、洒热血，却只能抱终天之憾。

然而，抗日战争第一次赢得了彻底的胜利。

从"九一八"事变到日本无条件投降，14年的斗争历程可以划分为局部抗战与全面抗战两个阶段。大体而言，抗战不断深化与拓展——从分散抗争到团结战斗；由防御、相持到战略反攻。在这期间，包括正面战场和敌后战场，对日作战大小约 165000 次，歼灭的日军达 150 万人，占日军在第二次世界大战中伤亡人数的 1/3。

中国人民不仅赢得了战争的胜利，而且赢得了社会的进步。

进步的基本内涵和主要标志，就是共产党领导的人民力量成为抗战的中流砥柱，而国民党政权在抗战中的消极表现和反共伎俩受到批评和谴责。双方力量相互消长：前者不断发展壮大，后者愈益遭到人民的唾弃。正是在这种意义上，抗日战争的胜利无疑是近代中国民主革命——新民主主义革命的历史性转折，直接为后来新中国的诞生作了必要的准备，使得中国的命运在战胜日本军国主义后的短暂时间中得到了根本解决，在旧中国的废墟上建立了人民共和国。从鸦片战争开始的、历经"艰难顿挫"的近代中国民主革命，至此画下了一个光辉的句号。同时，也为社会主义革命和建设的新时期开拓了道路。

事实证明，持久的、艰苦的抗击侵略者的过程也就是共产党领导的人民力量逐步发展的过程。共产党高举爱国主义的大旗，制定了抗日民族解放战争的理论、路线、方针和政策，实现了第二次国共合作，促进了抗日民族统一战线的形成，贯彻了科学的战略和策略。从而最大限度调动起群众的积极性，并把人们汇成抗日斗争的洪流。共产党人不愧为敢于和善于抗击侵略者的爱国主义忠贞战士，因之成为中国人民的希望和信心。共产党领导的人民力量决非——如同某些出于政治偏见的"学者"所诽谤——"坐大"，而是在艰苦卓绝的战斗中成长。这种长足的发展壮大是历史的必然：在备受侵凌的殖民地、半殖民地的中国，任何阶级和政党敢于同侵略者进行英勇斗争，并且善于把民族解放战争引向胜利，它就一定成为领导人民群众的核心力量。

在那艰苦悠长的战争岁月中，共产党领导的抗日根据地成为爱国民主人士和广大群众人心所向的"圣地"。共产党领导的八路军、新四军以及民兵承担了对大部分日军和几乎全部伪军的作战任务，对敌作战 125000 余次，消灭日伪军 171 万余人。"平型关大捷""黄土岭战役""百团大战"……都取得了克敌制胜的辉煌战果。与这个过程同步并生，中国共产党领导的人民力量迅速发展壮大起来。抗战初期，主要抗日根据地仅有人口不过 150 万左右的陕甘宁边区，军队则只有 30000 余人。抗战胜利前夕，抗日根据地已经遍布于祖国大地的东南西北，区内人口约达 1 亿，共产党发展到 120 万人，军队和民兵分别为 132 万人和 68 万人。正是这种为先进思想所武装的巨大的物质力量，才是真正决定中国命运的因素。

至于国民党的情况，恰恰相反。在民族危机深重的时刻，蒋介石统治集团无视民族蒙受愈益沉重灾难的严峻现实，却仍然热衷于"围剿"红军。只是由于国内外形势的变化，特别是中国共产党以民族大义为重的抗日民族解放战争的正确方针和政策，加以"西安事变"的妥善解决，才使得蒋介石放下"攘外必先安内"的政策，不得不参与了抗战大业，并在初期表现了一定的积极性，其作用是应当给予肯定和估计的。但随着相持阶段的到来，国民党政府消极抗战，片面抗战，实行独裁专制，制造摩擦分裂，乃至酿成反共反人民的"皖南事变"，围剿抗日有功的新四军，囚禁著名的抗日将领——新四军军长叶挺。蒋介石统治集团虽然极力在抗战中保存和扩大自己的实力，压缩共产党领导的进步力量，但人心的背离成为后来国民党政府土崩瓦解的根本原因。

判明国民党政府在抗日战争中的作为，就不难理解蒋介石统治集团竟然敢于冒天下之大不韪，在欢庆胜利的锣鼓鞭炮的声音停歇不久，便向共产党和人民挥起屠刀。但是，1946年已非1927年，抗日战争中发生的革命力量与反动力量的消长极其有利于人民，在美国支持下的国民党政府及其800万军队绝对阻挡不了历史的潮流。

没有以共产党为核心的人民力量的壮大，就不会有抗日战争的胜利。没有抗日战争的胜利，也不会有以共产党为核心的人民力量的壮大。

人民赢得了战争的胜利，又赢得了社会的进步。

三

抗日战争的胜利，归根结底是全民爱国主义高扬的结果。爱国主义是中华民族凝聚力的核心，是各族人民的共同的主要精神支柱，是动员广大群众奋起御侮的鲜明旗帜，是激励人们前赴后继奔赴战场的巨大感召。

然而，令人深思、发人深省的是：具有爱国主义传统的中国人民曾在近代时期多次抗击过侵略者，表现出可歌可泣的英雄气概和牺牲精神，但是，结局大都是悲剧性的——既未赢得战争的胜利，也未赢得社会的进步（当然，屈辱的战争后果促进人们去探索救亡与变革的道路），为什么只有抗日民族解放战争一洗国耻，爱国主义结出了硕果，不仅彻底打败了日本军国主义，而且推动了社会的发展？

应当对爱国主义进行具体剖析。

爱国主义，大抵是激情与理性的结合。人们总是为自己祖国的悠久的历史、灿烂的文化、多娇的江山和优秀的人民而自豪，并积淀了炽烈的朴素的挚爱。然而，深刻的、广博的爱国主义不能局囿于此，它还必须包含理性的内容——面对备受侵凌的、落后与贫困的祖国，积极寻求救亡和富强之路；对祖国的命运和未来的深切关怀，体现为把爱国主义与当代先进社会思潮和运动相融会、相激扬。爱国主义由此蕴涵了拯救和发展祖国的社会内涵，浸润充溢时代精神。

从鸦片战争以迄八国联军之役，中国的失败是难以避免的。在这个历史时期，国家的权力为清朝政府所控制。这个为满洲贵族控制的朽败政权主要代表了封建地主阶级的根本利益，并随着帝国主义侵凌的深化而逐步与之结成联盟，充当"列强"的"鹰犬"，甘为奴隶总管的角色。他们是卖国主义者，对侵略者表现出一副奴颜媚骨。然而，封建地主阶级与侵略者之间并非没有矛盾。统治阶级的部分成员及其代表确实在民族危机深重的时刻主张抗击侵略者，甚至积极投入了正义的战斗。但是，除掉少数的优秀人物外，他们的爱国主义并不蕴涵着先进的社会思潮与运动，难以较为完满地回答来自外部世界的双重挑战。因之，战争的屈辱结局无法避免，赢得胜利与进步，几乎是不可能的。

当然，卷入抗击侵略者战争的还有广泛的阶级和阶层，主要是农民阶级和新登上历史舞台的资产阶级。至于无产阶级，当时虽已诞生却还未成为自为阶级。农民阶级无疑是反侵略的主力，从三元里抗英斗争到义和团运动表现了他们保家卫国的热情和英勇，阻止了帝国主义瓜分中国的阴谋。但是，落后的生产方式限制了他们的眼界，使得他们不可能把爱国主义与先进的社会思潮与运动相结合，提出科学的民族解放纲领，以致在反侵略的观念和实践中，难以避免种族主义和"笼统排外主义"的倾向。肩负着深切的因袭重担的资产阶级的政派之一——维新派也把这个课题作为社会政治活动的主要内容，他们正是在民族危机空前严重的形势下将维新运动推向高峰，把爱国主义与维新思潮和运动相融汇、相激扬，确认爱国必须变革——"变法而强，守旧而亡"。即，只要实行自上而下的温和的变革，"虽无亡之形而有亡之实"的祖国即可"由富而强"。然而，由于他们缺乏赖以凭借的物质力量，又对帝国主义存在着轻信和恐惧，所以他们的奋斗未能取得真正重大成果。资产阶级革命民主派的爱国主义跨出了新的步伐，与当代先进的民主主义思潮和革命运动相融汇、相激扬。他们继承了广泛存在于民间和下层社会的朴素"民族思想"，而淘汰了"笼统排外主义"和"宗法"色彩。他们因袭了把民族独立与国家近代化联系起来的维新派观点，而又摒除了其中的妥协主义。他们竭力避免中国惨遭"瓜分"或者"共管"的厄运，为争取民族的独立而奔走呼号。严峻的事实是必须从爱国走向革命——以武装斗争为手段，粉碎清王朝和民国时期的"地主阶级的军阀官僚统治"与"地主阶级和大资产阶级的联盟的专政"。治，才能拯救中国。但是，资产阶级革命民主派从未真正建立起全国范围的政权，对帝国主义又缺乏深切的认识，以致在整个旧民主主义革命时期始终未能提出鲜明的反帝口号和进行坚决的斗争。因之，近代中国民主革命的首要任务——反对帝国主义不能得到充分反映和取得重大成果。资产阶级曾把爱国主义提升到历史的新高度，赋予它以时代精神和社会内涵，丰富了爱国主义传统，起了振聋发聩的启蒙作用。只是历史的局限使得资产阶级不能领导中国民主革命走向彻底胜利，自然也不能真正完成反侵略的首要任务。

近代中国总是处于"挨打"的境地，根本原因就在于此。

抗日民族解放战争的伟大胜利根本改变了这种极为屈辱的历史。所以如此，主要是由于爱国主义与当代中国先进的社会思潮和运动相融汇、相激扬，即附丽于新民主主义——社会主义。以毛泽东为代表的中国共产党人把马克思主义基本原理与中国实际相结合，几经曲折与反复，终于在抗日战争时期完成了马克思主义中国化的第一次历史性飞跃，找到了通向胜利的途径——新民主主义道路。毛泽东的新民主主义论正确解决了当前革命的性质、任务、对象、动力和前途诸问题，被概括为一个著名的公式，即无产阶级领导的、以工联盟为基础的、人民大众的反帝反封建的革命，因之，也就科学地解决了它所内含的民族解放的课题。这种符合中国基本国情和历史趋势的社会思潮和运动，把爱国主义深化和拓展到前所未有的高度，所以，人民能够赢得战争的胜利和社会的进步。高扬的爱国主义，结出了空前的硕果。

毫无疑问，臻于成熟的中国共产党的领导是作为新民主主义革命重要组成部分的抗日战争胜利的根本保证。这种领导，首先体现为正确的理论和路线的制定和贯彻。正是共产党最先举起了抗日的爱国主义旗帜，提出了抗日民族统一战线的主张，制定了相应的战略、策略，结成了广泛的抗日民族统一战线。正是共产党确立了抗日战争的军事理论，提出了"持久战"的方针，阐明了防御、相持和反攻三个相继阶段的战略，消除了"亡国论"和"速胜论"的干扰，把抗日战争引向胜利。

人民战争的理论，则是抗日战争胜利的思想武器。以毛泽东为首的共产党人总结了过去——特别是十年内战的经验，把已经形成的人民战争思想运用于民族解放战争，制定了全面的、全民族抗战的战略和方针，充分动员和依靠人民群众，形成势不可挡的抗日洪流。为了贯彻人民战争思想，必须开展敌后游击战争，建立敌后抗日根据地，以之与正面战场的作战相配合，形成人民战争的燎原大火。"兵民是胜利之本"，正面战场与敌后战场的双重结构发生了重大的积极作用。

组成广泛的抗日民族统一战线，是抗日战争胜利的社会基础。共产党人深知为了打败穷凶极恶的日本军国主义，必须团结一切可能的抗日力量及抗日的同盟者，使得全国各族人民聚集在爱国主义旗帜下，有力出力，有钱出钱，有一分热，发一分光。共产党人作了不懈的努力，经过"西安事变"的和平解决，实现了第二次国共合作，正式形成了抗日民族统一战线。各个民主党派和爱国人士，以及广大台湾同胞、港澳同胞和海外华侨、华人，为民族解放和国家独立事业做出了不可磨灭的贡献。

正是这种与先进社会思潮和运动结合的爱国主义，激励下的亿万人民的浴血奋战，谱写出抗日战争的胜利进行曲。

今天，爱国主义与社会主义相结合已成为时代的要求和历史的必然。只有在建设中国特色社会主义理论的指引下，我们的祖国才能成为富强的、民主的、文明的社会主义现代化国家；同时，也为人类和平与进步事业做出更大的贡献！

［选自张磊著《跨世纪的沉思——历史、文化、人物》（上卷），广州出版社2002年版，第206～216页］

应当编著一部《中国近代全史》

编著一部《中国近代全史》是十分必要的，因为它兼具重要学术价值与迫切现实意义。

关于中国近代史的著述甚多，但迄今没有一部堪称"全史"。之所以如此，是因为在中国沦为半殖民地半封建社会的过程中，香港、澳门和台湾相继于19世纪40年代到90年代被割让和"永租"，从祖国的母体分离出去。此后的中国近代史大都只写主体（国家主权范围），而香港、澳门、台湾地区则另为专著，如香港史、澳门史与台湾史，只是在论及中国近代的一些重大事件时（如辛亥革命、抗日战争等）方才提及香港、澳门、台湾地区的相关状况。

这种状况值得我们认真反思和改进，应当开拓与创新。导致割地的不平等条约是殖民主义者用包括战争在内的各种手段强加给中国人民的枷锁。他们掠夺的地区则是中国不可分割的部分领土。中国人民从来不承认这些不平等条约，并为领土与主权的完整坚持斗争。香港和澳门终于在20世纪末叶回归，海峡两岸的统一也是历史的必然趋势。所以，香港、澳门、台湾始终是中国的有机组成部分。完整的中国近代史理应包括香港、澳门、台湾的历史。这不仅是科学的需要，也是中国统一的神圣原则的体现。

中国内地的许多学者和港、澳、台学者们近年来达成了共识，即应当早日编撰出一部包括香港、澳门、台湾在内的《中国近代全史》。已故的台湾著名的爱国文化前辈丁中江先生在20世纪90年代就曾倡议此事，指出这正是对李登辉的分裂主义的有力抨击，并与我们反复磋商，希望早日完成祖国统一大业。近几年的事态表明，丁老的意图是有先见之明的。台湾中研院院士张玉法教授认为这是统一的需要，强调统一而又把香港、澳门、台湾的历史摒诸中国近代历史之外，是有悖事实与逻辑的不当做法。他已写了一部中国历史（从远古至2000年），把台湾与大陆融合起来。不过，遗憾的是未能把香港、澳门包含进去。当然，"全史"绝非把主体同香港、澳门、台湾的历史在形式上加以拼凑，而是将其有机地、紧密相连地融合在一起。历史的真相和本质就是如此,海峡两岸和香港、澳门从来都是息息相关的。因此,"全史"的内容和架构必须对传统的章法有所损益。显而易见,这是一桩开拓性的创新任务,工作难度很大,要求认真策划和组织。

"全史"大致可以分为两卷,上卷起讫为1840年至1949年,下卷则跨越世纪,从1950年至2008年。任仲夷同志等十分支持这项任务,并愿担任顾问。国内著名的史学家金冲及、戴逸、李文海、龚书铎、张海鹏等教授均允承担相应职务。广州地区的资深学者们已经开始构思。本书的完成,当然也有赖于台湾、香港和澳门有关人士和专家学者的参与及支持。两卷还可分作若干编,各编亦得先行出版。

"全史"的编撰准则与贯穿脉络,对于全书具有关键意义,屡经推敲,要点大体表述如下:第一,香港、澳门、台湾被从祖国母体先后分割出去,正是发生在近代中国沦为半殖民地的惨淡过程中,即为资本—帝国主义对中国采取强行宰割的恶果。遭受剥离的祖国母体虽然在形式上大体保持独立,实际上则是半殖民地。严峻的现实正如孙中山所指出:无论"瓜分"抑或"共管","其结果足使中国民族失其独立与自由则一也",而"做外国人的奴隶"则成为广大民众的共同厄运。这种噩梦的终结延至20世纪,香港、澳门于20世纪90年代分别回归,改变金瓯残缺状态的根本原因,在于抗日民族解放战争的胜利和祖国臻于独立、民主、富强。第二,在备受侵凌的屈辱时,各族人民不断掀起反对帝国主义、捍卫祖国统一和推动经济与社会进步的斗争,彼此支援,相互呼应,实际上处于共同的战线。在推翻清王朝、建立"中华民国"的伟大的辛亥革命运动中,就曾涵盖了港、澳、台地区。第三,祖国母体和香港、澳门、台湾在后来的岁月中虽走上了不同的经济与社会演变的道路,但是,建设的承担者主要是中国人民——港、澳、台地区亦复如此。当然也还有着其他因素,诸如内外形势、执政者的方针与举措等。第四,无论侵略者在香港、澳门、台湾以及大陆竭力推行殖民化教育,实施文化钳制政策,妄图通过精神的灌输和戕害,迫使中国人民数典忘祖。但是,港、澳、台地区的文化主流依然是源远流长、博大精深的中华文化。在广大民众的胸腔中跳动的是一颗"中国心",民族精神显示出同源同根的巨大凝聚力。无可置辩的是:香港、澳门、台湾的被侵占是列强在中国处于贫弱状态下推行殖民主义所造成的祸害；那么，当中国屹立于强国之林后的回归统一就是时代的不可抗拒的潮流。港、澳的回归已在20世纪末实现，统一大业的完成终将成为现实。此外，"全史"必须以充分的、翔实可靠的史实为根据，作出科学的分析与评论，自不待言。

（原载《广州日报》2006年4月18日）

附录

张磊主要著述目录

一、著作

[1]《孙中山思想研究》,中华书局1981年版。
[2]《孙中山论》,广东人民出版社1986年版。
[3]《孙中山:愈挫愈奋的伟大先行者》,广东人民出版社1996年版。
[4]《孙中山评传》,广州出版社2000年版。
[5]《民主革命先行者——孙中山》,广东人民出版社2005年版。
[6]《孙中山年谱》,中华书局1980年版。
[7]《孙中山图传》,广东教育出版社2011年版。
[8]《孙中山评传》(上、下卷),广东人民出版社2014年版。
[9]《孙文学说:构建近代中国的理论先导》,山西人民出版社2015年版。
[10]《孙中山哲学研究》,广东人民出版社1986年版。
[11]《孙中山全集》(共11卷),中华书局1986年版。
[12]《孙中山文粹》(上、下卷),广东人民出版社1996年版。
[13]《中国近代思想家文库·孙中山卷》,中国人民大学出版社2015年版。
[14]《孙中山辞典》,广东人民出版社1994年版。
[15]《宋庆龄辞典》,广东人民出版社1996年版。
[16]《纪念孙中山先生》(图录),文物出版社1981年版。
[17]《孙中山与澳门》(图录),文物出版社1991年版。
[18]《澳门:孙中山的外向门户与社会舞台》(图录),澳门大学1996年版。
[19]《孙中山与宋庆龄》(图录),文物出版社1997年版。
[20]《世纪三伟人》,广东人民出版社1998年版。
[21]《跨世纪的沉思——历史、文化、人物》(上、下卷),广州出版社2002年版。
[22]《张磊自选集》,广东人民出版社2007年版。

[23]《孙中山与辛亥革命》,《张磊自选集》,中国社会科学出版社 2011年版。
[24]《朱执信集》(上、下卷),中华书局 1979 年初版暨 2012 年重新校录校版、2013 年增订版。
[25]《孙中山与近代化——纪念孙中山诞辰 130 周年国际学术研讨会文集》(上、下),人民出版社 1999 年版。
[26]《辛亥革命史论文选》,生活·读书·新知三联书店 1981 年版。
[27]《岭南文化志》,上海人民出版社 1998 年版。
[28]《广东省志·社会科学志》,广东人民出版社 2004 年版。
[29]《广东百科全书》,中国大百科全书出版社 1995 年版。
[30]《岭南文化百科全书》,中国大百科全书出版社 2006 年版。
[31]《中华民族凝聚力学》,中国社会科学出版社 1999 年版。
[32]《广州史话》,中国社会科学出版社 2000 年版。
[33]《丘逢甲研究》,广东人民出版社 1986 年版。
[34]《冼夫人文化与当代中国》,广东人民出版社 1988 年版。
[35]《丁日昌研究》,广东人民出版社 1988 年版。
[36]《小平说:什么是社会主义》,广州出版社 1997 年版。
[37]《影响 20 世纪的中国三巨人说·孙中山说》(上、中、下册),广东经济出版社 1996 年版。
[38]《伤逝》(电影文学剧本),中国电影出版社 1982 年版,北京电影制片厂 1981 年拍摄。
[39]《孙中山传》(电影文学剧本),见《孙中山——从剧本到影片》,中国电影出版社 1991 年版,珠江电影制片厂 1986 年拍摄。
[40]《孙中山与辛亥革命》(文献纪实电视剧本),凤凰卫视 2001 年拍摄(更名《回首辛亥》)。
[41]《一位历史学家的艺术情缘》,广东人民出版社 2008 年版。
[42]《绝不允许惨绝人寰的悲剧重演》(侵华日军在粤细菌战和毒气战揭密·序言),广东高等教育出版社 2015 年版。

二、论文

[43]《孙文学说:构建近代中国的理论先导·序言》,《中山社会科学》2014 年第 3 期。

[44]《孙中山是革命者和建设者》,《信息时代》2008 年 5 月 24 日。

[45]《孙中山：愈挫愈奋的革命先行者》（访谈）,《南方都市报》2011 年 6 月 22 日。

[46]《辛亥革命打开了进步的闸门》,《珠海特区报》2011 年 4 月 16 日。

[47]《辛亥革命是窝囊的革命吗?》,《羊城晚报》2011 年 6 月 18 日。

[48]《伟大的革命　英雄的城市》,《广州日报》2011 年 11 月 11 日。

[49]《继承优秀传统文化　共铸"中国梦"》,《岭南文史》2014 年第 4 期。

[50]《坚持历史研究的正确导向　深刻地、全面地、真实地反映历史》（访谈）,《岭南文史》2015 年第 1 期。

[51]《孙中山思想研究述评》,《广东社会科学》1991 年第 2 期。

[52]《中国近代民主革命的重要境外基地——历史巨变的香港新增的社会政治功能》,《中山社会科学》2015 年第 1 期。

[53]《用科学的理论方法指导史学研究》（访谈）,《中国社会科学报》2015 年 3 月 27 日。

[54]《用有限的时间　读最好的书》,《信息时报》2009 年 3 月 22 日。

[55]《与时俱进：宝贵的精神状态与优秀品格》,《广州日报》2002 年 11 月 24 日。

[56]《变革、奋进与思想解放》,《广州日报》2002 年 10 月 20 日。

[57]《为什么说抗日战争伟大胜利是中华民族走向伟大复兴的历史转折点》,《南方日报》2015 年 9 月 14 日。